易 学 文 化 丛 书

易图探秘

张其成

著

华夏出版社
HUAXIA PUBLISHING HOUSE

图书在版编目（CIP）数据

易图探秘 / 张其成著 . -- 北京：华夏出版社有限公司，2023.5（2023.12重印）

ISBN 978-7-5222-0371-3

Ⅰ. ①易… Ⅱ. ①张… Ⅲ. ①《周易》—通俗读物 Ⅳ. ① B221-49

中国版本图书馆 CIP 数据核字（2022）第 129091 号

易图探秘

作　　者	张其成
责任编辑	赵学静

出版发行	华夏出版社有限公司
经　　销	新华书店
印　　装	三河市少明印务有限公司
版　　次	2023 年 5 月北京第 1 版 2023 年 12 月北京第 2 次印刷
开　　本	710mm×1000mm　1/16 开
印　　张	15
字　　数	230 千字
定　　价	68.00 元

华夏出版社有限公司	地址：北京市东直门外香河园北里 4 号	邮编：100028
	网址：www.hxph.com.cn	电话：（010）64618981

若发现本版图书有印装质量问题，请与我社联系调换。

前言

还原易图真貌，探求古文明智慧

如果说卦爻是中华民族的文化基因，决定了中华文化的面貌和发展方向，那么历代对卦爻的解读就是中华民族的文化长河，使中华文化得以不断延续发展。后代对卦爻的解读分为象数派与义理派。象数派发明了各种卦爻图、河图洛书、太极图等解易图式，从而使得本来就神秘的易经符号变得更加神秘难测：

这些易图与易符到底是什么关系？

各种卦爻图式解读了卦爻符号的什么信息？

卦爻是依据河图洛书而发明，还是河图洛书是为了配八卦而创造？

八卦是由太极图演变而来，还是太极图是为了解读八卦而制作？

对于河图洛书、太极图本身的"破译"，其热闹程度丝毫不逊色于对卦爻符号的"破译"。各种"破译"的成果纷至沓来：

河图洛书是游牧时代的气候图、方位图；

河图洛书是天文星象图；

河图洛书是甲骨龟文，河图洛书易数学矩阵；

太极图时气功能状态下的脑电图；

太极图是宇宙场与宇宙数的统一；

太极图是波粒二象性、量子力学并协原理的形象图示，是五维时空的立体宇宙结构……

河图洛书、太极图是史前文明遗留下来的实物，是星外来客馈赠地球人的礼物……

凡此种种，不一而足。

本书对以上种种"破译"作了冷静的、客观的分析。首先是从历史材料包括文献记载及出土文物入手，从大量的历史材料中梳理出易图发展流变的脉络，还原易图真实的本来面貌。然后从逻辑结构、文化功能上对易图进行分析，提出自己的观点，力求公允、公正。

我坚持认为：易符和易图作为"易道"的载体与图示，从一个特定的层面展示了中国文化的本体意识、思维方式、价值取向、认知方法和人文精神。从某种意义上说，易学符号和图式就是中国的传统哲学、传统自然科学与生命科学的代表或基础。中国传统科学与西方传统科学有不同的特点，西方传统科学以"公理论"为特征，中国传统科学以"模型论"为特征，这种"模型"就是以易符与易图为代表的"模型"。

以此为出发点，我提出"太极统一模型"说，试图建立易符与各种易图的统一模型，揭示它们之间的同质、同构以及互动、互补的关系。并相信：

在中国文化主干——"易道"的整合与升华中，易符与易图将为打通古老文明与现代科学的通道，为探索宇宙生命的理论模式——统一"方程式"或"连续场"提供一种方法论的启迪，进而为实现中西文化的大融合、为人类未来的文明作出重要贡献。

目录

第一章 卦图 _001

一、卦序图 _003

二、卦位图 _012

三、纳甲图 _015

四、卦气图 _020

五、爻辰图 _026

六、卦象图 _029

七、卦变图 _032

八、先天易图 _052

九、卦爻河洛图 _075

十、卦图是宇宙生命变化规律的符号模型 _081

第二章 河图洛书 _087

一、河图洛书的源流 _089

二、河图洛书的传统解析 _107

三、河图洛书的现代"破译" _137

　　四、河图洛书是宇宙生命规律的数理模型 _149

第三章　太极图 _153

　　一、太极图的源流 _155

　　二、太极图的原始蕴义 _178

　　三、太极图的现代"破译" _192

　　四、太极图是宇宙生命规律的唯象模型 _199

第四章　太极统一模型图 _205

　　一、三级易学符号系统 _207

　　二、太极统一模型图 _215

　　三、宇宙人文的同构图景 _218

后记 _231

第一章

卦图

第一章 卦图

六十四卦是《周易》的符号系统。关于卦爻符号的来源、组成、含义，我在《易道主干》一书中已做了介绍，本章主要介绍后世依据卦爻所作的各种图式，并分析这些卦图所蕴藏的意义。

一、卦序图

卦序是指易卦的排列次序。

《易经》只有六十四卦的排列次序，即以乾、坤为首，以既济、未济为终的次序，《易传·序卦传》对此做了解释。除了《易经》（包括通行本与帛书本）、《易传》所规定的卦序外，后世易家还发明了各种卦序。从理论上说，八卦排列次序的种类为 8 的阶乘，即 40320 种，六十四卦排列次序的种类为 16 的阶乘。而实际上历代有代表性的卦序却不多，主要有京房八宫卦卦序、京房八宫六十四卦卦序、《元包经》八卦卦序、《元包经》六十四卦卦序、先天八卦（伏羲八卦）卦序、后天八卦（文王八卦）卦序、中天八卦（黄帝八卦）卦序、先天（伏羲）六十四卦卦序、后天（文王）六十四卦卦序、《山坟》（连山易）六十四卦卦序、《气坟》（归藏易）六十四卦卦序、《形坟》（乾坤易）六十四卦卦序等。

（一）京房八宫卦卦序

八宫卦卦序乃西汉京房所确立的易卦次序。首先确立八宫卦的次序为乾、震、坎、艮、坤、巽、离、兑，然后将六十四卦按八宫卦分为八组，每组八个卦，即每宫卦又统率七个卦，如乾宫所统率七卦为姤、遁、否、观、剥、晋、大有；坤宫所统率七卦为复、临、泰、大壮、夬、需、比。宫卦以下各卦分别称为一世、二世、三世、四世、五世、游魂、归魂。清人惠栋《易汉学》作八宫卦次序图（见图 1-1）。

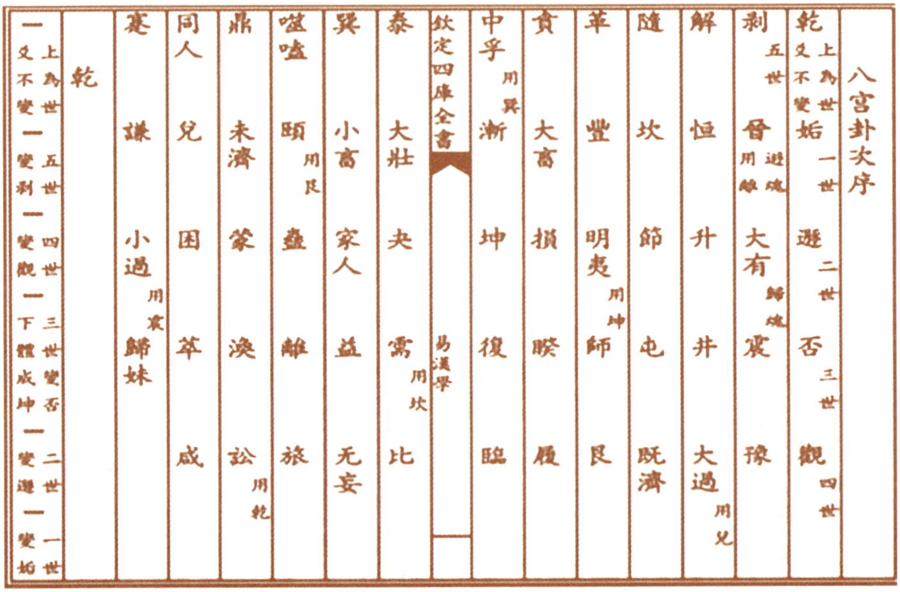

易图探秘

| 乾 上爻不变一变剥一变观一变否一变遁一变姤 | 乾 | 蹇 谦 小过用京 归妹 | 同人 兑 困 未济 蛊 渐 | 鼎 未济 蛊 涣 讼 | 噬嗑 颐用艮 蛊 离 旅 | 巽 小畜 家人 益 无妄 | 泰 大壮 夬 需用坎 比 | 钦定四库全书 | 中孚 用巽 渐 坤 复 临 | 贲 大畜 损 睽 履 | 革 丰 明夷用坤师 既济 | 随 坎 节 屯 既济 | 解 恒 升 井 大过用兑 | 剥 五世 晋用艮避魂 大有归魂 | 乾 父不变一变姤 遁二世 否三世 观四世 震豫 | 八宫卦次序 |

图 1-1 　八宫卦次序

八宫卦的排列次序为前阳后阴，即前四卦（乾、震、坎、艮）为阳卦，后四卦（坤、巽、离、兑）为阴卦。这种顺序与西汉帛书本《周易》为同一系统，帛书《周易》八卦次序为乾、艮、坎、震、坤、兑、离、巽。与八宫卦序一样，均是先阳后阴，以乾、坤分别统领三卦，只是乾、坤所统属的三个卦的次序有所不同。以乾、坤分别统领其余六卦（阳三卦、阴三卦），源于《周易·说卦传》"以乾坤为父母，统率三男三女"说。

横向看，前四卦以乾为首，乾六爻皆阳，表阳气极盛，以下依次为震、坎、艮，表示阳气由盛渐衰；后四卦以坤为首，坤六爻皆阴，表示阴气极盛，以下依次为巽、离、兑，表示阴气由盛渐衰，应该说，这是乾坤六子卦序的另一种排列。八宫六十四卦顺序起于乾卦，终于归妹卦，表示卦爻象的变化是阴阳消长的过程。

纵向看，乾宫八卦中，乾为纯阳，表示阳气极盛，"纯阳用事"；其次为姤卦，表示一阴生而浸阳，"阴遇阳"；次为遁卦，表示二阴生而浸阳，"阴荡阳""阴来阳退也"；次为否卦，表示三阴生而浸阳，"内象阴长""阴气浸长"；次为观卦，表示四阴生而浸阳，"内象阴道已成""阴道浸长"；

第一章 卦图

次为剥卦，表示五阴生而浸阳，"柔长刚减，天地盈虚""天气消灭"；次为晋卦，表示阳不可尽剥，又复于阳，但未回到内卦之位，而是居于外卦四位，"阴阳返复，进退不居，精粹气纯，是为游魂"；次为大有卦，表示复归本位，即下卦变为乾，"卦复本宫曰大有，内象见乾是本位""阴退阳伏，返本也"。乾宫八卦为阴息阳消的过程。

坤宫八卦中，坤为纯阴，六爻皆阴，表示阴气极盛，"纯阴用事"；次为复卦，表示一阳生，"阴极则反，阳道行也""阳来荡阴，阴柔反去，刚阳复位"；次为临卦，表示二阳生，"阳长阴消"；次为泰卦，表示三阳生，"阳长阴危"；次为大壮卦，表示四阳生，"阳胜阴而为壮""阳升阴降，阳来荡阴"；次为夬卦，表示五阳生，"刚决柔，阴道灭"；次为需卦，"柔道消，消不可极，反于游魂"；次为比卦，"归魂复本，阴阳相成，万物生也"。① 坤宫八卦为阳息阴消的过程。

其余六宫所统领的八卦以此类推。

八宫卦每宫共八个卦，每宫中的八个卦从上往下命名为上世卦、一世卦、二世卦、三世卦、四世卦、五世卦、游魂卦、归魂卦。将每卦六爻从下向上命名为元士、大夫、三公、诸侯、天子、宗庙，各有贵贱等级之位。

每一卦皆有一爻为主，这一爻决定了一卦的吉凶，为主之爻称为"居世""临世""治世"等，该爻即是世爻。

在八宫卦中，上世卦（八纯卦）世爻为上爻，即以上爻宗庙为主；一世卦、二世卦、三世卦、四世卦、五世卦的世爻分别为初爻、二爻、三爻、四爻、五爻，即以初爻元士、二爻大夫、三爻三公、四爻诸侯、五爻天子为主。游魂卦世爻为第四爻，以四爻诸侯为主；归魂卦世爻为第三爻，以三爻三公为主。可按京房八宫卦的原理作八宫卦图（见图1-2）。

有世爻必有应爻，世爻在上卦，则应爻在下卦；世爻在下卦，则应爻在上卦。其位置相当，如初爻为世爻，则四爻为应爻；四爻为世爻，则初爻为应爻；等等。

世爻、应爻、游魂、归魂简称为"世应游归"，是西汉京房易学术语。"世应"说是对《周易·彖传》"应位"说的发展。"游归"说本于《周易·

---

① "八宫卦序"一节所引文字均出自《京氏易传》卷上、卷中，载于《四库全书·子部·术数类四》。

系辞传》："精气为物，游魂为变。"京房因之将游魂、归魂称为"鬼易"。

兑宫	离宫	巽宫	坤宫	艮宫	坎宫	震宫	乾宫	八宫
兑	离	巽	坤	艮	坎	震	乾	八纯卦
困	旅	小畜	复	贲	节	豫	姤	一世
萃	鼎	家人	临	大畜	屯	解	遁	二世
咸	未济	益	泰	损	既济	恒	否	三世
蹇	蒙	无妄	大壮	睽	革	升	观	四世
谦	涣	噬嗑	夬	履	丰	井	剥	五世
小过	讼	颐	需	中孚	明夷	大过	晋	游魂
归妹	同人	蛊	比	渐	师	随	大有	归魂

图 1-2　京房八宫卦图

八纯卦经一世至五世变化后，已不能继续变化，表示阴和阳均不可尽消，否则又会重新变为八纯卦。故将五世卦中的第四爻，恢复到本宫卦中的第四卦爻象，即将五世中的第四爻阳爻变阴爻，阴爻变阳爻，复归于阳或阴；但其内卦仍未恢复到本宫纯卦之象，本宫之象只是位于外卦第一位（该卦的第四位），如灵魂一样游荡，故称游魂。

游魂卦继续变化，其下卦三爻全都恢复到本宫之象，即游魂卦的下卦变为相反的卦，如灵魂回归本宫，故称为归魂。

"游归"说认为阴阳消长如到尽头必然会回归原始，表示物极必反、循环往复的思想。京房本意在另辟解《易》之路，并为占术服务。

（二）《元包经》卦序

《元包经》卦序，亦称卫氏归藏卦序，系指北周卫元嵩《元包经》的八卦及六十四卦次序（见图 1-3）。八卦卦序为：坤、乾、兑、艮、离、坎、巽、震。

卫元嵩《元包经》卷一列八卦次序为：太阴第一，太阳第二，少阴第三，少阳第四，仲阴第五，仲阳第六，孟阴第七，孟阳第八。与八卦对应

第一章 卦图

则太阴为坤,太阳为乾,少阴为兑,少阳为艮,仲阴为离,仲阳为坎,孟阴为巽,孟阳为震。

此卦序体现了先阴后阳、尊阴抑阳的思想,是《归藏易》思想的延伸。

《元包经》六十四卦序为太阴第一,即坤、复、临、泰、大壮、夬、需、比;太阳第二,即乾、姤、遁、否、观、剥、晋、大有;少阴第三,即兑、困、萃、咸、蹇、谦、小过、归妹;少阳第四,即艮、贲、大畜、损、睽、履、中孚、渐;仲阴第五,即离、旅、鼎、未济、蒙、涣、讼、同人;仲阳第六,即坎、节、屯、既济、革、丰、明夷、师;孟阴第七,即巽、小畜、家人、益、无妄、噬嗑、颐、蛊;孟阳第八,即震、豫、解、恒、升、井、大过、随。

图1-3 《元包经》八卦卦序图

孟阳	孟阴	仲阳	仲阴	少阳	少阴	太阳	太阴
第八	第七	第六	第五	第四	第三	第二	第一
雷	风	雨	日	山	泽	天	地
动	致	润	煊	止	说	君	藏
震	巽	坎	离	艮	兑	乾	坤
豫	小畜	节	旅	贲	困	姤	复
解	家人	屯	鼎	大畜	萃	遁	临
恒	益	既济	未济	损	咸	否	泰
升	无妄	革	蒙	睽	蹇	观	大壮
井	噬嗑	丰	涣	履	谦	剥	夬
大过	颐	明夷	讼	中孚	小过	晋	需
随	蛊	师	同人	渐	归妹	大有	比

《元包经》先阴后阳的卦序排列体现了《归藏易》以"坤"为首的思想。清人黄宗羲《易学象数论》："《元包》祖京氏以为书……但更其次序，先阴而后阳，则《归藏》之旨也。"近代伍剑禅认为："《归藏》之八经卦，即黄帝之中天归藏易也。其六十四卦次序见《京氏易传》及《元包经》，所传之八宫卦序，而以元包首坤为正。夫元包者，归藏易也。"（《中国医易学》引）清人潘威称其出自《归藏易》，于古有据。该卦序以坤为首，体现先阴后阳思想。

今有人认为卫氏《元包经》卦序本地辟于丑，配二十四节气，首坤而起于大寒，并推导出中天八卦图。

（三）《连山易》卦序

《连山易》卦序的特点是以艮为首。因《连山易》已佚，后世说法不一。《汉魏丛书》载《古三坟·山坟》有"连山易爻卦八宫分宫取象歌"（见图1-4），一般以为系五代·宋伪作。

崇山君	君臣相	君民官	君物龙	君阴后	君阳师	君兵将	君象首
伏山臣	臣君侯	臣民士	臣物龟	臣阴子	臣阳父	臣兵卒	臣象股
列山民	民君食	民臣力	民物货	民阴妻	民阳夫	民兵器	民象体
兼山物	物君金	物臣木	物民土	物阴水	物阳火	物兵执	物象春
潜山阴	阴君地	阴臣野	阴民鬼	阴物兽	阴阳乐	阴兵妖	阴象冬
连山阳	阳君天	阳臣干	阳民神	阳物禽	阳阴礼	阳兵谴	阳象夏
藏山兵	兵君帅	兵臣佐	兵民军	兵物材	兵阴谋	兵阳阵	兵象秋
叠山象	象君日	象臣月	象民星	象物云	象阴夜	象阳昼	象兵气

图1-4 "连山易爻卦八宫分宫取象歌"图

今有人认为，《连山易》八宫卦歌词以山（艮）为首，描绘了崇山、伏山、列山、兼山、潜山、连山、藏山、叠山等八种山，反映了古代人民的山居生活。其中君、臣、兵等文字，反映了奴隶主任意杀戮奴隶、臣下的阶级状况，阴、阳、春、秋等文字说明《连山易》卦中已出现阳以配春、阴以配秋的观念，反映出当时"五行"说开始萌芽。据此歌推测《连山易》

八卦名称依次是"君、臣、民、物、阴、阳、兵、象",一说为"崇、伏、列、兼、潜、连、藏、叠"。

另有人认为,《连山易》是崇、伏、列、兼、潜、连、藏、叠为上、下体,而以下体卦为本,依次配以上体卦,构成六十四卦次序,并以二进制结构作《连山易》卦序图。南宋朱元升的《三易备遗》有《先天连山易》三卷,将邵雍《先天易》与《连山易》等同,以先天六十四卦次序为《连山易》卦次序,又作"夏时首纯艮之图"。从艮始依次左旋可得其八卦,次序为:艮、震、巽、离、坤、兑、乾、坎。上述观点或缺乏实证,或与艮首之义不符。

(四)《归藏易》卦序

《归藏易》卦序的特点是以坤为首。因《归藏易》已佚,后世说法不一。《汉魏丛书》载《古三坟·气坟》有"归藏易爻卦八宫分宫取象歌"(见图1-5)。

天气归 归藏定位 归生魂 归动乘舟 归长兄 归有造物 归止居域 归杀降
地气藏 藏归交 藏生卵 藏动鼠 藏长姊 藏育化物 藏止重门 藏杀盗
木气生 生归孕 生藏害 生动勋阳 生长元胎 生育泽 生止性 生杀相克
风气动 动归乘轩 动藏受种 动生机 动长风 动育源 动止戒 动杀虐
火气长 长归从师 长藏从夫 长生志 长动丽 长育违道 长止平 长杀顺性
水气育 育归流 育藏海 育生爱 育动渔 育长苗 育止养 育杀畜
山气止 止归约 止藏渊 止生貌 止动济 止长植物 止育润 止杀宽宥
金气杀 杀归尸 杀藏墓 杀生无忍 杀动干戈 杀长战 杀育无伤 杀止乱

图1-5 "归藏易爻卦八宫分宫取象歌"图

歌中列天、地、木、风、火、水、山、金等八物象。今有人将此与通行本《周易》八卦做比较发现,《气坟》有"金"而没有"泽"字。认为歌中"归生魂""归有造物""藏生卵""藏育化物"等强调土地与事物生长化育的关系。"山气止""止长植物""止育润""止杀宽宥"强调了山地的生殖作用,反映戒止滥捕乱杀禽兽的思想,说明《归藏易》形成的年代,已进入农业发展时期,人们对土地功能的认识和应用已渐深化。

较之《连山易》，"山"退居到次要地位，又因为《连山易》与《归藏易》形成于两个时代，故两者思想认识有差异。《连山易》依赖自然，崇拜山林；《归藏易》顺应自然，且有改造自然的观念，并据此歌认为《归藏易》八卦名称是天、地、木、风、火、水、山、金。八气发生、发展和转化的过程，都按"归、藏、生、动、长、育、止、杀"几种动态排列。"归藏"是表示天象的圆形结构，且按五行运转确定方位。

也有人认为，《气坟》《归藏》是以天、地、木、风、火、水、山、金的八经卦次序为上、下体，而以下体卦为本，依次配以上体卦，构成六十四卦次序。南宋朱元升《三易备遗》有《中天归藏》三卷，作"归藏乾坤之图"。从坤左旋则得其卦序为坤、艮、坎、巽、震、离、兑、乾，然其"坤乾象数合一之图"仍作乾一、兑二至坤八卦序。南宋罗泌《路史·发挥》"论三易"中说："初奭（坤）、初乾、初离、初辈（坎）、初兑、初艮、初釐（震）、初奭（巽），此《归藏》之易也。"清人朱彝尊《经义考》引用此卦序，并谓出于东晋干宝。上述观点均未定论，《气坟》《归藏》以"天"为首，与《归藏易》以"坤"为首不符。《气坟》的卦名、卦序等均为后人伪托。

（五）《乾坤易》卦序

《古三坟·形坟》载有"乾坤易爻卦大象八宫分宫取象歌"（见图1-6）。

乾形天　地天降气　日天中道　月天夜明　山天曲上　川天曲下　云天成阴　气天习蒙

坤形地　天地圆丘　日地圜宫　月地斜曲　山地险径　川地广平　云地高林　气地下湿

阳形日　天日昭明　地日景随　月日从朔　山日沉西　川日流光　云日蔽露　气日缊䑃

阴形月　天月淫　地月伏辉　日月代明　山月升腾　川月东浮　云月藏宫　气月冥阴

土形山　天山岳　地山盘石　日山危峰　月山斜巅　川山岛　云山岫　气山岩

水形川　天川汉　地川河　日川湖　月川曲池　山川涧　云川溪　气川泉

雨形云　天云祥　地云黄雾　日云赤昙　月云素雯　山云叠峰　川云流潢　气云散彩

风形气　天气垂氲　地气腾氲　日气昼围　月气夜圆　山气笼烟　川气浮光　云气流霞

图1-6　"乾坤易爻卦大象八宫分宫取象歌"图

歌词中，"乾"升到了首位，以纯乾为八卦之冠，突出了"乾形天""阳形日"的地位，反映了已由氏族社会进入阶级社会、重母统的"殷道亲亲"观念已为重父统的"周道尊尊"思想所替代，反映了以父系为主体的社会制度至周代已完全确定。歌词对"天""日""阳"等卦象推崇极高，对"地""月""阴"等卦象只作自然描述。有重男轻女、崇阳抑阴倾向，带有一定的政治色彩。乾为天，坤为地，"天尊而地卑，贵贱有别"。乾为龙（周以龙为饰），坤为虎（殷以虎为饰），龙居天上，虎居地上。所以龙为帝王，虎为臣属（如虎将之类），虎不及龙。乾健而坤顺，故坤必承乾，并据此歌认为《乾坤易》八卦之名为：乾（天）、坤（地）、阳（日）、阴（月）、土（山）、水（川）、雨（云）、风（气）。八经卦排列为上下体，而以上体卦序为本，配以下体各卦，并以纯卦为首卦，可组合为六十四卦次序。

有人认为《乾坤易》即《周易》，是表示地象的方形结构，用"天、地、日、月、山、川、云、气"八个物质概念纵横相乘，构成八八六十四卦。也有人认为《形坟·乾坤易》不等于《周易》，从《乾坤易》到《周易》，至少又过了几百年的时间。以上研究均以承认《古三坟书》为前提，实际上，《古三坟书》均为后人伪托，不能认为就是古三易。

（六）先天卦序

先天卦序分为先天八卦次序与先天六十四卦次序。先天八卦次序又称"伏羲八卦次序"，先天六十四卦次序亦称"伏羲六十四卦次序"，均为北宋邵雍先天象数易学的重要内容。详见本章"先天易图"部分。

（七）后天卦序

后天卦序分为后天八卦次序与后天六十四卦次序。后天八卦次序详见本章"先天易图"部分。后天六十四卦次序为清人江永所定。但实际上，南宋朱熹《本义》分宫卦象次序即为此种排列（见图1-7）。

乾为天　天风姤　天山遁　天地否　风地观　山地剥　火地晋　火天大有
坎为水　水泽节　水雷屯　水火既济　泽火革　雷火丰　地火明夷　地水师
艮为山　山火贲　山天大畜　山泽损　火泽睽　天泽履　风泽中孚　风山渐
震为雷　雷地豫　雷水解　雷风恒　地风升　水风井　泽风大过　泽雷随
巽为风　风天小畜　风火家人　风雷益　天雷无妄　火雷噬嗑　山雷颐　风蛊
离为火　火山旅　火风鼎　火水未济　山水蒙　风水涣　天水讼　天火同人
坤为地　地雷复　地泽临　地天泰　雷天大壮　泽天夬　水天需　水地比
兑为泽　泽水困　泽地萃　泽山咸　水山蹇　地山谦　雷山小过　雷泽归妹

图 1-7　朱熹分宫卦象次序图

乾宫八卦（乾、姤、遁、否、观、剥、晋、大有）、坎宫八卦（坎、节、屯、既济、革、丰、明夷、师）、艮宫八卦（艮、贲、大畜、损、睽、履、中孚、渐）、震宫八卦（震、豫、解、恒、升、井、大过、随）、巽宫八卦（巽、小畜、家人、益、无妄、噬嗑、颐、蛊）、离宫八卦（离、旅、鼎、未济、蒙、涣、讼、同人）、坤宫八卦（坤、复、临、泰、大壮、夬、需、比）、兑宫八卦（兑、困、萃、咸、蹇、谦、小过、归妹）。江氏认为："此四圣之后，用《易》之别法，始见京房《易传》。"（《河洛精蕴》）本于京房八宫卦序，每宫八卦次序与京氏相同，只是八个宫卦次序有差异。

各种不同的六十四卦排列次序，反映了卦序编撰者不同的社会意识形态、伦理道德观念，也反映卦序编撰者的历史观、宇宙观、生命观，具有重要的哲学意义。

二、卦位图

卦位，指易卦的方位、位置。

在《周易》传文中，虽然记述了八卦的排列方位，分析了六十四卦上下卦的位置，却没有六十四卦排列方位的记述和分析。汉以后，易学家对八卦、六十四卦的方位做了系统的分析，并创造了各种卦位图。

（一）京房八宫卦位

京房八宫卦每宫中的八个卦从上往下依次为上世卦、一世卦、二世卦、三世卦、四世卦、五世卦、游魂卦、归魂卦。八宫卦既表示次序又表示位置。从一世到五世，从游魂到归魂，也表示地位的高低贵贱。这种卦位与后世易卦的卦位不同，不是指八卦或六十四卦的排列方位，而是体现在六爻的位次变化当中，京房将每卦六爻从上向下命名为宗庙、天子、诸侯、三公、大夫、元士，依次表示从贵到贱的等级。

（二）《乾凿度》八卦方位

《易纬·乾凿度》及郑玄注释所提出的卦位学说，是对《周易·说卦》"帝出乎震"一节的发挥和补充，体现其卦气学说。"震生物于东方，位在二月；巽散之于东南，位在四月；离长之于南方，位在五月；坤养之于西南方，位在六月；兑收之于西方，位在八月；乾剥之于西北方，位在十月；坎藏之于北方，位在十一月；艮终之于东北方，位在十二月。八卦之气终，则四正四维之分明，生长收藏之道备，阴阳之体定，神明之德通，则万物各以其类而成，皆为易所包。"其八卦各据方位，主持四时变化，周行一遍当三百六十日，每卦主四十五日。强调八卦爻位数目规定一年四季节气变化的度数，八卦二十四爻代表四十八箭。又以八卦方位配五常，震为仁，离为礼，兑为义，坎为信，中央为智。将五行五常的伦理道德思想加以系统化，将卦气说引向了神学目的论，体现了汉代今文经学派的哲学特征。后人依此说画了《乾凿度》八卦方位图（见图1-8）。

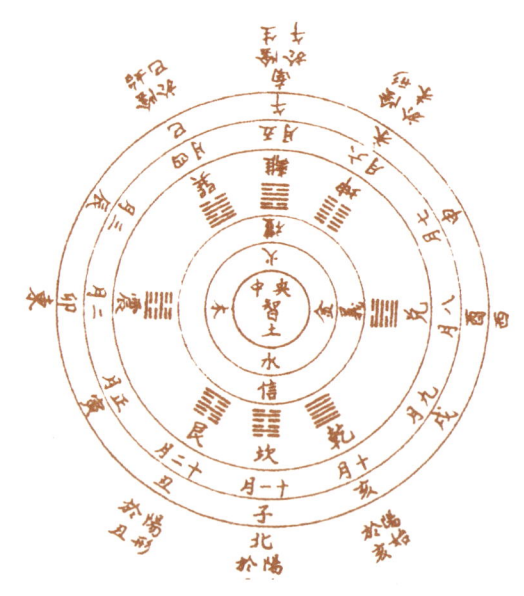

图 1-8　《乾凿度》八卦方位图

（三）《元包经》卦位

图 1-9　《元包经》卦位圆图

北周卫元嵩《元包经》八卦方位。后人依据其卦序作卦位圆图（见图 1-9）。

坤卦（太阴）在上，乾卦（太阳）在下，离卦（仲阴）在左，坎卦（仲阳）在右，为四正卦；兑卦（少阴）在东南，震卦（孟阳）在西南，巽卦（孟阴）在东北，艮卦（少阳）在西北。坤卦为首，上阴下阳，左阴右阳，体现《归藏易》思想。此说尚未得到学术界认可。

（四）先天与后天卦位

先天八卦、六十四卦卦位和后天八卦、六十四卦卦位，是北宋邵雍的发明，详见本章的"先天易图"。

三、纳甲图

纳甲是汉代易学术语。所谓纳甲就是将天干（以甲为首）以及五行、方位等因素纳入八卦当中。

其法先把八卦和天干区分为阴阳两组。八卦阳组为乾、震、坎、艮，阴组为坤、巽、离、兑；天干阳组为甲、丙、戊、庚、壬，阴组为乙、丁、己、辛、癸。阳卦纳阳干，阴卦纳阴干，乾卦内象纳甲，外象纳壬，坤卦内象纳乙，外象纳癸，震卦纳庚，坎卦纳戊，艮卦纳丙，巽卦纳辛，离卦纳己，兑卦纳丁。

又"甲乾乙坤，相得合木，故甲乙在东；丙艮丁兑，相得合火，故丙丁在南；戊坎己离，相得合土，故戊己居中；庚震辛巽，相得合金，故庚辛在西；天壬地癸，相得合水，故壬癸在北"（惠栋《易汉学》，见图1-10）。

又以月象盈亏配合卦象。

纳甲由西汉京房创立，东汉魏伯阳《周易参同契》、三国虞翻加以发挥。后世卜筮家多宗之，或据以说《易》，或据以说丹，并用于占术。

八卦	天干	五行	五方	日	月
乾（内）	甲	木	东	十五	望
坤（内）	乙			廿九	晦
艮	丙	火	南	廿三	下弦
兑	丁			初八	上弦
坎	戊	土	中		
离	己				
震	庚	金	西	初三	上新月
巽	辛			十六	既望
乾（外）	壬	水	北		
坤（外）	癸				

图1-10 纳甲图

易图探秘

（一）京房纳甲说

将八宫卦各配以十天干（称"纳甲"），各爻分别配以十二地支（又称"纳子"）（见图1-11）。纳甲实包括纳子，用来解释《周易》经传。如解释乾卦（上乾下乾），"甲壬配外内二象"（指乾卦外卦配壬、内卦配甲）、"参宿从位起壬戌"（壬戌配上九爻）；解释否卦（上乾下坤），"柳宿从位降乙卯"（乙卯配六三爻）；解释大有卦（上离下乾），"轸宿从位降甲辰"（甲辰配九三爻）；解释鼎卦（上离下巽），"中虚见，纳受辛于内也"（指内卦巽卦纳辛）。

爻位 八卦	乾	坤	震	巽	坎	离	艮	兑
上爻	壬戌	癸酉	庚戌	辛卯	戊子	己巳	丙寅	丁未
五爻	壬申	癸亥	庚申	辛巳	戊戌	己未	丙子	丁酉
四爻	壬午	癸丑	庚午	辛未	戊申	己酉	丙戌	丁亥
三爻	甲辰	乙卯	庚辰	辛酉	戊午	己亥	丙申	丁丑
二爻	甲寅	乙巳	庚寅	辛亥	戊辰	己丑	丙午	丁卯
初爻	甲子	乙未	庚子	辛丑	戊寅	己卯	丙辰	丁巳

图1-11　京房八卦纳甲图

其来源主要是《周易·说卦》"乾坤父母"说与《礼记·月令》《吕氏春秋·十二纪》《淮南子·天文训》等律历学说。

（二）魏伯阳纳甲说

亦称参同契纳甲、月体纳甲。后人据此作月体纳甲图（见图1-12）。以坎离两卦代表日月，其他六卦代表月亮的盈亏过程，八卦各配以干支。以八卦显示月象，以月亮盈亏说明一月之中用火程序。

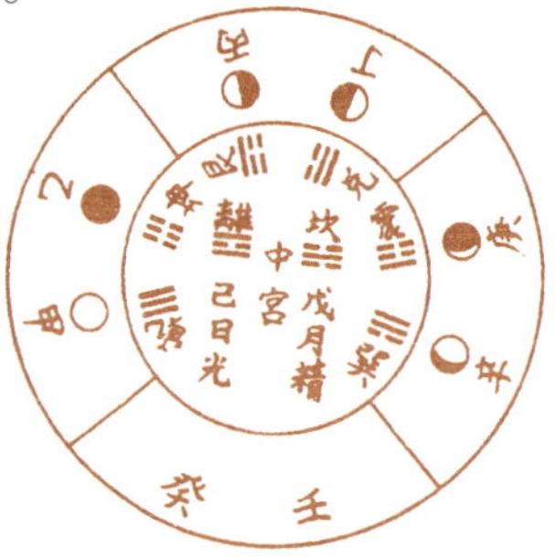

图1-12　《参同契》月体纳甲图

夏历初三，月光开始萌生，由西方升起，一阳初升，象震，纳庚；初八，月光生出一半，即月上弦之时，月更明，又增一阳，象兑，纳丁；十五日，月光盛满，为望月，居东方，阳之极，象乾，纳甲；十六日，月光开始亏损，居西方，月初生魄，象巽，纳辛；二十三日，月光亏损一半，即月下弦之时。位南方，更增一阴，象艮，纳丙；二十九日、三十日，月光消失为晦，居东方，阴之极，象坤，纳乙。离为火，象日；坎为水，象月，居中宫。

此法既用来说明一月之中月光盈亏，即阴阳消长过程，又用来说明一月之中炼丹用火的变化程序。

（三）虞翻纳甲说

原本于《周易参同契》月体纳甲说。以月亮之晦朔盈亏象八卦，再纳以天干，以此显示八卦消息。

虞翻解释《系辞》"在天成象"句："谓日月在天成八卦，震象出庚，兑象见丁，乾象盈甲，巽象伏辛，艮象消丙，坤象丧乙，坎象流戊，离象就己，故'在天成象'也。"[①]

其法与魏氏《参同契》相同。清人惠栋《易汉学》制有虞翻八卦纳甲图（见图1-13），其特点为：以二十九日为坤卦用事，纳乙；以三十日为日月会合之时，纳壬。较《参同契》为明确。

图1-13　虞氏八卦纳甲图

---

① 李鼎祚：《周易集解》引。

虞氏以纳甲说解说《周易》经传，是卦气说的一种形式，属易学系统，而同炼丹术无任何联系，与《参同契》以纳甲讲丹术有所不同。

（四）朱震纳甲图

南宋朱震《汉上易传》载有解说《参同契》的纳甲图（见图1-14）。认为甲可兼赅十日，乾纳甲壬，坤纳乙癸，震巽纳庚辛，坎离纳戊己，艮兑纳丙丁，皆自下生。圣人仰观日月之运，配之以坎离之象，而八卦十日之仪著矣。

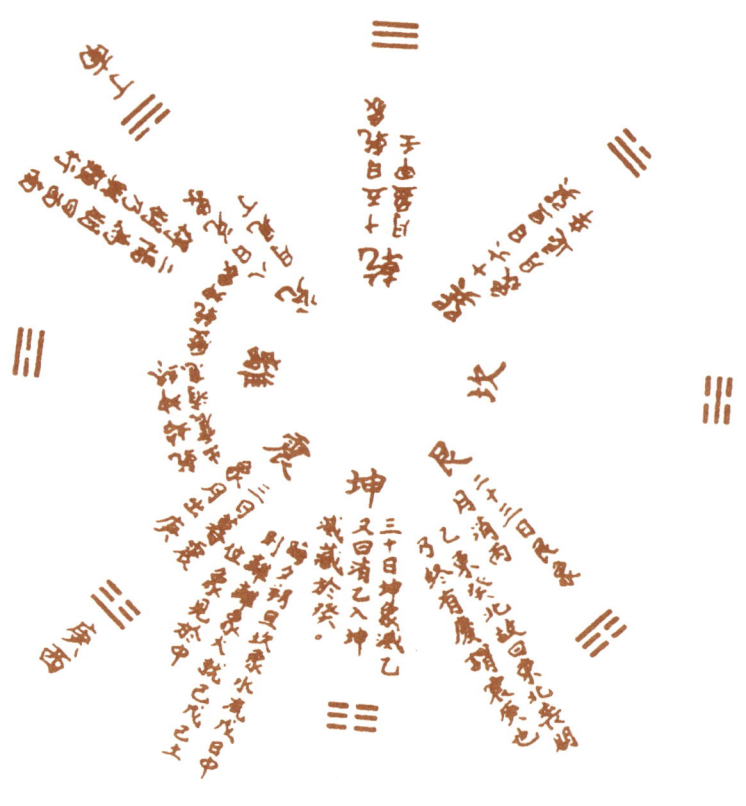

图1-14　朱氏纳甲图

（五）江永纳甲图

清人江永以河洛数解释纳甲的图式，图载其《河洛精蕴》（见图1-15）。

第一章 卦图

```
渐降卦         九减一,八减二,六减三,三减四         九循环往复

        ┌─ 乾纳甲震纳庚艮纳丙离纳壬
    戊 ─┤
        └─ 各以七数之而循环
        ┌─ 各以七数之而循环
    己 ─┤
        └─ 坤纳乙巽纳辛兑纳丁坎纳癸

渐升卦         一加一,二加二,四加三,七加四         一循环往复
```

图 1-15　江氏纳甲图

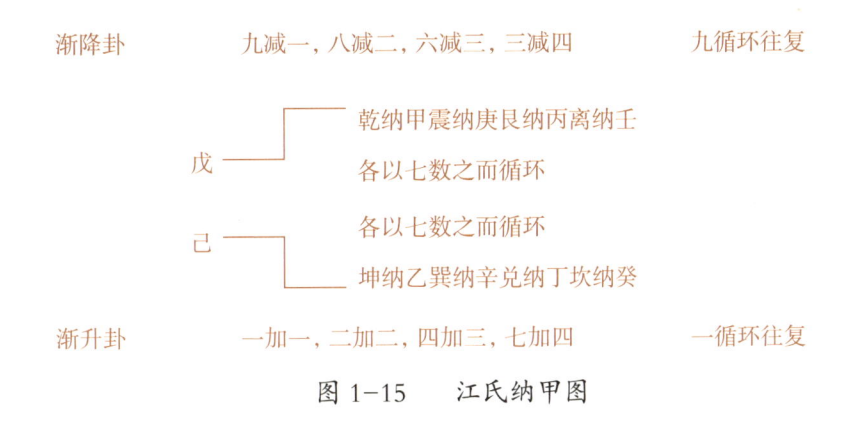

江氏六画卦之纳甲法为，乾纳甲壬，坤纳乙癸，艮纳丙，兑纳丁，震纳庚，巽纳辛，离纳壬，坎纳癸，戊己不纳。

江氏认为，坎本纳癸，不得用戊，离本纳壬，不得用己。否定《参同契》以月体盈亏解说纳甲。而以河图、洛书数解释，认为洛书八方之位，本即先天八卦之数，乾九、震八、坎八、艮六，为循环道降之数；坤一、巽二、离三、兑四，为循环道升之数，又有渐降、渐升之数，九减一为八，八减二为六，六减三为三，三当减四，加十则复为九，为乾、震、艮、离四阳卦数；一加一为二，二加二为四，四加三为七，七加四为十一，减十则复得一，为坤、巽、兑、坎四阴卦数。

主张离本阴而变阳卦，坎本阳而变阴卦。阴阳互为其根，水火互藏其元。先天之乾为后天之离，先天之离为后天之震，则离变为阳，以渐降之数从之；先天之坤为后天之坎，先天之坎为后天之兑，则兑变为阴，以渐升之数从之。

从而确定八卦之位，以戊己居中，各以七数数之。戊至七为甲，故乾纳甲；甲至七为庚，则震纳庚；庚至七为丙，则艮纳丙；丙至七为壬，则离纳壬；壬至七复于戊。己至七为乙，则坤纳乙；乙至七为辛，则巽纳辛；辛至七为丁，则兑纳丁；丁至七为癸，则坎纳癸；癸至七复于己。

五行之理，一至三为所生，一至五为所克，一至七为所受克，一至九为所受生，可知七位为受克之位。因所受克者制于己，是其所畏，畏则止而纳之，故以戊开始以七数为纳，并以此为"至理真数"。

（六）胡渭纳甲图

清胡渭《易图明辨》载"新定月体纳甲图"（见图 1-16），此图对八卦所纳天干一一加以说明，认为"盖取象于卦画而以所见之方为所纳之甲"。

如乾纳甲壬，"十五望纳乾三阳""望夕夜半，月当乾，纳其气于壬方，地中对月之日"。坤纳乙癸，"三十晦纳坤三阴""晦朔之间，月在坤，纳其气于癸方，地中合日之月"，以此解释《参同契》，未必完全符合实际。

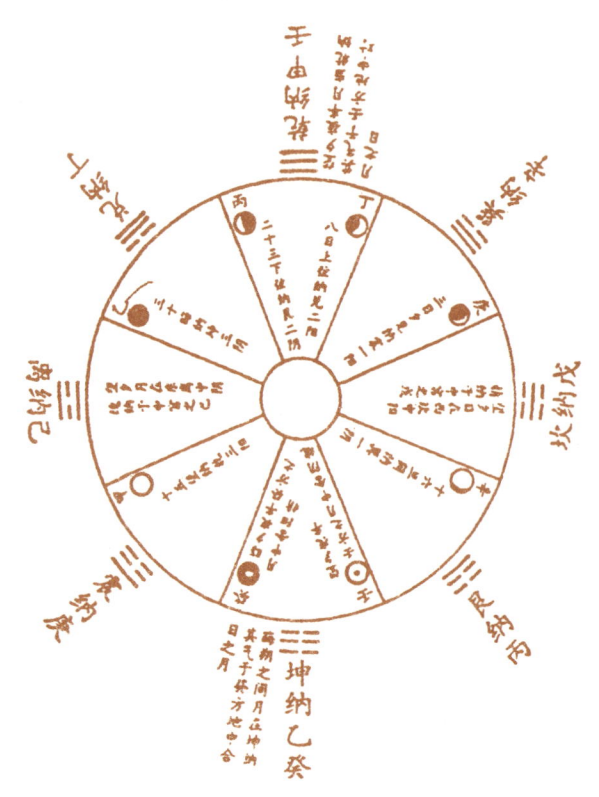

图 1-16　胡氏纳甲图

四、卦气图

卦气是汉代易学术语。以《周易》解释一年的节气变化，将六十四卦与四时、十二月、二十四节气、七十二候相配合。卦指八经卦、六十四别卦，气指二十四节气。

以坎、离、震、兑为四正卦，主春、夏、秋、冬四时，其爻共二十四，主二十四节气。余六十卦主三百六十五又四分之一日，每卦主六日七分。

其中自复至乾、自姤至坤为十二消息卦，主十二辰。其爻共七十二，主七十二候。

用易卦卦象模拟四时更迭、星移斗转的节律性。其说由孟喜创立，京房发挥。汉儒用以推测气候变化，并用以推断人事吉凶，后又用于历学。

卦气说将《周易》筮法引向占候之术，以阴阳二气运动变化的法则解释《周易》的基本原理，通过卦气说建立起一个以阴阳五行为框架的哲学体系，对后世易学和哲学探讨世界本原及运动变化规律，具有重要的启发意义。

（一）孟喜卦气说

西汉孟喜以《周易》四正卦配四时，以六十卦配一年三百六十五日、二十四节气、七十二候。

具体地说，坎、离、震、兑为四正卦，主管一年四季，即坎主冬、离主夏、震主春、兑主秋。

除四正卦以外的六十卦配一年的日数，每月配五卦，每卦主管六日七分，以中孚卦配冬至初候，为一年节气的开始。

另，十二辟卦主管一年十二月，复主十一月、临主十二月，依次至坤主十月。

四正卦、十二辟卦、六十卦又均配季、月、日、气、候。

其说法源于《礼记·月令》《吕氏春秋·十二纪》《淮南子·天文训》、刘歆《三统历》以及邓平历法、五行家土德说。又与《易纬·稽览图》卦气说大同小异（有人认为《易纬》乃是对孟喜卦气说的增益）。

孟喜《易章句》已佚，其中一部分内容保存在唐僧一行的《卦议》中。一行依据孟说制一卦气图（《旧唐书》卷二十八上，见图 1-17）。

易图探秘

常气	月中节 四正卦	初候 始卦	次候 中卦	末候 终卦
冬至	十一月中坎初六	蚯蚓结公中孚	麋角解辟复	水泉动侯屯内
小寒	十二月节坎九二	雁北乡侯屯外	鹊始巢大夫谦	野鸡始雊卿睽
大寒	十二月中坎六三	鸡始乳公升	鸷鸟厉疾辟临	水泽腹坚卿小过内
立春	正月节坎六四	东风解冻侯小过外	蛰虫始振大夫蒙	鱼上冰卿益
雨水	正月中坎九五	獭祭鱼公渐	鸿雁来辟泰	草木萌动侯需内
惊蛰	二月节坎上六	桃始华侯需外	仓庚鸣大夫随	鹰化为鸠卿晋
春分	二月中震初九	玄鸟至公解	雷乃发声辟大壮	始电侯豫内
清明	三月节震六二	桐始华侯豫外	田鼠化为鴽大夫讼	虹始见卿蛊
谷雨	三月中震六三	萍始生公革	鸣鸠拂其羽辟夬	戴胜降于桑侯旅内
立夏	四月节震九四	蝼蝈鸣侯旅外	蚯蚓出大夫师	王瓜生卿比内
小满	四月中震六五	苦菜秀公小畜	靡草死辟乾	小暑至侯大有内
芒种	五月节震上六	螳螂生侯大有外	鵙始鸣大夫家人	反舌无声卿井
夏至	五月中离初九	鹿角解公咸	蜩始鸣辟姤	半夏生侯鼎
小暑	六月节离六二	温风至侯鼎	蟋蟀居壁大夫丰	鹰乃学习卿涣
大暑	六月中离九三	腐草为萤公履	土润溽暑辟遁	大雨时行侯恒内
立秋	七月节离九四	凉风至侯恒外	白露降大夫节	寒蝉鸣卿同人
处暑	七月中离六五	鹰祭鸟公损	天地始肃辟否	禾乃登侯巽内
白露	八月节离上九	鸿雁来侯巽外	玄鸟归大夫萃	群鸟养羞卿大畜
秋分	八月中兑初九	雷乃收声公贲	蛰虫培户辟观	水始涸侯归妹内
寒露	九月节兑九二	鸿雁来宾侯归妹外	雀入大水为蛤大夫无妄	菊有黄华卿明夷
霜降	九月中兑六三	豺乃祭兽公困	草木黄落辟剥	蛰虫咸俯侯艮内
立冬	十月节兑九四	水始冰侯艮外	地始冻大夫既济	野鸡入水为蜃卿噬嗑
小雪	十月中兑九五	虹藏不见公大过	天气上腾地气下降辟坤	闭塞而成冬侯未济内
大雪	十一月节兑上六	鹖鸟不鸣侯未济外	虎始交大夫蹇	荔挺出卿颐

图 1-17　孟喜卦气图

（二）京房卦气说

西汉京房在孟喜卦气说基础上加以发展而成京房卦气说。与孟喜之说相同之处是，以坎卦主冬至，以离卦主夏至。京房以阴阳二气解释孟喜之说，认为阳气（雄气）左行，始于十一月冬至；阴气（雌气）右行，始于五月夏至（见图1-18）。

图1-18　京房八卦卦气图

与孟喜之说不同之处：

其一，将坎、离、震、兑四正卦纳入一年的日数之中，以六十四卦、三百八十四爻配一年日数。四正卦的初爻，即主二至、二分之爻，各为一日八十分之七十三；颐、晋、升、大畜四卦分居四正卦之前，各主五日十四分；其余卦皆主六日七分。

其二，乾坤父母卦未纳入卦气，而以四正卦加巽、艮为六子卦，主管二十四节气。依太初历，以建寅为正月为岁首。前后半年的节气相互对应。如立春正月节对立秋七月节，夏至五月中对冬至十一月中。二十四节气分别配以十二支，如立春和立秋为寅。六子卦每卦主两个节气，其配属顺序，从立春坎卦开始依次为巽、震、兑、艮、离，到立夏又从坎卦开始依次循环，到大寒又在离卦。六子卦配节气，有的取初爻，为下卦之始；有的取四爻，为上卦之始。同一卦取爻不同，表示节气不同。

后人根据孟喜、京房及《易纬》卦气说制作了"卦气圆图"（见图1-19），体现四正卦、十二辟卦、六十卦（五爵位卦）主管四时、十二月、二十四节气、七十二候、三百六十五日的特点。以六十卦当周天三百六十五又四分之一度，每卦值六日七分。坎、离、震、兑为后天四正，别立为监司，分管二十四气，不入六十卦之内。六十卦中有十二辟卦，分领十二月，每月约五卦。始为公卦，次为辟卦，次为侯卦，次大夫卦，次卿卦。五卦各主六日，以毕一月，卦气起于冬至，为中孚卦至屯内卦。约十五爻当十五日。约两卦半当一气，中孚为六日七分，至复为十二时二十四分，余类推。至颐卦为三百六十五日二十分，为一年。周而复始，生生不息。

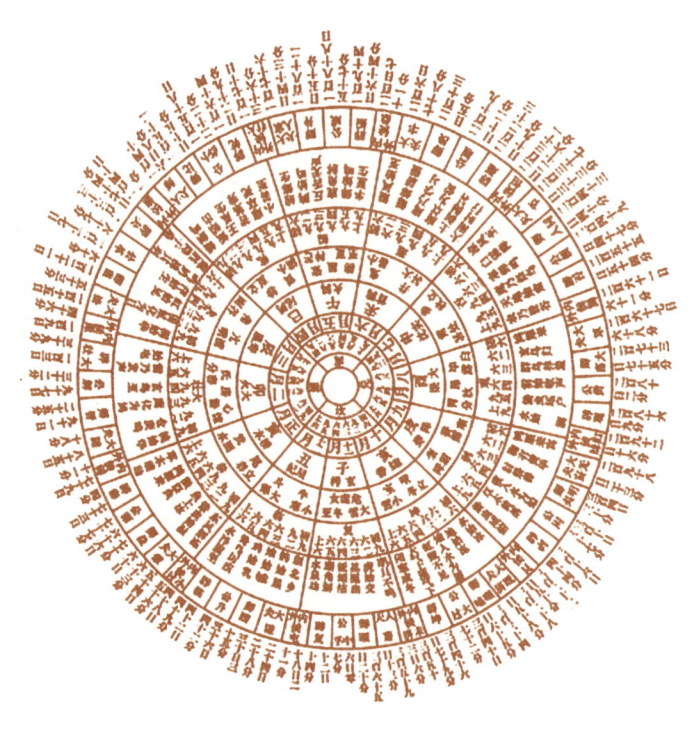

图 1-19　卦气圆图

第一章 卦图

节气	月中节	始卦	中卦	终卦
冬至	十一月中	公中孚	辟复	侯屯(内)
小寒	十二月节	侯屯(外)	大夫谦	卿睽
大寒	十二月中	公升	辟临	侯小过(内)
立春	正月节	侯小过(外)	大夫蒙	卿益
雨水	正月中	公渐	辟泰	侯需(内)
惊蛰	二月节	侯需(外)	大夫师	卿晋
春分	二月中	公解	辟大壮	侯豫(内)
清明	三月节	侯豫(外)	大夫讼	卿蛊
谷雨	三月中	公革	辟夬	侯旅(内)
立夏	四月节	侯旅(外)	大夫随	卿比
小满	四月中	公小畜	辟乾	侯大有(内)
芒种	五月节	侯鼎(外)	大夫家人	卿井
夏至	五月中	公咸	辟姤	侯鼎(内)
小暑	六月节	侯鼎(外)	大夫丰	卿涣
大暑	六月中	公履	辟遁	侯恒(内)
立秋	七月节	侯恒(外)	大夫节	卿同人
处暑	七月中	公损	辟否	侯巽(内)
白露	八月节	侯巽(外)	大夫萃	卿大畜
秋分	八月中	公贲	辟观	侯归妹(内)
寒露	九月节	侯归妹(外)	大夫无妄	卿明夷
霜降	九月中	公困	辟剥	侯艮(内)
立冬	十月节	侯艮(外)	大夫既济	卿噬嗑
小雪	十月中	公大过	辟坤	侯未济(内)
大雪	十一月节	侯未济(外)	大夫蹇	卿颐

（三）《易纬》卦气说

《易纬·稽览图》以坎、离、震、兑为四正卦，为四象，主四时；每卦主六日七分；十二辟卦配属十二月。与孟喜卦气说相同。

在称谓上与孟氏不同。如以十二支称六十卦，以天子、诸侯、三公、九卿、大夫称五爵位卦。

《稽览图》说："小过、蒙、益、渐、泰，寅。需、随、晋、解、大壮，卯。豫、讼、蛊、革、夬，辰。旅、师、比、小畜、乾，巳。大有、家人、井、咸、姤，午。鼎、丰、涣、离、遁，未。恒、节、同人、损、否，申。巽、萃、大畜、观，酉。归妹、无妄、明夷、困、剥，戌。艮、既济、噬嗑、大过、坤，亥。未济、蹇、颐、中孚、复，子。屯、谦、睽、升、临，丑。坎六震八离七兑九。以上四卦者，四正卦，为四象。每岁十二月，每月五卦。卦六日七分。每期三百六十五日，每四分日之一。"

五、爻辰图

爻辰是汉代易学术语。《易纬·乾凿度》及郑玄创立。以易卦阴阳六爻与子丑寅卯等十二辰乃至黄道十二次、二十八宿、十二律等相配，以显示一日十二时的节律。

如乾坤两卦十二爻阴阳交错排列，结合十二地支，以子午为经，卯酉为纬，代表四方。又以二十八宿分四象到四方，并以北斗之柄所指为标，观察日、月、五星运行的方位。

爻辰在卦气说的影响下产生，扩大了取象范围，适应了解经需要。

（一）《易纬》爻辰说

《易纬·乾凿度》将六十四卦次序，每对立两卦，其六爻配以十二辰，代表十二月份，为一岁；三十二对卦象，则代表三十二年；从乾坤到既济、未济，往复循环，推算年代。本义是讲一年节气的变化，是卦气说的一种形式。

第一章 卦图

其理论基础是阴阳两气的消长和循环往复，认为："天道左旋，地道右迁。二卦十二爻而期一岁。"三十二年周期中，第一年为乾坤用事，"乾贞于十一月子，左行，阳时六"。乾的初爻以十一月子为贞（正），九二当正月寅，九三当三月辰，以此类推。"坤贞于六月未，右行，阴时六。"坤的初爻以六月未为贞（正），六二当八月酉，六三当十月亥，以此类推。乾坤"并治而六错行"（见图1-20）。

乾爻左行	坤爻右行
九月——戌	四月——巳
七月——申	二月——卯
五月——午	十二月——丑
三月——辰	十月——亥
正月——寅	八月——酉
十一月——子	六月——未

图1-20　乾坤爻辰图

第二年为屯蒙，屯为阳，其初爻当十二月丑，其爻左行；蒙为阴，其初爻为正月寅，其爻右行，两数各爻都间隔一辰主岁月。

第三年需讼用事，需贞于卯，讼贞于辰。

第四年师比用事，师贞于巳，比贞于午。

在此次序中，如阴卦初爻与阳卦处于同一月份，其初爻则退一辰，即以未为贞。依此体例，泰应贞于戌，然与乾上九戌位相重；否应贞于亥，然与坤六三亥位相重，故"泰否之卦，独各贞其辰，其比辰左行相随也"（见图1-21）。中孚和小过两卦配十二辰，则与乾坤两卦相同。

泰爻左行	否爻右行
六月——未	十二月——丑
五月——午	十一月——子
四月——巳	十月 ——亥
三月——辰	九月 ——戌
二月——卯	八月 ——酉
正月——寅	七月 ——申

图 1-21　泰否爻辰图

（二）郑玄爻辰说

东汉郑玄有《周易》卦爻配十二辰之学说，原本于《易纬·乾凿度》爻辰说。郑氏以十二律配乾坤十二爻，又称为"纳音"。"黄钟在子，一阳爻生，为初九。林钟在未，二阴爻生，得为初六者，以阴故退位在未。故曰：乾贞于十一月子，坤贞于六，六月未也。"[1]（见图 1-22）

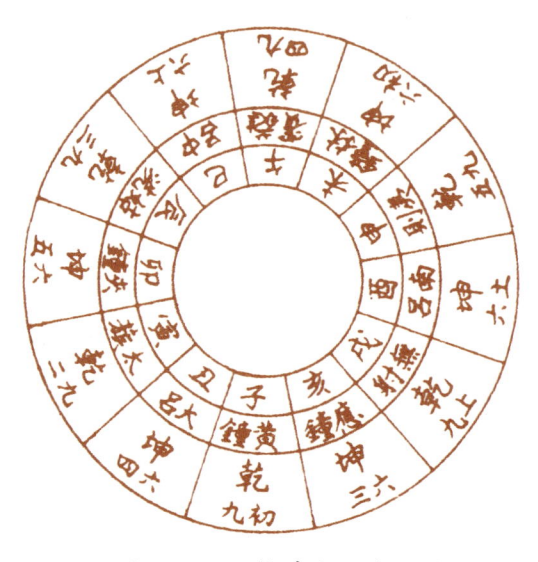

图 1-22　乾坤十二爻辰图

---

[1] 五代聂崇义撰《析城郑氏家塾重校新定三礼图》中引《周礼》贾彦疏。

以乾坤十二爻辰为依据，其他各卦的爻辰，逢九从乾爻所值，逢六从坤爻所值。如坎上六，在巳，泰卦六五在卯，中孚六四在丑，困九四在午，明夷九三在辰等。郑氏以此解释《周易》经传，注重追求卦爻象间的内在联系。如解释泰卦六五爻辞"归妹以祉，元吉"说："五爻辰在卯，春为阳中，万物以生。生育者嫁娶之目。仲春三月，嫁娶、男女之礼，福禄大吉。"[1]后世以为烦琐牵强。

六、卦象图

《易传》之后，象数派易学家发明了很多以象取象的方法，从卦象本身出发，创立了各种取象的体例。虽然不是一般的图式，但却可以看成一种特殊的符号图式。

（一）飞伏

"飞伏"是西汉京房的易学术语，指显象于外的卦（即"飞卦"）与隐伏于内的卦（即"伏卦"），这是一种本来的卦象不足而扩大到隐伏卦象的方法，飞伏卦的情况比较复杂，主要有：①伏卦是飞卦的对卦，飞卦一般为八纯卦，如乾☰的伏卦为坤☷。②伏卦是飞卦的覆卦，飞卦一般为八纯卦，如震☳的伏卦为艮☶。③一、二、三世卦的伏卦是其内卦，如姤☴的伏卦为巽☴（姤为乾宫一世卦）。④四、五世卦的伏卦是其外卦，如井䷯的伏卦是坎☵。⑤游魂卦的伏卦是五世卦的外卦，如晋䷢的伏卦是艮☶（晋为乾宫游魂卦，艮为五世卦剥䷖的外卦）。⑥归魂卦的伏卦是该宫卦的对卦，如大有䷍的伏卦为坤☷（大有是乾宫的归魂卦，坤为乾宫本位卦乾卦的对卦）。

京房的飞伏说目的就是在本卦卦象外，增加一卦的卦象，以丰富本卦的卦义和内容，拓宽解《易》的途径。

---

[1]《周礼注疏》引。

（二）互体

互体是以"互卦"之象推究卦爻辞的方法。六十四卦上下卦中，以二至四爻为下卦、三至五爻为上卦，构成一个新的卦，即互卦。互体分析法认为，一个重卦有内卦、外卦、内互卦、外互卦四个单卦，卦中有卦，象里套象，并据此解经。四卦各有其象，产生各种关系，任意变动一爻，则全部关系都要改变。

前人认为，先秦时已用互体解说卦爻辞。如清人俞樾《周易互体征》认为："《易》有互体，乃古法也……是在孔子未赞《易》之前，已有互体之说。"今有人否认此说，认为《易传》中亦未论及互体。互体是汉人为扩大取象范围而创立的解经方法，是西汉京房创立的。京房认为："会于中以四为用，一卦备四卦，谓之互。"

互体包括中爻互体——六爻卦的中四爻交互而构成新的六爻卦；四画连互——在一个六画卦象中，用依次排列的四个爻画组成三个新的卦体，共互成六个经卦；五画连互——在一个六画卦象中，依次排列的五个爻画组成两个新的卦体，共互成四个经卦。

互体分析的特点在于把每卦六爻看成互相联系的整体，合之为一，分之可二可四，启发人们联想，防止思维拘泥，在一定程度上体现时空合一的宇宙观。但其象外生象，随象附会，随意解经，终为弊端。

（三）半象

"半象"是虞翻取象术语，指半体之象，以三爻卦上两画或下两画为半象。如兑☱上两画象坎☵的上半象，故有"雨"象，兑的下两画象乾☰的下半象，乾为"日"，故《周易》中兑有"不雨"之辞。虞翻以"半象"说《易》，如解说大有䷍为震象半见，解说小畜䷈为坎象半见。清代易学家杭辛斋坚持"半象"说："故六爻之卦，初爻为震爻，二为坎爻，三为艮爻，四为巽爻，五为离爻，上为兑爻。虞氏所谓震体半见者，即震爻也；坎象半见者，即坎爻也。六爻皆乾坤之体，故乾坤不可分爻。"（《学易笔谈》）近人尚秉和对半象有所发明，总结出包括半象在内的一百二十余象的应用规律。

（四）大象

"大象"又称"像卦"，是明代来知德易学术语，即将六爻卦看成三爻卦的大象。如颐䷚、中孚䷼均像离☲；大过䷛、小过䷽均像坎☵，来氏称为"大离""大坎"。原卦与像卦的意义有一定联系，《彖》《象》可证者较多。

（五）包象

"包象"又称"包卦"，宋代林栗易学术语，指六爻卦上下三画包容中三画之象。如咸䷞、恒䷟，上下三画☷为坤，中三画☰为乾，是坤包乾；损䷨、益䷩，上下三画为☰乾，中三画为☷坤，是乾包坤。这里上下三画可取上一画下二画，也可取上二画下一画。增加了所包之卦的象，可以此解《易》。

（六）参象

参合两卦之象，以会通八卦阴阳爻变。通过参象可比类引申，以证《周易》卦爻辞。如（1）乾之坤，君降为臣，为不终为君之象。乾为天子，变坤三爻皆出于乾，又为三出天子之象。（2）乾之兑，天降为泽，为天子降心逆火之象。（3）坤之乾，又见艮，有廷实旅百、奉之以玉帛之象，又为自地升天之象。我在《易学大辞典》中详尽列举了各种参象，此不赘。

（七）反象

"反象"又称"反对之象""倒象""综象"，为"反卦""覆卦"后所得卦象。见下节的其他卦变形式。

（八）对象

"对象"又称"相对之象""错象"，为"对卦"构成的卦象，见下节的其他卦变形式。

（九）交象

"交象"又称"换象""上下易象"，为上下卦互相交换位置后所构成的卦象，见下节的其他卦变形式。

以上所列各种取象的方式、方法，原本都是出于解说卦爻辞的需要。在他们看来，卦爻辞与卦爻象必有逻辑关联，也就是说，卦爻辞就是从各个角度、各个层面阐说这个卦所蕴含的象。因而在本卦象不足的情况下，就从这个卦中生出其他的卦，于是创造了互体、飞伏、半象、像卦等生发新卦的方法；在原来所取之象太少的情况下，又作专门化、定向化的开拓，于是创造纳甲、卦气、爻辰等生象方法。以上这两种扩大取象的途径从某种程度上部分解决了卦爻辞与卦爻象的逻辑联系，但最终仍没有完全解决这个问题，而且这种解决方法没有一定的规则，可以随心所欲，因而人们不得不发问：卦爻辞与卦爻象之间真的有必然的逻辑关系吗？看来仅从卦爻辞出发去解读卦爻符号是远远不够的。

七、卦变图

卦变指卦与卦之间的变化联系，即由本卦爻的变动而形成另一卦。其目的是依据卦与卦之间的变化与联系来解释《周易》经传文。"卦变"与"变卦"不同，前者指卦体自身的变化，后者指揲蓍求卦的变化，但二者常混用。

卦变说由来已久。春秋时期《左传》《国语》已使用"之卦"法，但未成体系，今也有人认为《左传》《国语》只言"变卦"，而未用"卦变"之法。战国时期的《象传》《说卦传》《系辞传》对卦变有大量描述，其中对爻位"往来""上下""刚柔"的分析，可谓对卦变方式的认识。

自汉开始系统阐述"卦变"，以荀爽、虞翻为代表，后来者宋代李之才、朱熹，元代俞琰，明代来知德等均有论述。

变卦方式及学说主要有：之卦、升降、旁通、上下象易、往来、消息、互体、倒象等。清人钱大昕说："卦变之说，汉儒谓之'之卦'……虞仲翔说《易》，专取旁通与之卦。旁通者，乾与坤，坎与离，艮与兑，震与巽，交相变也。之卦，则以两爻交易而得一卦。"（《潜研堂文集》）

卦变说由乾坤卦变六子、六子卦变五十六卦、十二辟卦卦变生五十二卦，到任何一卦皆可卦变为其他六十三卦，以此解释《周易》，牵强附会和自相矛盾之处时有所见。

卦变是通过爻变实现的。"爻变"本于《周易·系辞传下》："爻象动乎内，吉凶乎于外。"爻变本指揲蓍求卦过程中阴阳爻的变化。爻变是有一定规则的。在大衍数法中，九六分别为老阳（太阳）和老阴（太阴），按"老变少不变"的规则，老阳（九）变少阴、老阴（六）变少阳；少阴（八）、少阳（七）则不变。《左传》《国语》记载的筮例中有遇之卦，如遇观之否、大有之睽，后人以为即言其变爻。"遇观䷓之否䷋"，指观六四爻变。《周易》以变为占，注重爻变。后世有人将爻的刚柔、往来、升降、之正等称为"爻变"或"动爻"，并将其等同于"卦变"。

占筮家先求本卦，再求之卦，两相比较，以示爻变。爻变有七种可能性，分为三类。

①六爻皆变或皆不变，以卦辞为断。

②只一爻变或只一爻不变，以此爻之辞为断。

③出现多爻变（即二个、三个、四个、五个变爻），以首次出现的变爻之辞为断。

爻变和卦变将卦象序列看成可变的东西，让人们从总体上把握六十四卦、三百八十四爻的序列，反映了《周易》整体性、有序性、阴阳消长变动性的思想。但因其烦琐、僵化，且被象数家奉若神明，只作象数分析，往往阉割其思想内容。

（一）京房八宫卦变说

西汉京房八宫卦以乾、震、坎、艮、坤、巽、离、兑为八宫次序，每一宫下统领八卦，这八个卦依据从上而下的爻变而排列，如乾宫八卦从上而下依次为乾、姤、遁、否、观、剥、晋、大有。乾不变，称为本宫卦；其他七卦都是在乾卦的基础上，通过变爻而得出；其中后一卦又是在前一卦的基础上进一步变爻而得出。姤在乾的基础上第一爻变，称为一世卦；遁在姤的基础上第二爻变，称为二世卦；否在遁的基础上第三爻变，称为三世卦；观在否的基础上第四爻变，称为四世卦；剥在观的基础上第五爻变，称为五世卦；晋在剥的基础上第四爻变，即又变回到乾卦第四爻，称为游魂卦；大有在晋的基础上一二三爻变，即恢复到乾卦下卦的状态，称为归魂卦。这就构成了乾宫的八卦。其他七个宫也是依据这个规则分别得出每个宫的八卦的（见图 1-23）。

兑宫	离宫	巽宫	坤宫	艮宫	坎宫	震宫	乾宫	八宫
兑	离	巽	坤	艮	坎	震	乾	八纯卦
困	旅	小畜	复	贲	节	豫	姤	一世
萃	鼎	家人	临	大畜	屯	解	遁	二世
咸	未济	益	泰	损	既济	恒	否	三世
蹇	蒙	无妄	大壮	睽	革	升	观	四世
谦	涣	噬嗑	夬	履	丰	井	剥	五世
小过	讼	颐	需	中孚	明夷	大过	晋	游魂
归妹	同人	蛊	比	渐	师	随	大有	归魂

图 1-23　京房八宫卦变图

（二）荀爽升降卦变说

东汉荀爽卦变说，由其"乾升坤降"说发展而来，认为某一卦通过其爻的变化，可以成为另一卦。乾、坤两卦生出震、坎、艮、巽、离、兑六子卦，然后又生出五十六卦。以此解说《周易》经传。

如注屯：“此本坎卦也，案初六升二，九五降初，是刚柔始交也。”

荀氏的乾坤升降说认为，乾坤九二居于坤卦六五爻位，坤卦六五居于乾卦九二爻位，为"乾升坤降"。进而扩展为任何一卦各爻均可阳升阴降，从而变成另一卦，可见其卦变说没有统一法式，一般认为系统阐述卦变说由荀爽始。

（三）虞翻旁通卦变说

汉末三国时的虞翻是汉易学家中讲卦变讲得最详尽的人，他的《易注》也是汉代易学著作中保存内容最多的，唐李鼎祚的《周易集解》广为收录。

他提出了两卦变六卦、十二卦变五十二卦的卦变说,还提出了一卦变为另一对立卦的旁通说。

1. 旁通

指本卦阳爻变为阴爻、阴爻变为阳爻,一卦转化为其对立的卦,六爻皆相反。因本卦与转化的卦可以相通,故称"旁通"。旁通是一种卦变的方法。六十四卦共有三十二对旁通卦。如虞翻解释离卦☲卦辞:"坤二五之乾,与坎旁通。于爻,遁初之五,柔丽中正,故'利贞,亨'。"[1] 旁通关系类同于飞伏关系。所谓飞伏,显现着六爻背后,还存在着与之相对立的六爻。显者谓之"飞",隐者谓之"伏"。"飞"者即是本卦,"伏"者即是旁通卦。

旁通分析法本意在借象解经,曲意附会。但也启示了另一种思维方法,它诱导人们学会从对立面考虑问题。利用相反相成的矛盾法则,说明考虑问题不可拘泥于一个方向。无形中把每一卦看成动态平衡的整体,而不是一成不变的孤立物。

2. 卦变

以乾坤父母卦变为六子卦,以十二消息卦变为杂卦,用来解说《周易》经传。多遵从荀爽之说,然较荀氏更为完备可观。包括:

(1)乾坤变六子卦。乾卦二、五阳爻变坤卦二、五阴爻,坤卦二、五阴爻变乾卦二、五阳爻,由此形成离、坎两卦。离、坎又各含有巽、兑二互卦和艮、震二互卦。

(2)十二消息卦变杂卦。十二消息卦中,复、姤为一阴一阳之卦,临、遁为二阴二阳之卦,泰、否为三阴三阳之卦,大壮、观为四阴四阳之卦,共生出四十八杂卦(除乾、坤、中孚、小过四卦外),每一类的其他卦皆是该消息卦爻象互易的结果。其卦变体例,皆以阴阳两爻互易,主变动者止于一爻。二阴二阳之卦同四阴四阳之卦,阴阳爻画数目皆同,只是顺序颠倒,故有八个卦重复。剥、夬两卦因亦为一阴一阳之卦,故并入复、姤系统中(朱熹卦变图将其单列)。

3. 其他形式

任一卦中的两爻互易便成为另一卦。如比卦是"师二上之五得位",中

---

[1] 李鼎祚:《周易集解》。

孚卦是"讼四之初也",屯卦是"坎二之初",蒙卦是"艮三之二",小过卦是"晋上之三"。

虞氏以卦变说对《周易》经传进行解释。清代王夫之批评:"汉儒泥象,多所附会,流及于虞翻,而约象互体,半象变爻,曲以象物者,繁杂琐屈,不可胜纪。"[1] 可惜的是,虞翻的著作并没有流传下来,当然他的卦变图也无从得知。清代黄宗羲《易学象数论》一书中载有虞翻卦变图(见图1-24),胡渭《易图明辨》卷九也载有虞仲翔卦变图,与黄氏书中的图相同。

此图以乾坤二卦为变化之本,一切卦都从乾坤变化而来;乾坤先变成复、姤、临、遁、泰、否、大壮、观,这八卦又分别变出一阴一阳之卦(六个)、二阴二阳之卦(九个)、三阴三阳之卦(十个)、四阴四阳之卦(九个)。此图中未列五阴五阳之卦,是因为五阴五阳之卦实际上就是一阳一阴之卦,也就是说,五阴之卦就是一阳之卦,五阳之卦就是一阴之卦,故不再另列。此外,中孚卦、小过卦由于不符合本卦中一个阴爻与一个阳爻交换的规则,所以没有列入,称为"变例"。不过,虞翻的这一体例并没有完全贯彻到底,因而个别的卦有重复。

一阴一阳之卦各六,皆自复、姤而变:
复　　　　　　姤
师(初之二,)　　同人(初之二,)
谦(初之三,)　　履(初之三,)
豫(初之四,)　　小畜(初之四,)
比(初之五,)　　大有(初之五,)
剥(初之上,)　　夬(初之上,)

二阴二阳之卦各九,皆自临、遁而变:
临　　　　　　遁
升(初之三,)　　无妄(初之三,)
解(初之四,)　　家人(初之四,)
坎(初之五,)　　离(初之五,)
蒙(初之上,)　　革(初之上,)
明夷(二之三,)　讼(二之三,)
震(二之四,)　　巽(二之四,)
屯(二之五,)　　鼎(二之五,)
颐(二之上,)　　大过(二之上,)

---

[1] 王夫之:《周易外传·系辞下传》。

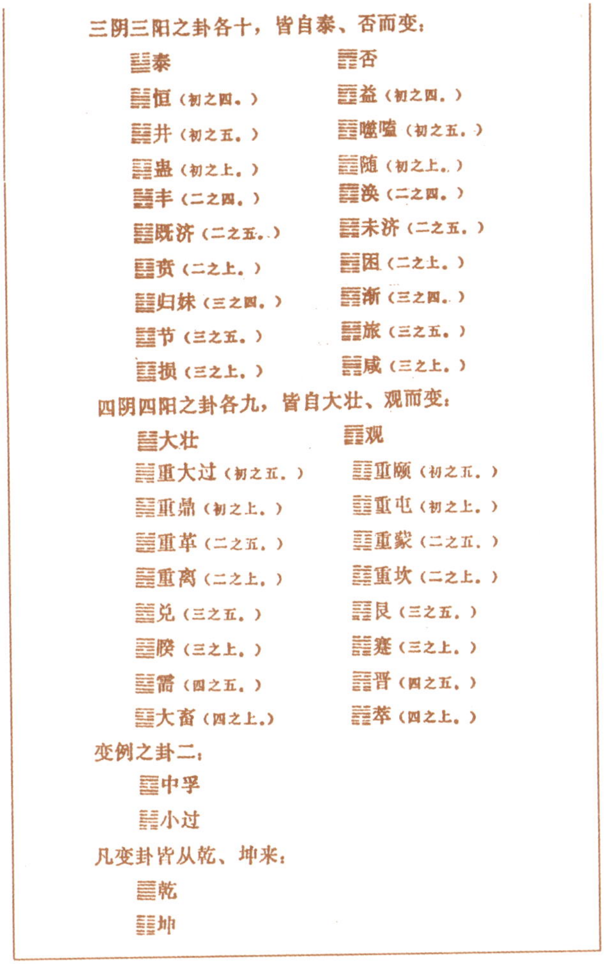

三阴三阳之卦各十，皆自泰、否而变：

䷊ 泰　　　　　　　䷋ 否
䷟ 恒（初之四。）　　䷩ 益（初之四。）
䷯ 井（初之五。）　　䷔ 噬嗑（初之五。）
䷑ 蛊（初之上。）　　䷐ 随（初之上。）
䷶ 丰（二之四。）　　䷺ 涣（二之四。）
䷾ 既济（二之五。）　䷿ 未济（二之五。）
䷕ 贲（二之上。）　　䷮ 困（二之上。）
䷵ 归妹（三之四。）　䷴ 渐（三之四。）
䷻ 节（三之五。）　　䷷ 旅（三之五。）
䷨ 损（三之上。）　　䷞ 咸（三之上。）

四阴四阳之卦各九，皆自大壮、观而变：

䷡ 大壮　　　　　　䷓ 观
䷛ 重大过（初之五。）　䷚ 重颐（初之五。）
䷱ 重鼎（初之上。）　　䷂ 重屯（初之上。）
䷰ 重革（二之五。）　　䷃ 重蒙（二之五。）
䷝ 重离（二之上。）　　䷜ 重坎（二之上。）
䷹ 兑（三之五。）　　䷳ 艮（三之五。）
䷥ 睽（三之上。）　　䷦ 蹇（三之上。）
䷄ 需（四之五。）　　䷢ 晋（四之五。）
䷙ 大畜（四之上。）　䷬ 萃（四之上。）

变例之卦二：

䷼ 中孚
䷽ 小过

凡变卦皆从乾、坤来：

䷀ 乾
䷁ 坤

图 1-24　虞翻卦变图

（四）李之才卦变图

北宋李之才认为，乾坤二卦为基本卦，其他六十二卦皆为乾坤所变易、交生。其卦变说，因讲卦象变化，又被称为象学。有"变卦反对图"和"六十四卦相生图"传世，其图见于南宋朱震《汉上易卦图》。

1. 变卦反对图

李之才"变卦反对图"（见图 1-25）以乾坤为易之门、万物之祖，其所变卦共分四类八组。

第一类图式乾坤二卦三次相交变为六卦，此六卦颠倒后卦象并不相反。第二类图式乾卦下生一阴，坤卦下生一阳，各变出六卦，共十二卦，所对应的卦为反卦。第三类图式乾卦下生二阴，坤卦下生二阳，各变出十二卦，共二十四卦，所对应的卦为反卦。第四类图式乾卦下生三阴，坤卦下生三阳，各变出十二卦，共二十四卦，所对应的卦为反卦。

乾坤二卦为易之门万物之祖图第一：
乾老阳䷀
坤老阴䷁
乾坤相索三变六卦不反对图第二：
（坤体面乾来交。）　颐　小过　坎
（乾体面坤来交。）　大过　中孚　离
乾卦一阴下生反对变六卦图第三：
姤　同人　履
小畜　大有　夬
坤卦一阳下生反对变六卦图第四：
复　师　谦
豫　比　剥
乾卦下生二阴各六变反对变十二卦图第五：
遁　讼　无妄
家人　离　革
睽　兑　革
大畜　需　大壮
坤卦下生二阳各六变反对变十二卦图第六：
临　明夷　升
解　晋　萃
蹇　艮　蒙
屯　颐　小过
乾卦下三阴各六变反对变十二卦图第七：
否　恒　丰
涣　巽　鼎
归妹　节　既济
损　困　未济
坤卦下生三阳各六变反对变十二卦图第八：
泰　损　贲
益　家人　既济
蛊　井　未济
归妹　困　解

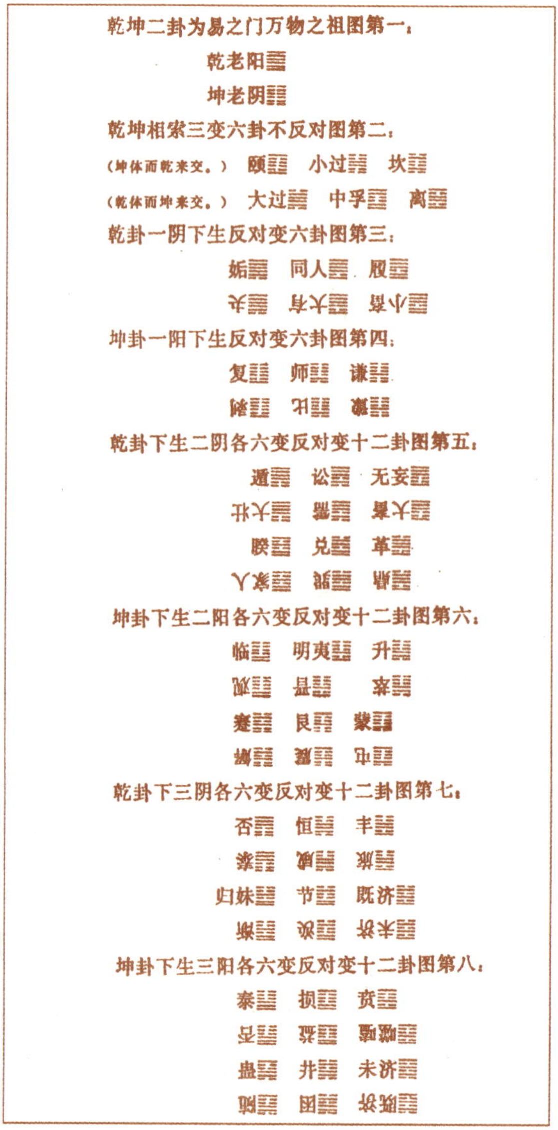

图1-25　李之才变卦反对图

此图式源于东汉荀爽乾坤升降说、三国虞翻卦变说及唐代孔颖达非覆即变说，是对《序卦》次序和《杂卦》三十六对立卦的解释。

此图最早载于南宋高宗时朱震的《汉上易传》，清初黄宗羲《易学象数论》、毛奇龄《推易始末》、胡渭《易图明辨》均有记载。

2. 六十四卦相生图

李之才"六十四卦相生图"（见图1-26）以乾坤为诸卦之祖，分为三类变卦情况，第一类是乾、坤一爻交而变为姤卦、复卦，所有的一阴五阳、一阳五阴卦都从姤、复变化而来，分别各得五卦；第二类是乾、坤一二爻交而变为遁卦、临卦，所有的二阴四阳、二阳四阴卦都从遁、临变化而来，分别各得十四卦；第三类是乾、坤一二三爻变为交而变为否卦、泰卦，所有的三阴三阳、三阳三阴卦都从否、泰变化而来，分别各得九卦。此卦变图从乾坤两卦中逐层演变出六十四卦，没有重复，简单明了。比起虞翻卦变图以及李之才本人的"变卦反对图"大有进步。

李之才的"六十四卦相生图"载于南宋高宗时朱震的《汉上易传》及孝宗时林至的《易裨传》，清初黄宗羲的《易学象数论》、毛奇龄的《推易始末》、胡渭的《易图明辨》均转引此图。

（五）朱熹卦变图

南宋朱熹的卦变图源于李之才，认为一阴一阳之卦各六，皆自复☷☷☷、姤☰☰☰而来；二阴二阳之卦各十五，皆自临☷☷☷、遁☰☰☰而来；三阴三阳之卦各二十，皆自泰☷☷☷、否☰☰☰而来；四阴四阳之卦各十五，皆自大壮☰☰☰、观☷☷☷而来；五阴五阳之卦各六，皆自夬☰☰☰、剥☷☷☷而来（见图1-27）。

(乾坤者，诸卦之祖。) 姤䷫ 乾一交而为姤
　　　　　　　　　　复䷗ 坤一交而为复

凡卦一阳五阴者，皆自复卦而来，复一交五变而成五卦：
　　　师䷆　谦䷎　豫䷏
　　　　　比䷇　剥䷖

凡卦五阳一阴者，皆自姤卦而来，姤一交五变而成五卦：
　　　同人䷌　履䷉　小畜䷈
　　　　　大有䷍　夬䷪

　　　　遁䷠ 乾再交而为遁
　　　　临䷒ 坤再交而为临

凡卦四阴二阳者，皆自临卦而来，临五复五变而成十四卦：
　(第一四变。)　明夷䷣　震䷲　屯䷂
　　　　　　　颐䷚
　(第二复四变。)　升䷭　解䷧　坎䷜
　　　　　　　　蒙䷃
　(第三复三变。)　小过䷽　萃䷬　观䷓
　(第四复二变。)　蹇䷦　晋䷢
　(第五复一变。)　艮䷳

凡卦四阳二阴者，皆自遁卦而来，遁五复五变而成十四卦：
　(第一四变。)　讼䷅　巽䷸　鼎䷱
　　　　　　　大过䷛
　(第二复四变。)　无妄䷘　家人䷤　离䷝
　　　　　　　　革䷰
　(第三复三变。)　中孚䷼　大畜䷙　大壮䷡
　(第四复二变。)　睽䷥　需䷄
　(第五复一变。)　兑䷹

　　　　否䷋ 乾三交而为否
　　　　泰䷊ 坤三交而为泰

凡卦三阴三阳者，皆自泰卦而来，泰三复三变而成九卦：
　(第一三变。)　归妹䷵　节䷻　损䷨
　(第二复三变。)　丰䷶　既济䷾　贲䷕
　(第三复三变。)　恒䷟　井䷯　蛊䷑

凡卦三阳三阴者，皆自否卦而来，否三复三变而成九卦：
　(第一三变。)　渐䷴　旅䷷　咸䷞
　(第二复三变。)　涣䷺　未济䷿　困䷮
　(第三复三变。)　益䷩　噬嗑䷔　随䷐

图 1-26　李之才六十四卦相生图

凡一阴一阳之卦各六，皆从复、姤而来：					
复䷗	师䷆	谦䷞	豫䷏	比䷇	剥䷖
姤䷫	同人䷌	履䷉	小畜䷈	大有䷍	夬䷪

凡二阴二阳之卦各十有五，皆自临、遁而来：					
临䷒	明夷䷣	震䷲	屯䷂	颐䷚	升䷭
	解䷧	坎䷜	蒙䷃	小过䷽	蹇䷦
	艮䷳	萃䷬	晋䷢		观䷓
遁䷠	讼䷅	巽䷸	鼎䷱	大过䷛	无妄䷘
	家人䷤	离䷝	革䷰	中孚䷼	睽䷥
	兑䷹	大畜䷙	需䷄		大壮䷡

凡三阴三阳之卦各二十，皆自泰、否而来：					
泰䷊	归妹䷵	节䷻	损䷨	丰䷶	既济䷾
	贲䷕	随䷐	噬嗑䷔	益䷩	恒䷟
	井䷯	蛊䷑	困䷮	未济䷿	涣䷺
	咸䷞	旅䷷	渐䷴		否䷋
否䷋	渐䷴	旅䷷	咸䷞	涣䷺	未济䷿
	困䷮	蛊䷑	井䷯	恒䷟	益䷩
	噬嗑䷔	随䷐	贲䷕	既济䷾	丰䷶
	损䷨	节䷻	归妹䷵		泰䷊

凡四阴四阳之卦各十有五，皆从大壮、观而来：					
大壮䷡	需䷄	大畜䷙	兑䷹	睽䷥	中孚䷼
	革䷰	离䷝	家人䷤	无妄䷘	大过䷛
	鼎䷱	巽䷸	讼䷅		遁䷠
观䷓	晋䷢	萃䷬	艮䷳	蹇䷦	小过䷽
	蒙䷃	坎䷜	解䷧	升䷭	颐䷚
	屯䷂	震䷲	明夷䷣		临䷒

凡五阴五阳之卦各六，皆自夬、剥而来：					
夬䷪	大有䷍	小畜䷈	履䷉	同人䷌	姤䷫
剥䷖	比䷇	豫䷏	谦䷞	师䷆	复䷗

图 1-27　朱熹卦变图（据原图重排）

（六）俞琰卦变图

宋末元初俞琰卦变图作"六十四卦升降图"，此图亦称"先天六十四卦直图"（图载俞氏《易外别传》，有《四库全书》本、《道藏》本；元代张理《易象图说内篇》也载有此图，改名为"六十四卦变通之图"），为参悟邵雍阴阳升降方圆图而作，其论卦变优于朱熹图，与李之才"六十四卦相生图"基本相同。此图以乾、坤、离、坎四卦居中，由乾坤两卦上下升降而变出其余六十卦。乾卦一阴生至五阴生的过程即是坤卦一阳生至五阳生的过程。一卦六爻，一阳则五阴，五阴则一阳；二阳则四阴，四阴则二阳；三阳则三阴，三阴则三阳；四阳则二阴，二阴则四阳；五阳则一阴，五阴则一阳（见图1-28）。

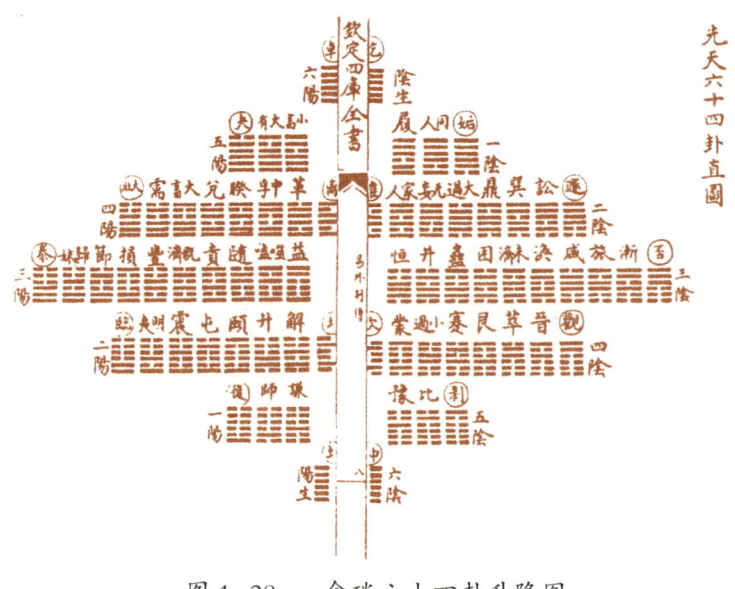

图1-28　俞琰六十四卦升降图

（七）来知德卦变图

明代易学家来知德积二十九年写成《周易集注》（又称《周易来注》《易经来注图解》），与其他易学家不同的是，他以"错""综"为原则概括易卦的变化，创造了各种卦变图式。"错综"是明代易学家来知德创立的卦变术语，其实"综"就是反覆，"错"就是对易。他自己解释："一上一下谓之综，一左一右谓之错。""综者，上下相颠倒也；错者，阴阳相横对也。"（《周易集注》）按照来知德的解释，"错"就是指两卦相同位次的阴阳爻属性相反，从卦变角度看，就是一个卦通过六爻爻性变化而变成另一卦。"综"就是上下颠倒，从卦变角度看，就是一个卦颠倒过来而变成另一个卦。根据这一原则，来知德创造了很多卦变图，主要介绍以下几种。

1. 八卦变六十四卦图

八卦变六十四卦图（见图1-29）表示八纯卦的每一卦各变出八卦，共为六十四卦，这种卦变方式与京房八宫卦变方式基本相同，只是名称和八纯卦的次序有所不同，京房称一世卦至五世卦，来知德称为一爻变至五爻变；京房称游魂卦、归魂卦，来知德称为复返四爻变、归本卦；京房八宫卦（八纯卦）次序为乾、震、坎、艮、坤、巽、离、兑，来知德八纯卦次序为乾、兑、离、震、巽、坎、艮、坤。这种次序与北宋邵雍先天（伏羲）八卦次序相同。

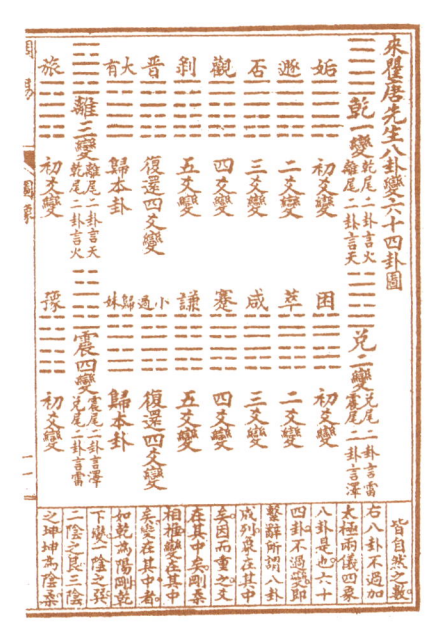

图1-29　来知德八卦变六十四卦图（1）

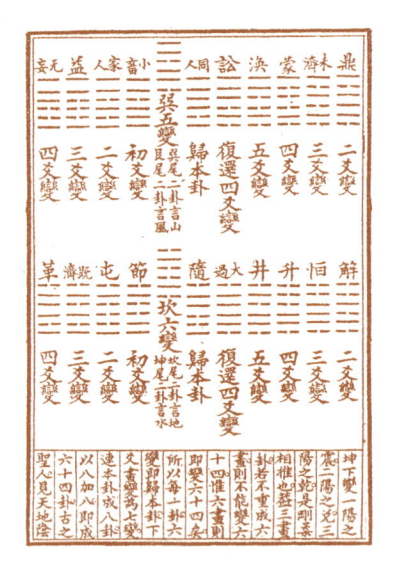

图 1-29　来知德八卦变六十四卦图（2）

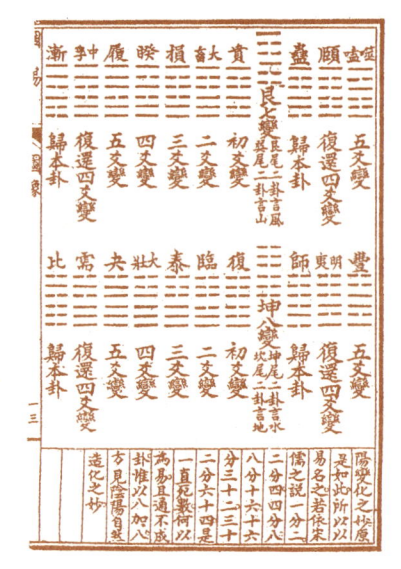

图 1-29　来知德八卦变六十四卦图（3）

2. 伏羲相错文王相综图

该图（见图1-30）实际上由"伏羲圆图"和"文王序卦图"合成，"伏羲圆图"是对邵雍伏羲六十四卦的解释，来知德认为邵雍伏羲圆图从复到乾的三十二卦与从姤到坤的三十二卦是相错的，所以制作这一相错图以代替邵雍的伏羲圆图。文王序卦图将《周易》六十四卦中的五十六个综卦（即覆卦）两两排列，组成二十八对综卦。

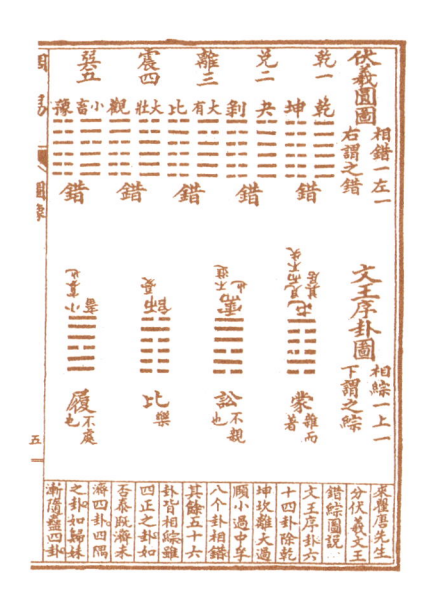

图 1-30　伏羲相错文王相综图（1）

图 1-30　伏羲相错文王相综图（2）

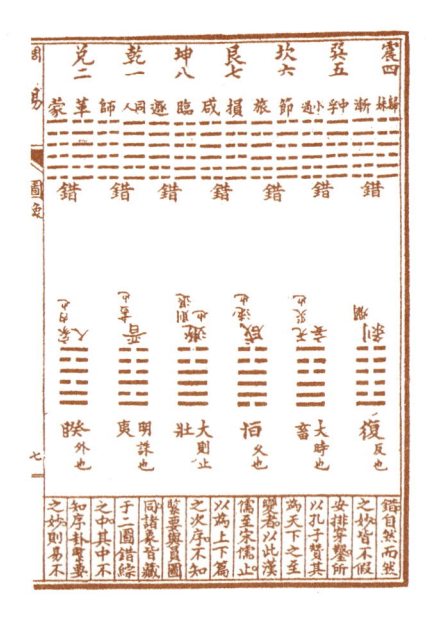

图 1-30　伏羲相错文王相综图（3）

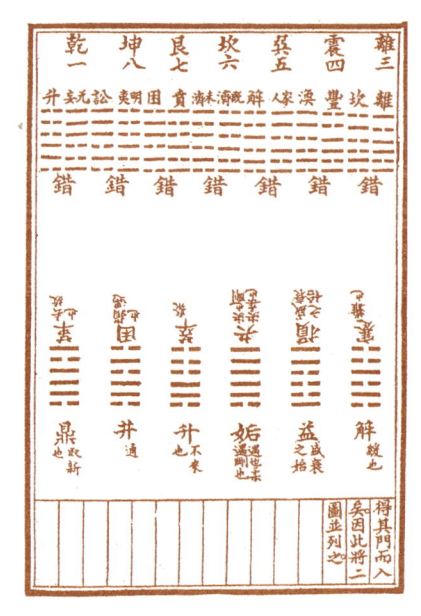

图 1-30　伏羲相错文王相综图（4）

第一章 卦图

图 1-30　伏羲相错文王相综图（5）

3. 八卦所属自相错图

该图（见图 1-31）说明八纯卦是四对相错的卦，相错的本卦按照八卦变六十四卦原则变成的所属的卦也必然是相错的。图中所注的数字采用邵雍先天卦次序数。

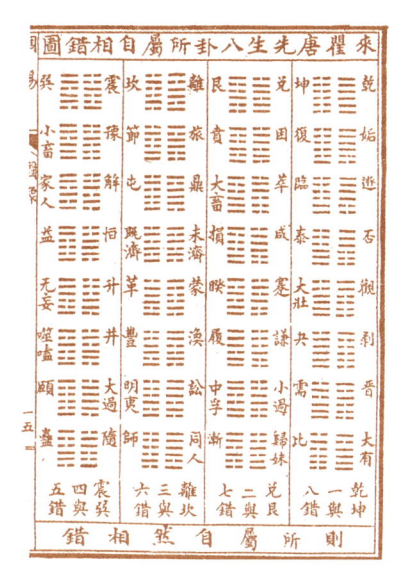

图 1-31　八卦所属自相错图

047

4. 六爻变自相错图

该图（见图 1-32）说明八纯卦相错，其从初爻到六爻变化出来的所有的卦也必然是相错的。

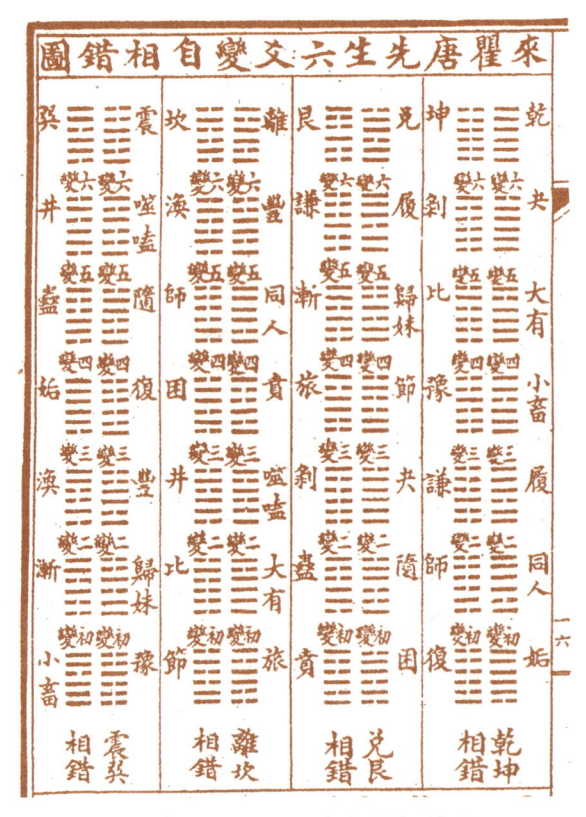

图 1-32　六爻变自相错图

5. 文王序卦正综图

来知德将京房八宫卦中八纯卦所属的一世卦至五世卦的相综，称为"正综"。该图八纯卦是相综的，八纯卦所属的前五个卦依次也是相综的（见图 1-33）。

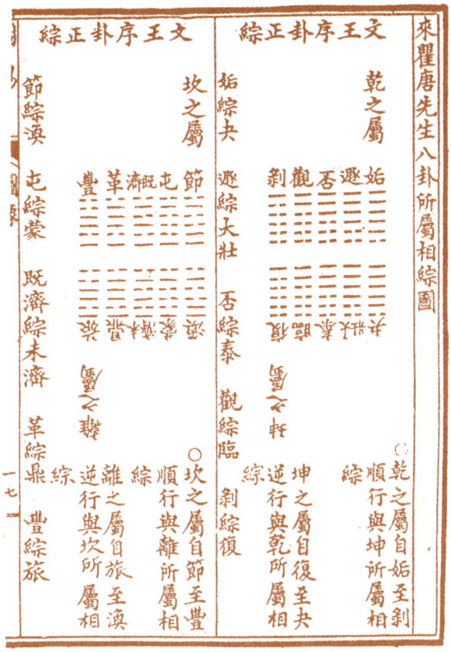

來瞿唐先生八卦所屬相綜圖

文王序卦正綜

乾之屬

姤　遯　否　觀　剝

夬　大壯　泰　臨　復

坤之屬

○乾之屬自姤至剝順行與坤所屬相綜
坤之屬自復至夬逆行與乾所屬相綜

姤綜夬　遯綜大壯　否綜泰　觀綜臨　剝綜復

文王序卦正綜

坎之屬

節　屯　既濟　革　豐

渙　蒙　未濟　鼎　旅

離之屬

○坎之屬自節至豐順行與離所屬相綜
離之屬自旅至渙逆行與坎所屬相綜

節綜渙　屯綜蒙　既濟綜未濟　革綜鼎　豐綜旅

一七

图 1-33　文王序卦正综图（1）

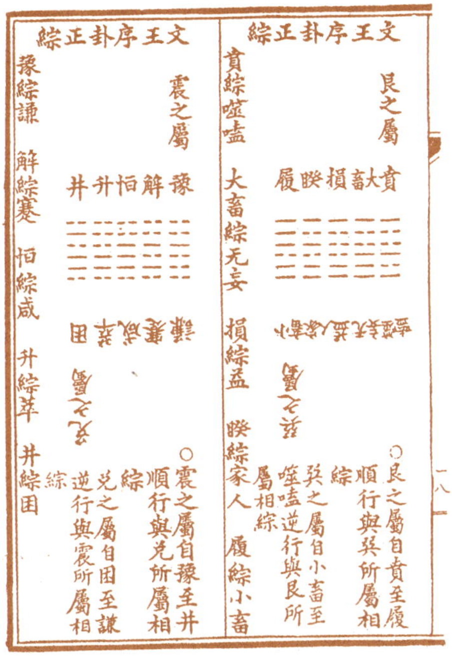

文王序卦正綜

艮之屬

賁　大畜　損　睽　履

噬嗑　无妄　益　家人　小畜

巽之屬

○艮之屬自賁至履順行與巽所屬相綜
巽之屬自小畜至噬嗑逆行與艮所屬相綜

賁綜噬嗑　大畜綜无妄　損綜益　睽綜家人　履綜小畜

一八

文王序卦正綜

震之屬

豫　解　恒　升　井

謙　蹇　咸　萃　困

兌之屬

○震之屬自豫至井順行與兌所屬相綜
兌之屬自困至謙逆行與震所屬相綜

豫綜謙　解綜蹇　恒綜咸　升綜萃　井綜困

图 1-33　文王序卦正综图（2）

6. 文王序卦杂综图

来知德将八纯卦所属的尾二卦（即京房八宫卦中的游魂卦、归魂卦）的相综称为"杂综"。该图（见图1-34）说明八纯卦所属的最后二卦并不是按照八纯卦的相综而相综，而是打乱了次序交叉相综。

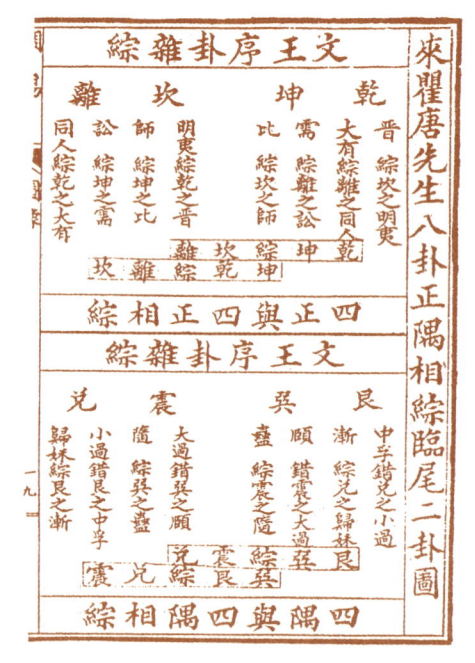

图1-34　文王序卦杂综图

（八）其他卦变形式

1. 消息、进退、往来、升降

消息为汉代卦变术语。在一个卦体中，凡阳爻去而阴爻来，称为"消"；阴爻去而阳爻来，称为"息"（"息"为"增长"义）。与"进退""往来""升降"义大体相同。消息、往来、进退、升降的结果是变成另一卦。如姤卦消息、进退后为复，虞翻以此注《易》，如注复卦："阳息坤，与姤旁通。"注姤卦："消卦也，与复旁通。"注临卦："阳息至二，与遁旁通。"这种消息互变的卦，与旁通卦大体相同，不过其范围要小得多，一般只限定在十二消息卦之内，而旁通、往来、进退、升降则比它范围要广。

2. 之正、之卦

虞翻卦变还用"之正"的术语。所谓"之正"即改变爻性使其得正（不得位）。虞翻认为，凡爻位不正者，皆可用"之正"使其得正位。如蒙卦䷃："二五失位，利变之正，故利贞。"二爻为阳爻（九二）、五爻为阴爻（六五）是不当位——不正，应变为六二、九五则得正，而有利。

之卦，即变卦，比"之正"的范围要广，"之正"仅仅是不得位（不得正）的爻变为得位（得正）的爻，而"之卦"则不受此限制。

3. 反易、反覆、覆卦、反卦

顾名思义，这种变卦方式是将一卦六爻反覆过来（上下颠倒）而成另一卦，如屯䷂反易以后为蒙䷃，需䷄反覆以后为讼䷅。今通行本《周易》六十四卦前后二卦的排列主要就是采用这种卦变方式（即孔颖达所谓"非覆即变"中的"覆"）。

除了这种六爻全部颠倒的反覆外，还有一种仅仅是六爻卦中上卦或下卦的反覆，称为"半覆"，如大畜䷙上卦反覆以后得大壮䷡，无妄䷘下卦反覆后为遁䷠。

另外还有一种反易，不是六爻或其中三爻颠倒后变成另一卦，而是自身上卦与下卦构成反易关系，为"上下反易"，如颐䷚，上卦为6，下卦是3，上卦和下卦互为反覆。

一般来说，反覆的卦（不管是哪一种）卦爻辞的意义往往相反。

4. 对易、对卦

对易、对卦是指一卦变成阴阳完全相对的另一卦。如乾䷀对易为坤䷁，颐䷚对易为大过䷛。这种卦变方式其实就是虞翻的"旁通"。六十四卦中有三十二对对卦，其中有四对有对无反，有二十八对既有对又有反。

与"反覆"卦一样，对易也有"半对"，即六爻卦中仅上卦或下卦对易后变为另一卦，如中孚䷼上卦对易后为归妹䷵，师䷆下卦对易后为明夷䷣。

对易也有自身的上下对易，如泰䷊，上卦 3 与下卦 0 构成对易关系。既济䷾，上卦 5 与下卦 2 构成对易关系。

对易的卦，它们的卦爻辞意义往往相对。

5. 交易、交错、交卦、上下易、两象易

指六卦上卦与下卦交换位置，即上卦变下卦、下卦变上卦。如益卦䷩交易后为恒䷟，夬䷪交易后为履䷉。在《易传》的《彖》《象》辞中，交卦的意义大多互为参见。

6. 互卦、互体、约象、中爻

我们在"卦象"中已介绍过"互体"，互体是一种取象方式，而它的取象正是通过卦变来实现的（实际上以上所述各种卦变形式都是以扩大取象为目的的）。通过互卦的卦变形式，使一卦扩展为另一卦。它的基本卦变形式中，任何一个六爻卦，先舍去最上爻与最下爻，中间的四爻（中爻）以二至四爻构成一下卦，以三至五爻构成一上卦，上下卦组合成新的一卦。如小过卦䷽，中四爻构成上卦为 1，构成下卦为 4，上下卦组合成互卦为䷛大过卦。

八、先天易图

（一）先天八卦与后天八卦

先天八卦与后天八卦是北宋易学大师邵雍提出的著名术语。

八卦图式主要有两种，一种是文王图式，一种是伏羲图式。后天文王图式大约作于战国时代，与《易传》同时（一说《易传》为其文字说明），流行于汉唐。先天伏羲图式本源于《易传》，传《周易参同契》作有图式，经陈抟至邵雍。学术界一般认为是邵雍所创。邵雍称伏羲图为先天之学，文王图为后天之学。

先天图式包括先天八卦图式与先天六十四卦图式，后天图式包括后天八卦图式与后天六十四卦图式。

第一章 卦图

先天八卦即伏羲八卦，其图式有：伏羲八卦次序图、伏羲八卦方位图，亦常单指"伏羲八卦方位图"为先天易学基本图式。

1. 先天八卦方位图

先天八卦方位图亦称"伏羲八卦方位图""小圆图"。图见朱熹《周易本义》（见图1-35）。

图1-35　伏羲八卦方位图

源本于《周易·说卦传》："天地定位，山泽通气，雷风相薄，水火不相射，八卦相错。数往者顺，知来者逆。是故《易》，逆数也。"邵雍《观物外篇》认为："天地定位一节，明伏羲八卦。八卦相错者，明交相错而成六十四卦也。数往者顺，若顺天而行，是左旋也，皆已生之卦也，故云数往也。知来者逆，若逆天而行，是右行也，皆未生之卦也，故曰知来也。夫易之数，由逆而成矣。此一节直解图意，若逆知四时之谓也。"

朱熹解释："从震至乾为顺，从巽至坤为逆。"从震四至乾一为顺，表阳气上升过程，仿天道左行，故为顺行，犹从今日追数往日，为已生之卦；从巽五至坤八为逆，表阴气上升过程，仿地道右行，即逆天而行，犹从今日逆计来日，为未生之卦。

清何梦瑶《皇极经世易知》认为自乾一至震四为顺，不应倒数。邵雍以左行为顺，右行为逆，说明一年四季的变化为阴阳消长过程。《观物外篇》："震始交阴而阳生，巽始消阳而阴生。兑阳长也，艮阴长也。震兑在天之阴也，巽艮在地之阳也。天以始生言之，故阴上而阳下，交泰之义也。地以既成言之，故阳上而阴下，尊卑之位也。乾坤定上下之位，离坎列左右之门，天地之所阖辟，日月之所出入。是以春夏秋冬、晦朔弦望、昼夜长短、行度盈缩，莫不由乎此矣。"

先天八卦方位图道出自然运行的规律，体现了古人对天地的认识，描述了一个天、地、人开放的宇宙巨系统。

先天八卦方位图可表示朝、昼、夕、夜的日周期变化。此图中，离为日，在东方，表示太阳从东方升起，经南方乾落于西方坎，由离至坎历经兑、乾、巽三卦，离、兑、乾、巽表示白昼之象，坎、艮、坤、震代表太阳落入地平线之后的黑夜之象。八卦用卦画奇偶划出朝、昼、夕、夜四个天象。坤为子，为夜；离为卯，为朝；乾为午，为昼；坎为酉，为夕。

先天八卦方位图可表示晦、朔、弦、望的月周期运动。西汉京房创纳甲法，用阴阳消长来解释月的盈亏，三国虞翻以月之盈亏阐说易之纳甲。古代纳甲法与现代天文学对月亮的观察基本一致。

先天八卦方位图可表示春、夏、秋、冬的年周期变化。这一点，邵雍自己已经作了详尽论述。如仅就八节气而言，则离主春分，乾主夏至，坎主秋分，坤主冬至，震主立春，兑主立夏，巽主立秋，艮主立冬。

先天八卦方位图还被古代天文学用来描述十二次、二十八宿及时、位。

今有人就先天八卦方位图由内向外周期进行分析，认为第一周期（即最内一圈，卦的初爻排列）为左阳右阴，表示日月运动，一寒一暑，为太阳在一年的周期运动；第二周期（即中间一圈，卦的中爻排列）上半为阳，下半为阴，表示太阳昼夜起落、运动一日的周期；第三周期（即最外一圈，卦的上爻排列）其四隅位之爻象为左阴右阳，代表月亮（晦）朔、上弦、望、下弦（晦）之象，为月亮在天空中运动一月的周期；其四正位之爻象为左阳右阴，代表太阳在春夏秋冬四时的经天运动周期。整个图象是古天文家用以记录年、月、日、时周期的符号。[1]

我们认为此图反映天地、雷风、山泽、水火等对立面（阴阳）之间对立统一的规律，还包含量变质变规律。从乾一至震四反映阳气的消长变化，从巽五至坎六反映阴气的消长变化，而从震四至巽五、从乾至巽、从坤至震，均是阴阳属性发生了质的变化及否定之否定规律。易为逆数。从震四至乾一为顺数、往数，从巽五至坤八为逆数、来数，形成 S 曲线，呈螺旋式周期。

先天八卦方位图可以变换成太极图，太极图就是先天八卦方位图。

2. 先天八卦次序图

先天八卦次序图亦称"伏羲八卦次序图"，图式有两种。

---

[1] 邹学熹：《易学十讲》，四川科技出版社，1986 年版。

第一章 卦图

（1）朱熹所述"伏羲八卦次序图"，为乾一到坤八横行，又称"小横图"（见图1-36）。《易学启蒙》解释："太极之判，始生一奇一偶，而为一画者二，是为两仪；其数则阳一而阴二……邵子所谓一分为二者，皆谓此也。""两仪之上，各生一奇一偶，而为二画者四，是谓四象……所谓二分为四者，皆谓此也。""四象之上，各生一奇一偶，而为三画者八，于是三才略具而有八卦之名矣。其位则乾一，兑二，离三，震四，巽五，坎六，艮七，坤八。"

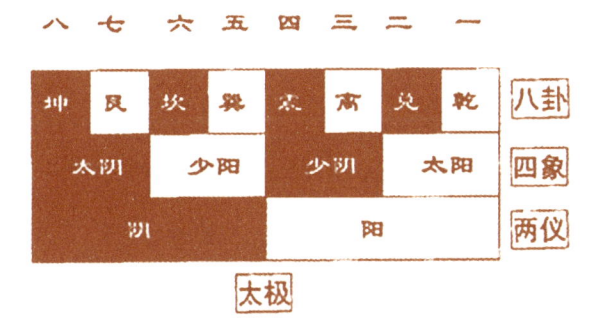

图 1-36　伏羲八卦次序图

按此说法，太极为一，分出阴⚋阳⚊两画，阳⚊上加一奇一偶则为太阳⚌和少阴⚍之象，阴⚋上各加一奇一偶则为少阳⚎和太阴⚏之象。太阳⚌上各加一奇一偶则为乾☰兑☱两卦象。少阴⚍之上各加一奇一偶则为离☲震☳两卦象。少阳⚎之上各加一奇一偶则为巽☴坎☵两卦象。太阴⚏之上各加一奇一偶则为艮☶坤☷两卦象。此即太极生两仪，两仪生四象，四象生八卦。其顺序由右至左，则为乾一兑二离三震四巽五坎六艮七坤八。

（2）蔡元定所述"经世衍易图"，图见《性理大全》，即后文图1-46。《性理大全》解释："一动一静之间者，易之所谓太极也。动静者，易所谓两仪也。阴阳刚柔者，易所谓四象也。太阳、太阴、少阳、少阴、少刚、少柔、太刚、太柔，易所谓八卦也。"

此二图均是对邵氏先天学的传述，不仅用以解释八卦的形成过程，而且用以说明世界的形成过程，又表示宇宙的结构模式，具有世界观和宇宙论意义。其基本法则为太极生两仪（一分为二）、两仪生四象（二分为四）、四象生八卦（四分为八），程颐称为"加一倍法"，朱熹称为"一分为二法"。

从朱熹所述图看：一分为二，成倍增值，表明宇宙万物无限可分，$\frac{1}{2^0}$，$\frac{1}{2^1}$，$\frac{1}{2^2}$，…，$\frac{1}{2^n}$；层层收合，统归于一，$\frac{1}{2^n}$，…，$\frac{1}{2^2}$，$\frac{1}{2^1}$，$\frac{1}{2^0}$，表明宇宙的本体为"一"；阳仪分阳趋阴，阴仪分阴趋阳，表明对立面之间交相感应，异性相吸；虽层层分殖，但两极不变，表明阴阳的永恒性、权威性。

先天八卦方位图从乾卦和巽卦处断开，沿S曲线拉直后即是先天八卦次序图。

先天八卦次序图将乾卦和巽卦相连，沿S曲线圆排后即是先天八卦方位图。

3. 后天八卦方位图

后天八卦即文王八卦，其图式有文王八卦次序图、文王八卦方位图，亦常单指"文王八卦方位图"（见图1-37）。

图1-37　文王八卦方位图

后天八卦图一般认为是现存最早的八卦图式。

后天八卦方位图亦称"文王八卦方位图"，北宋邵雍后天学图式之一，图见朱熹《周易本义》。实际上，后天八卦方位早在《周易·说卦传》"帝出乎震"一节中已经明确排定，只不过未称为"后天八卦"或"文王八卦"罢了。排定文王八卦方位的是《周易·说卦传》，给《周易·说卦传》这一方位命名为"后天八卦"或"文王八卦"的是邵雍。邵雍《观物外篇》："起震终艮一节，明文王八卦也。""文王之作易也，其得天地之用乎？故乾坤交为泰，坎离交而为既济也。乾生于子，坤生于午。离终于申，坎终于寅，以应天之时也。置乾于西北，退坤于西南，长子用事，而长女带母，坎离得位而兑艮为隅，以应地之方也。王者之法，其尽于是矣。"认为文王八卦为地道，是从伏羲八卦天道发展而来，故为后天。

此图反映了万物春生、夏长、秋收、冬藏的规律。每周天360日有奇，后天八卦以顺时针运转排列，每卦各主45日，其转换点表现为四正四隅八节上。每卦三爻，八卦共二十四爻，主二十四节气。如仅就八节而言，则震主春分，离主夏至，兑主秋分，坎主冬至，乾主立冬，艮主立春，巽主立夏，坤主立秋。

"帝"指位于北极圈内的帝星（即北极星），按岁差推算，帝星在北极圈内，正是尧至周时的天象，距今三千年左右，而距今一千五百年左右的隋唐，是天枢在北极圈内，现在是勾陈在北极圈内，还要过五万年，帝星才会回至北极圈内。帝星是相对永恒不动的，代帝星临御四方的是北斗。"斗为帝车，运于中央，临制四乡。分阴阳，建四时，均五行，移节度，定诸纪。"[1]观察北斗斗柄的转动，即可测知帝星临御八节的情况。

4. 后天八卦次序图

后天八卦次序图亦称"文王八卦次序图"，载于朱熹《周易本义》（见图1-38）。本于《周易·说卦传》"乾坤父母"一节。邵雍将其归于"后天之学""文王八卦"，认为："乾坤合而生六子，三男皆阳也，三女皆阴也。兑分一阴以与艮，坎分一阴以奉离，震巽以二相易，合而言之，阴阳各半。是以水火相生而相克，然后既成万物也。"[2]目的在于证明此次序乃文王推演，反证伏羲次序乃先天心法。

---

[1] 摘自《史记·天官书》。
[2] 邵雍：《皇极经世书·观物外篇》。

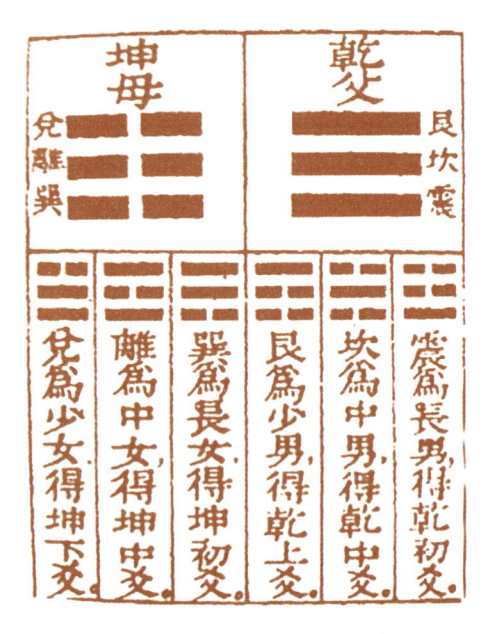

图 1-38　文王八卦次序图

此图反映男女媾精、万物化生的次序规律。说明乾道成男，为父；坤道成女，为母。得父气者为男，得母气者为女。三男皆以坤母为体、乾父为用；三女皆以乾父为体、坤母为用。

先天八卦与后天八卦是什么关系？具有怎样的内在联系？

先天八卦讲对待，后天八卦讲流行。

先天八卦体现宇宙万物阴阳（矛盾）的对立统一规律，天地、水火、山泽、雷风相互对立而又和谐共处，强调阴阳矛盾对立的一面；后天八卦反映宇宙万物生成变化规律，蕴含四方、四时、五行、八节的推移，万事万物的生长化收藏，强调矛盾互相转化的一面。

先天八卦反映阴阳学说的精义，后天八卦反映五行学说的精义。

先天八卦相对之卦，卦的属性和爻的属性均相反，一阴一阳，对立统一；后天八卦除坤、艮卦相比合外，其余相对之卦为相克关系；除离、坎不与其他卦相合外，其余两两相合，与相邻之卦为相生关系。坤、艮为土，居于中央，运化四方。

先天八卦为易之本体，后天八卦为易之运用。

先天八卦为心，后天八卦为迹。

先天八卦为天体运行周期图，后天八卦为万物变化规律图。

先天八卦为宇宙万物本然的规律，后天八卦为人为利用自然的规律。

先天八卦讲天道，后天八卦讲人道。

先天八卦与后天八卦共同构成宇宙万物的模式图、时空合一的结构图、天地运行的周期图、人体炼养的线路图。

"先天非后天，则无以成其变化；后天非先天，则不能以自行也。"①

两者相辅相成、相反相合。

后天八卦由先天八卦交通、换位而来。四正卦各以一爻互变（乾坤中交、坎离逆交而为震、兑），四隅卦各以两爻互变（巽艮以两爻互交而变乾坤，震兑以两爻互交而变艮巽），皆含有阴阳相交（阳下交、阴上交）、阴阳转换的规律。

5. 中天八卦方位图

有先天八卦、后天八卦，那么有没有中天八卦？

今有人依据《元包经》卦序绘制中天八卦（亦称"黄帝八卦"）图式（见图1-39），认为《元包经》首坤即为《归藏》中天易的体现，图式有多种。②

中天八卦方位图，坤居上，乾居下，离居东，坎居西，兑居东南，震居西南，巽居东北，艮居西北。

另一图示中天八卦配节气宫辰图，认为坤一起大寒，在丑寅宫，依顺时针排列，艮、震、乾、坎四正卦各居一地支宫；坤、兑、离、巽四隅卦各居两地支宫，认为其内中外三圈，构成平衡的十二对阴阳，六对阴在前，六对阳在后，每圈也是平衡的四对，每图皆从阴开始，表示阴阳调和，上下相召，天地之气呼应，阳变阴合，交于中部，以运行生化。

此说因缺乏较充分的佐证和论据，只能是一家之言。

---

① 邵雍：《皇极经世书·观物外篇》。
② 邹学熹：《易学十讲》，四川科技出版社，1986年版。

易图探秘

图 1-39　中天八卦方位图

6. 先天八卦卦数与后天八卦卦数

（1）先天八卦卦数为：乾一，坤八，震四，巽五，坎六，离三，艮七，兑二。以二进制数学进行分析，阳爻"—"记为1，阴爻"--"记为0，以上爻位的最低位，则得图1-40所示之数。

这种"数"恰好是先天八卦的排列次序数。

如以8减各数，恰得乾一、兑二、离三、震四、巽五、坎六、艮七、坤八。

如将上爻作为最高位，则得图1-41所示之数。有人据此定出"八卦新序"，即坤0、震1、坎2、兑3、艮4、离5、巽6、乾7。从《易经》读卦法由初而上看，此卦序应该说是错误的。

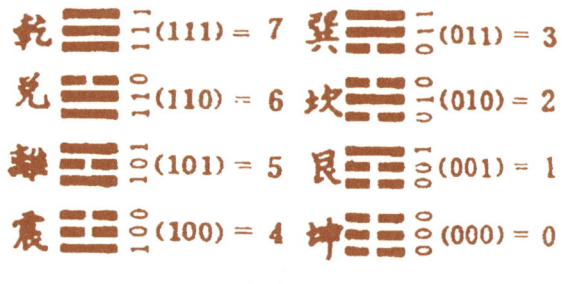

乾 (111) = 7　　巽 (011) = 3
兑 (110) = 6　　坎 (010) = 2
离 (101) = 5　　艮 (001) = 1
震 (100) = 4　　坤 (000) = 0

图 1-40　八卦自下至上二进制编码

乾 ☰ (111) = 7　兑 ☱ (011) = 3
巽 ☴ (110) = 6　坎 ☵ (010) = 2
离 ☲ (101) = 5　震 ☳ (001) = 1
艮 ☶ (100) = 4　坤 ☷ (000) = 0

图 1-41　八卦自上至下二进制编码

（2）后天八卦数为：乾六，坤二，震三，巽四，坎一，离九，艮八，兑七。其卦数是依洛书数安排的。

（二）先天六十四卦与后天六十四卦

"先天""后天"是北宋邵雍的易学术语。邵氏以伏羲易为先天，文王易为后天。所以"后天六十四卦"又称"伏羲六十四卦"，"后天六十四卦"又称"文王六十四卦"。

先、后天六十四卦分别是先、后天八卦的推衍和扩展。

1. 先天六十四卦方位图

先天六十四卦方位图亦称"伏羲六十四卦方位图"。北宋邵雍的先天象数易学图式，图见朱熹《周易本义》（见图 1-42）。

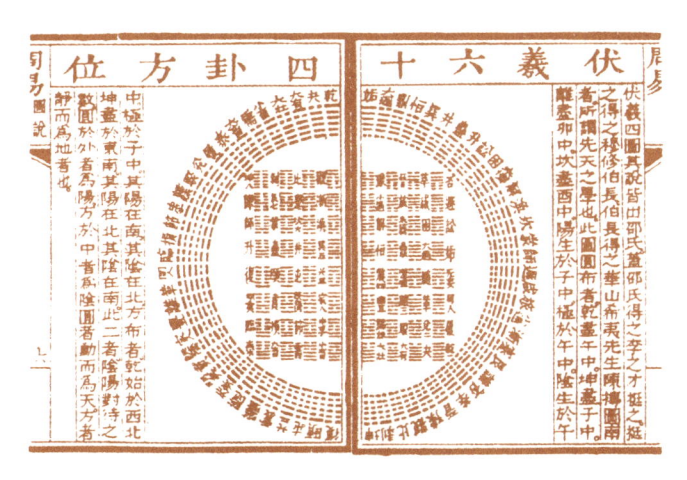

图 1-42　伏羲六十四卦方位图

该图式由圆图和方图合成。邵氏认为："复至乾，凡百有十二阳。姤至坤，凡百有十二阴。姤至坤，凡八十阳。复至乾，凡八十阴。乾三十六，坤十二，离兑巽二十八，坎艮震二十。夫易根于乾坤而生于姤复。盖刚交柔而为复，柔交刚而为姤。自兹而无穷矣。""阳在阴中，阴在阳中，则皆顺行。此真至之理，按图可见之矣。"(《观物外篇》)

邵氏六十四卦方位图本意是要说明一年节气的变化，体现其卦气说，而与汉易卦气说有所不同，以乾坤坎离为四正卦，认为冬至子时阳气始于复卦，而不是起于中孚卦；消息卦间隔距离不等，不以十二卦代表十二月。

此图式进而用来说明万物的兴衰、社会治乱及世界终始，朱熹解释："圆图象天，一顺一逆，流行中有对待，为震八卦对巽八卦之类；方图象地，有逆无顺，定位中有对待，四角相对，对乾八对坤八之类。此方圆图之辨也。"(《宋元学案·百源学案》)

圆图、方图，"此二者，阴阳对待之数。圆于外者为阳，方于中者为阴。圆者动而为天，方者静而为地者也"。(《周易本义》)

圆图重点讲阴阳流行，方图重点讲阴阳对待，即阴阳定位；圆图就时间而言，方图就空间而言。方圆合图将时间和空间的过程归于阴阳配合，以变化为阴阳推移，以方位为阴阳对待，体现了一分为二的宇宙思想和时空统一的宇宙模式，对后世哲学产生深远影响。

让我们进一步分析方位图的圆图和方图。

（1）圆图。圆图八重卦方位与八单卦方位相同。乾、坤定上下之位，离、坎列左右之门。

左半圈从复到乾，共三十二卦，阳爻共一百一十二，阴爻共八十，阳爻占优势，故称阳，阳爻由少到多，为阳升阴消过程；右半圈从姤到坤，共三十二卦，阴爻共一百一十二，阳爻共八十，阴爻占优势，故称阴，阴爻由少到多，为阴升阳消过程。

"刚交柔而为复，柔交刚而为姤。"其他卦皆生于复、姤两卦，故又称复姤小父母。"无极之前，阴含阳也。有象之后，阳分阴也。阴为阳之母，阳为阴之父。故母孕长男而为复，父生长女而为姤，是以阳起于复，而阴起于姤也。"(《观物外篇》)

说明一年节气变化，可视邵氏卦气图示。《观物外篇》："冬至之子中阴之极，春分之卯中阳之中，夏至之午中阳之极，秋分之酉中阴之中。凡三百六十，中分之，则一百八十，此二至二分相去之数。""阳爻昼数也，阴爻夜数也。天地相御，阴阳相交，故昼夜相杂，刚柔相错。春夏阳多也，故昼数多，夜数少；秋冬阴多也，故昼数少，夜数多。"

朱熹在该图下注："此圆图布者，乾尽午中，坤尽子中，离尽卯中，坎尽酉中。阳生子中，极于午中；阴生午中，极于子中。其阳在南，其阴在北。"以乾坤坎离为四正卦，认为冬至子时阳气始于复卦，而不同于汉易卦气始于中孚卦。十二消息卦间隔距离不等，不代表十二月，认为这是阴阳二气运行始缓终速和始速终缓。圆图六十四卦可以反映昼夜昏旦变化规律，配以十二支可反映月周期变化。自坤至震为初三日，月之始生，为朔；兑为初八，月上弦；乾为十五，月望之时；巽为十八，月之始亏；艮为二十三，月下弦；坤为三十，晦时。此图式还进一步用以说明世界终始、万物兴衰、社会治乱。其圆形结构，剥、复、姤、夬的转化，复、乾、姤、坤的消长，反映了宇宙变化、物极则反、阴阳盛衰、循环推移的规律，表明社会人事治生于乱、乱生于治；阳气用事，世道则治；阴气用事，世道则乱的过程。

（2）方图。方图是对《周易·说卦》"天地定位"一章的解释。邵氏认为："天地定位，否泰反类。山泽通气，损咸见义。雷风相薄，恒益起意。水火相射，既济未济。四象相交，成十六事。八卦相荡，为六十四。"（邵雍《伊川击壤集》卷十七《大易吟》）

此图由四个层次组成。中间四卦即巽、震、恒、益为第一层，其外十二卦以坎、离、未济、既济为四隅为第二层，最外二十八卦以乾、坤、泰、否为四隅为第四层。四层对角之卦卦象相反。

从西北角斜行至东南角，为"子午线""经线""太阳线"，为乾、兑、离、震、巽、坎、艮、坤八卦，其顺序为乾一至坤八。从西南角斜行至东北角，为"卯酉线""纬线""少阳线"，为否、咸、未济、恒、益、既济、损、泰八卦。四象相交，为六十四卦。

从下横行向上横行看，共八横行，依次为乾一宫八卦至坤八宫八卦，每横行下卦皆为该宫卦。第一横行与第八横行下卦分别为乾与坤，表示"天地定位"，不过其乾坤方位与圆图形恰好相反，表示天地正反交接；第二横行与第七横行下卦分别为兑与艮，表示"山泽通气"；第三横行与第六横行下卦分别为离与坎，表示"水火相射"；第四横行与第五横行下卦分别为震与巽，表示"雷风相薄"。

从左竖行向右竖行看，共八竖行，依次为乾宫八卦至坤宫八卦，每竖行上卦皆为该宫卦。第一竖行与第八竖行、第二竖行与第七竖行、第三竖行与第六竖行、第四竖行与第五竖行，各自上卦分别表示"天地定位""山泽通气""水火相射""雷风相薄"。

此方图与大圆图及六十四卦次序大横图是相通的。方图从乾开始依自下而上的排列层次相连接成圆形即为大圆图，排成一字形即为大横图。将圆图或横图分为八段，自下而上叠成八横行，即为大方图。

朱熹解释："方布者，乾始于西北，坤尽于东南。其阳在北，其阴在南。"①"方图中两交股底，且如西北角乾，东南角坤，是天地定位，便对东北角泰，西南角否。次乾是兑，次坤是艮，便对次否之咸，次泰之损。后四卦亦如是，共十六卦。"②说明六十四卦各有定位，定位中又各有对待，该图主要意义在于说明空间结构由三十二个对立面组成。

今人以二进制对应卦象，并换算成十进制数，认为子午线由上往下，以9的倍数递增，卯酉线由上往下，以7的倍数递增。

2. 先天六十四卦次序图

先天六十四卦次序图亦称"伏羲六十四卦次序图""大横（衡）图"。北宋邵雍先天象数易学图式见朱熹《周易本义》（见图1-43）。

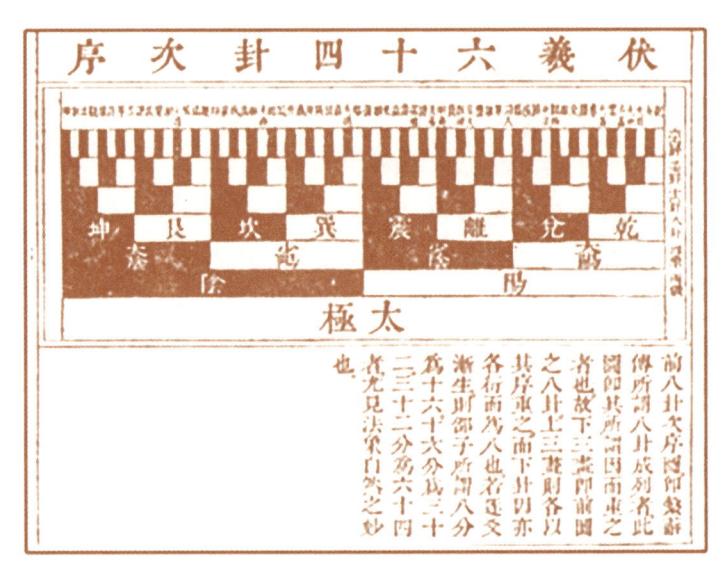

图1-43　伏羲六十四卦次序图

---

① 朱熹：《周易本义》卷首《伏羲六十四卦方位》。
② 朱熹：《语类》卷六十五。

第一章 卦图

此图在太极之上共有六个层次，一变为二，为两仪层次；二变为四，为四象层次；三变为八，为八卦层次；四变为十六为十六卦层次；五变为三十二，为三十二卦层次；六变为六十四，为六十四卦层次。

遵循"加一倍法"或"一分为二法""四分法"把奇偶二数的演变置于第一位，是对先天八卦的推衍扩展。

邵雍《观物外篇》："太极既分，两仪立矣。阳下交于阴，阴上交于阳，四象生矣。阳交于阴，阴交于阳而生天之四象；刚交于柔，柔交于刚而生地之四象。于是八卦成矣。八卦相错，然后万物生焉。是故一分为二，二分为四，四分为八，八分为十六，十六分为三十二，三十二分为六十四。故曰分阴分阳，迭用柔刚，故易六位而成章也。十分为百，百分为千，千分为万，犹根之有干，干之有枝，枝之有叶，愈大愈少，愈细则愈繁，合之斯为一，衍之斯为万。"

"阴阳分而生两仪，两仪交而生四象，四象交而生八卦，八卦交而生万物。故两仪生天地之类，四象定天地之体。四象生日月之类，八卦定日月之体。八卦生万物之类，重卦定万物之体。类者生之序也，体者象之交也。推类者必本乎生，观体者必由乎象。生则未来而逆推，象则既成而顺观。是故日月一类也。同出而异处也，异处而同象也。推此以物，物焉逃哉！"

朱熹解释："此图即其所谓因而重之者也，故下三画即前图之八卦。上三画则各以其序重之，而下卦因亦各衍而为八也。若逐爻渐生，则邵之所谓八分为十六，十六分为三十二，三十二分为六十四者，尤见法象自然之妙也。"[1]

由乾一至坤八的八卦本位，分阴分阳，生出六十四卦。阳卦生于复，而极于乾；阴卦生于姤，而极于坤。一顺一逆，一奇一偶，黑白相间，阴阳循环。

邵雍以此次序解释《周易·系辞传》"是故《易》有太极，太极生两仪"一节。着眼于数的变化，强调一、二、四、八的重要性，创立以数解易的流派。

此卦序还用以说明世界形成的过程，具有世界观和宇宙论意义。

---

[1] 朱熹：《周易本义》卷首《伏羲六十四卦次序》。

3. 后天六十四卦方位图

后天六十四卦本来没有方位图，清代江永发明此图。他在《河洛精蕴》中说："后天六十四卦虽本先天，其方位当归后天，故图之。既济、未济下经之终也，位于北与南；咸、恒下经之始也，位于西与东；泰、否上经之第十一、十二卦也，位于西南与西北；损、益下经之第十一、十二卦也，位于东北与东南。四正四维，皆有自然之位置矣。"以未济为正南，既济为正北，咸为正西，恒为正东的方位与后天八卦方位图不符，如稍稍移动一下位置（三卦），即离为南，坎为北，震为东，兑为西，则与后天八卦方位恰好符合（见图1-44）。

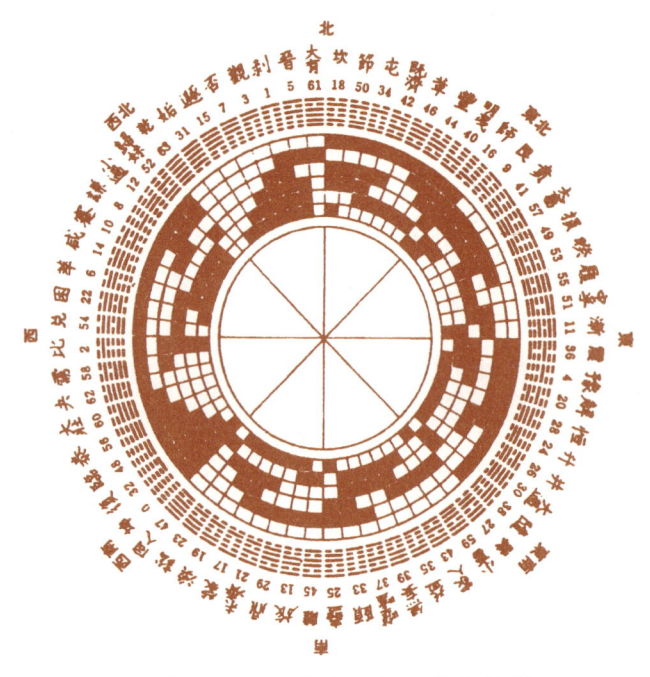

图1-44　后天六十四卦方位图

4. 后天六十四卦次序图

后天六十四卦次序图亦为江永所确定，其实朱熹《周易本义·分宫卦象次序》即此（参见图1-7）。源于西汉京房八宫卦序。其宫卦次序与京氏有所不同，而每宫八卦的次序与京氏相同。江氏《河洛精蕴》说："此后天八宫之卦，所以致用者也。""此则从先天八卦变出致用之法，以变爻为主，其变自下而上，大约如十二辟卦之法而有不同。""以变爻为主则可以定世应，以象人事之有彼我矣。八宫皆依八卦之五行，则六十四卦皆有所属矣。四十八爻分布于支，以五行生克分六亲，以六亲该万事，而可以周无穷之用矣。"（见图1-45）

乾为天	天风姤	天山遁	天地否	风地观	山地剥	火地晋	火天大有	皆属阳金
坎为水	水泽节	水雷屯	水火既济	泽火革	雷火丰	地火明夷	地水师	皆属水
艮为山	火山贲	山天大畜	山泽损	火泽睽	天泽履	风泽中孚	风山渐	皆属阳土
震为雷	地雷豫	雷水解	雷风恒	地风升	水风井	泽风大过	泽雷随	皆属阳木
巽为风	风天小畜	风火家人	风雷益	天雷无妄	火雷噬嗑	山雷颐	山风蛊	皆属阴木
离为火	火山旅	火风鼎	火水未济	山水蒙	风水涣	天水讼	天火同人	皆属火
坤为地	地雷复	地泽临	地天泰	雷天大壮	泽天夬	水天需	水地比	皆属阴土
兑为泽	泽水困	泽地萃	泽山咸	水山蹇	地山谦	雷山小过	雷泽归妹	皆属阴金

图1-45　后天六十四卦次序图

（三）先天象数图式的诠释

1. 先天象数图式的传统诠释

（1）经世衍易图：南宋蔡元定传述北宋邵雍先天象数学图式，图见《性理大全》（见图1-46）。邵雍认为，天生于动，地生于静。一动一静交，而天地之道尽。动之始则阳生，动之极则阴生。一阴一阳交，而天之用尽。

静之始则柔生，静之极则刚生，一刚一柔交，而地之用尽。动之大者谓之太阳，动之小者谓之少阳，静之大者谓之太阴，静之小者谓之少阴。

邵伯温解释："混成一体，谓之太极。太极既判，初有仪形，谓之两仪。两仪又判，而为阴阳刚柔，谓之四象。四象又判，而为太阳、少阳、太阴、少阴、太刚、少刚、太柔、少柔，而成八卦。"

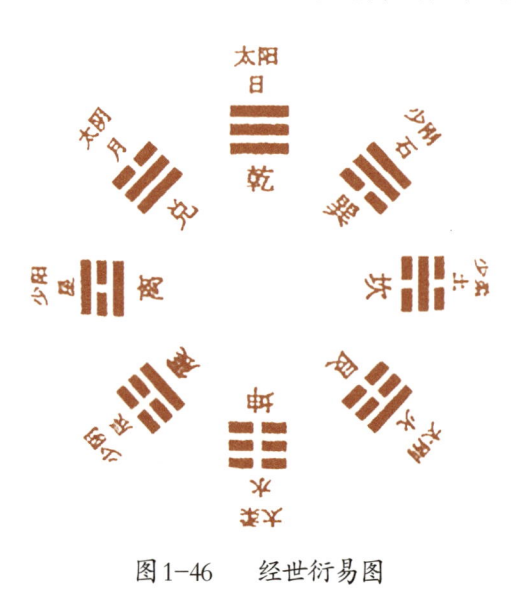

蔡元定解释此图："一动一静之间者，易之所谓太极也。动静者，易所谓两仪也。阴阳刚柔者，易所谓四象也。太阳、太阴、少阳、少阴、少刚、少柔、太刚、太柔，易所谓八卦也。"该图式与朱熹所述概念用语不相同，但一分为二、二分为四、四分为八的形成方式相同。

图1-46　经世衍易图

（2）天根月窟图。元代俞琰解释邵雍先天学的图式，图见《易外别传》。邵雍提出"天根月窟"说："耳目聪明男子身，洪钧赋与不为贫。因探月窟方知物，未蹑天根岂识人。乾遇巽时观月窟，地逢雷处看天根。天根月窟闲来往，三十六宫都是春。"①

就先天八卦方位小圆图而言，巽（或乾巽之间）为一阴生之处，称"月窟"；震（或坤震之间）为一阳生之处，称"天根"。

就先天六十四卦方位大圆图言，复卦（或坤复之间）为天根，姤（或乾姤之间）为月窟，亦是阴阳将生之处。

小圆图先天八卦数总和为三十六，大圆图八个不反易之卦与二十八对可反易之卦的总和亦为三十六，故称"三十六宫"。

俞氏此图在于解释邵氏伏羲六十四卦方位图，说明邵氏方位图主要意图是用来表达阴阳互为消长的过程。图内六圈代表六爻，黑地为阴爻，白地为阳爻。每一圈中的阴阳各为三十二，其分布皆对立，表示阴阳互为消

---

① 《伊川击壤集》卷十六《观物吟》。

长。坤震之间的复卦☷☳，一阳初起，为"天根"；乾巽之间的姤卦☰☴，一阴初起，为"月窟"（见图1-47）。

图 1-47　天根月窟图

（3）六十四卦生自两仪图。解释先天六十四卦生成的图式。图载明代来知德《易经来注图解》。其图内圈为阴阳两仪，依次两两化生，分出四象八卦，直至六十四卦。来氏认为："六十四卦始乾终坤，其实只是阴阳迭为消长，循环无端，虽爻至三百八十四，亦只是阴阳二者而已。故曰一阴一阳之谓道。"（见图1-48）。

（4）乾坤大父母、复姤小父母。后人认为北宋李之才六十四卦相生说及邵雍六十四卦方位说，均以乾坤为诸卦之始祖、万物之父母。乾坤相交，即生复☷☳、姤☰☴二卦，乾一交而为姤，坤一交而为复。其他各卦皆生于复、姤二卦，故称复姤为"小父母"。后人作有"乾坤大父母图""复姤小父母图"，图载于明代来知德《易经来注图解》。

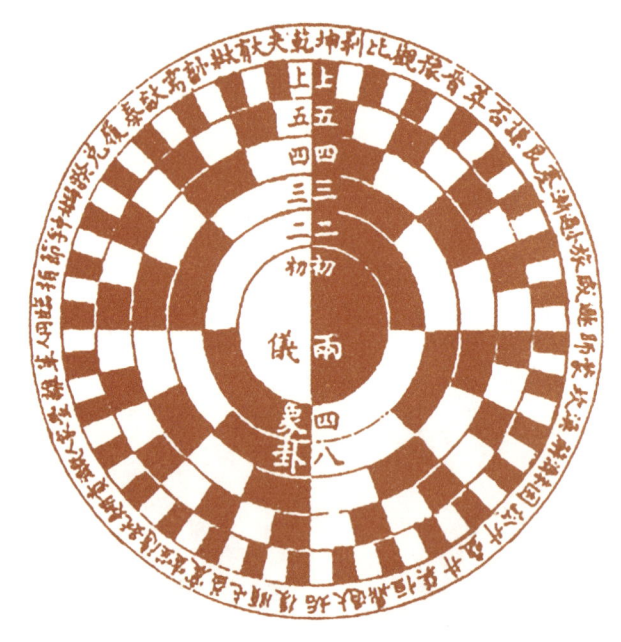

图 1-48　六十四卦生自两仪图

（5）文序先后一原图。解释文王六十四卦次序的图式（见图 1-49），来知德《易经来注图解》采用此图。该图外圆为乾，内方为坤。离、坎、乾、坤交于中，为四正。震、艮、巽、兑交于隅，为四偏。来氏认为："四偏辅四正。就四正言，坎、离辅乾坤，故乾为首正，离又辅坎者也，故坎无正中。"说明文王六十四卦次序（即通行本《周易》卦序）始以乾、坤，继之屯、蒙、需、讼、师、比，而以涣、节、中孚、小过、既济、未济终止的原因。来氏认为，屯、蒙为震、艮合坎；需、讼为乾合坎；师、比为坤合坎。此为"原始"。涣、节为巽、兑合坎；中孚、小过、既济、未济为离合坎，此为"要终"，并认为伏羲六十四卦、文王次序反覆合之则成三十六卦。

（6）心易发微伏羲太极之图。此图以纯阳之乾卦配太极纯白之位，纯阴之坤卦配太极纯黑之位，阴中含阳之离卦配太极阴鱼中之白眼，阳中含阴之坎卦配太极阳鱼中之黑眼，系明代杨向春《皇极经世心易发微》所创，来知德《易经来注图解》采用此图（见图 1-50）。

来氏解释："正南纯阳方也，故画为乾；正北纯阴方也，故画为坤；画离于东，象阳中有阴也；画坎于西，象阴中有阳也；东北阳生阴下，于是乎画震，西南阴生阳下，于是乎画巽；观阳长阴消，是以画兑于东南；观阴盛阳微，是以画艮于西北也。"说明伏羲八卦与太极图体现同一精义。

图 1-49　文序先后一原图

图 1-50　心易发微伏羲太极之图

2. 先天象数图式的现代诠释

（1）从天文历法角度诠释。乌恩溥《周易·古代中国的世界图示》认为，"伏羲六十四卦方位图"就圆图所体现的天道来说，六十四卦和十二支相配合以反映昼夜昏旦一日的运行。六十四卦和十二支的方位配合是坤在子的方位，时当午夜；乾在午的方位，时当正午；离在卯的方位，时当晨旦；坎在酉的方位，时当黄昏。

圆图反映晦朔弦望一月的运行。自坤至震为初三日，月之始生之时。兑为初八日，月之上弦之时。乾为十五日，月望之时。巽为十八日，月之始亏之时。艮为二十三日，月之下弦之时。坤为三十日，月晦之时。

圆图反映春、夏、秋、冬四时的运行。这就是震之初为冬至，离、兑之中为春分，乾之末、巽之初为夏至，坎、艮之中为秋分，坤之末、震之初再循环到冬至。

（2）从数学角度诠释。《古易新编》的作者将先天六十四卦以二进制和十进制数值表达，比较后认为，圆图中八重卦都是按9的倍数排列，即"逢九必重卦"。

坤地 =000，000=0；　艮山 =001，001=9；
坎水 =010，010=18；　巽风 =011，011=27；
震雷 =100，100=36；　离火 =101，101=45；
兑泽 =110，110=54；　乾天 =111，111=63。

从0开始，自左而右，每隔九位，一数即得。

两仪的阴阳初爻不记实数，只作为正负号来用，表示递加递减的阴阳变化，以正北方偏东的正0位（正朔）为基准，先排阳性初爻的32卦，即从"地雷复"（100，000读数为正0）起，排到"乾天大卦"（111，111），排成第一个半圆，就到了正南方偏东一点的地方。这个半圆中，二爻以上的阳爻实数是递加的，所以最高积数是31。

紧接着排上去的是"天风姤"（011，111），阳爻积数也是31，但初爻换成阴性递减的3。排成第二个半圆，排到"坤地大卦"（000，000），阳爻实数减到了负0，就到了正北方偏西一点的地方，从此与正0位互相衔接。这样就成了从0到31的正负两个半圆，构成顺时针方向转动的圆周运动形象，表现天文历法中的阴阳变化规律和"斗柄"所指的圆周方位。

第一章 卦图

该书将地雷复（100，000）破译成正0，认为其32实数被去掉，以解释"冬至一阳生"。阳方开始有1的卦位，仍在正北偏东，卦象是（100，001），卦名叫"山雷颐"，是刚出生的"子"。发展到"天火同人"（101，111）、"地泽临"（110，000）正是实数递加的15、16之交，就到了正东方的春分。发展到六爻皆阳的"乾天大卦"（111，111），是正南方的夏至。遇上了占"坤地"初爻的"天风姤"（011，111），出现了与"冬至一阳生"对应的"夏至一阴生"。从此阴长阳消，发展到"地水师"（010，000）、"天山遁"（001，111），正是实数递减的16、15之交，就到了正西方的秋分。再发展到正北方冬至位的"坤地大卦"（000，000），就是要向正0继续发展的负0位了。

该书还把方图调成菱形，由坤地到乾天画出一条"子午线"（即"太阳线"），这条线上的八个卦即八纯卦，并按九的倍数递增，凡是与"经线"平行的各卦，都按加九减九的办法相联系，归经卦统率。乾天大卦，还要用（111）大组横统大八卦，用（111）小组竖统小八卦，把六十四卦组成一个严密的整体。

由天地否到地天泰画出一条卯酉线（即"少阳线"），大小组成对应关系的（000，111）到（111，000），是按七的倍数组成的，与从7到56的少阳线相平行的各卦都按加七减七的办法相联系，"少阳线"尖端的56，必须再加七，变成7×9，与63汇合，没有单独统天的资格。

方图将次序图切成八段，是由上而下排成的。8×8=64，即$2^3×2^3$。从左上角的0到右下角的63，构成一个奇妙的二进位方形整体。不管你从横、竖、顺、倒、斜、交、跳哪个角度去研究，都会找到用途多样、变化无穷的一些规律或原理。方图是"等距项和相等"的幻方原理的形象体现。

圆图和方图都是0占首位，所以2的乘方积数必须减1，才能保证数的阴阳对应，这是二进位数学奥秘之一。

（3）从哲学角度诠释。除了传统哲理研究之外，不少人用马克思主义哲学进行分析，认为先天六十四卦方位图形象地表现了唯物辩证法矛盾三大基本规律。

对立统一规律。阴爻和阳爻是最根本的对立统一体。八重卦（八纯卦）在先天六十四卦圆图的相对的方位上安置相对立的卦象。

量变质变规律。先天六十四卦圆图巧妙地把十二消息卦放在其中，十二消息卦不是等距关系。用由内向外的办法定六十四卦的六爻位，阳爻实数从上面数下来是下一层加一倍，从下面数上去就成了上一层减一半。从复卦发展到临卦，得用走完圆周四分之一的时间；发展到泰卦，只用走完圆周八分之一的时间就够了；发展到大壮卦，减半；发展到夬卦，又减半；最后发展到乾卦，形成质的突变，只用走完圆周的六十四分之一的最短的时间就完成了。但同时就埋下了初爻向阴性转化的根子，阳爻实数有减无加了。定向发展又由新的量变引起质的突变。量的渐变引起质的突变的关键点，也不是固定不变的。全局质变和部分质变，也是相对的，例如从三爻坤卦变到三爻乾卦，是三爻位的全局质变。六爻位的分局质变和更多爻位的全局质变比起来，又成为部分质变了。而且不能限定于坤卦变乾卦，凡是变到阴阳爻完全相反的对立面去，就应承认是发生了质变。只是和六爻坤卦到六爻乾卦比起来，就是部分质变了。

否定之否定规律。在圆图中以坤卦作为肯定，向复卦定向发展，到乾卦，就形成否定。再向姤卦定向发展，到坤卦，就形成了否定之否定。乾卦埋下初爻向阴性转化的根子，坤卦埋下初爻向阳性转化的根子，定向发展呈现否定之否定的规律。这种定向发展运动并不是简单循环（参见《古易新编》）。

朱伯崑教授认为，邵雍的方圆合一图，可以说是宇宙的时间和空间的间架或模式，用来表示天地万物和人类生活都处于此空间和时间的模式中。邵雍关于时空间架的理论，其特点是讲阴阳而不讲五行，将时间的过程和空间的方位皆归之于阴阳配合，以变化为阴阳推移，以方位为阴阳对待，这种一分为二的宇宙论对宋明哲学起了很大的影响。[1]

先天六十四卦方位图、次序图原本是用以解释卦象生成次序和说明一年节气变化的，进而用来说明万物的兴衰、社会治乱以及世界的终始。它蕴含丰富的哲理，表示宇宙事物变化的规律。我们认为它是宇宙万物运动变化规律的最佳理论模式图，其中固然包含了唯物辩证法三大规律，但卦爻所揭示的规律还有更深刻、更丰富的内涵，因而不能简单地套用和比附。

---

[1] 朱伯崑：《易学哲学史》第二卷，华夏出版社，1994年版。

第一章　卦图

九、卦爻河洛图

自从《周易·系辞传》说"河出图，洛出书，圣人则之"之后，历代不少人认为河图、洛书是八卦的源泉。这种观念似乎根深蒂固，其实有必要从历史源流上做一番梳理。

从先秦的文献如《尚书·顾命》《论语·子罕》《管子·小匡》《墨子·非攻》《礼记·礼运》等记载看，河图洛书是一种祥瑞宝物。汉代刘歆、班固、郑玄等人视河洛为八卦九畴或谶纬图书。直至宋代刘牧等人才提出河图洛书就是由黑白点组成的九数图、十数图。刘牧将宋初陈抟龙图易第三变所得两个图式，即五行生成图和九宫图加以区别，称五行生成图即十数图为洛书，称九宫图即九数图为河图。与刘牧同时代的阮逸不满于刘牧的说法，托名关朗作了《关氏易传》，认为十数图是河图，九数图是洛书。南宋蔡元定赞同《关氏易传》的观点，认为刘牧把河图和洛书颠倒了，主张河图之数为十，洛书之数为九，即以五行生成之十数图为河图，以九宫九数图为洛书。朱熹赞同此说，并将蔡氏河洛图式（见图2-11、图2-12）载于《周易本义》卷首，从而成为流行的权威说法（详见本书第二章）。

以河图洛书解读八卦，说明八卦源于河洛，这是宋以来大部分易学家的共识。本节仅就宋代以来以河图洛书解读卦爻的图式作一简析。

（一）先天卦配河图

南宋朱熹、蔡元定《易学启蒙》主张："河图之虚五与十者，太极也。奇数二十，偶数二十者，两仪也。以一二三四为六七八九者，四象也。析四方之合，以为乾、坤、离、坎，补四隅之空，以为兑、震、巽艮者，八卦也。"河图中生数一二三四，各加以中五为六七八九，即为四象老阳、少阴、少阳、老阴之数。四象生八卦，分北方一六之数为坤卦，分南方二七之数则为乾卦，分东方三八之数则为离卦，分西方四九之数则为坎卦。其余各居四隅之位，则为兑、震、巽、艮四卦。艮卦之数由一六北方分出，兑卦之数由二七南方分出，震卦之数由三八东方分出，巽卦之数由四九西方分出。清代李光地奉圣旨撰著《周易折中》，该书中有一篇《启蒙附论》，载有"先天卦配河图"图式。

易图探秘

清代江永《河洛精蕴》载有"圣人则河图画卦图"（见图 1-51），基本反映了先天卦配河图的思想。"圣人则河图画卦图"以河图之数分其九、四、三、八，配合乾、兑、离、震之阳仪；分其二、七、六、一，配合巽、坎、艮、坤之阴仪。江永依次说明河图数与先天八卦的初画、二画、三画有密切关系。

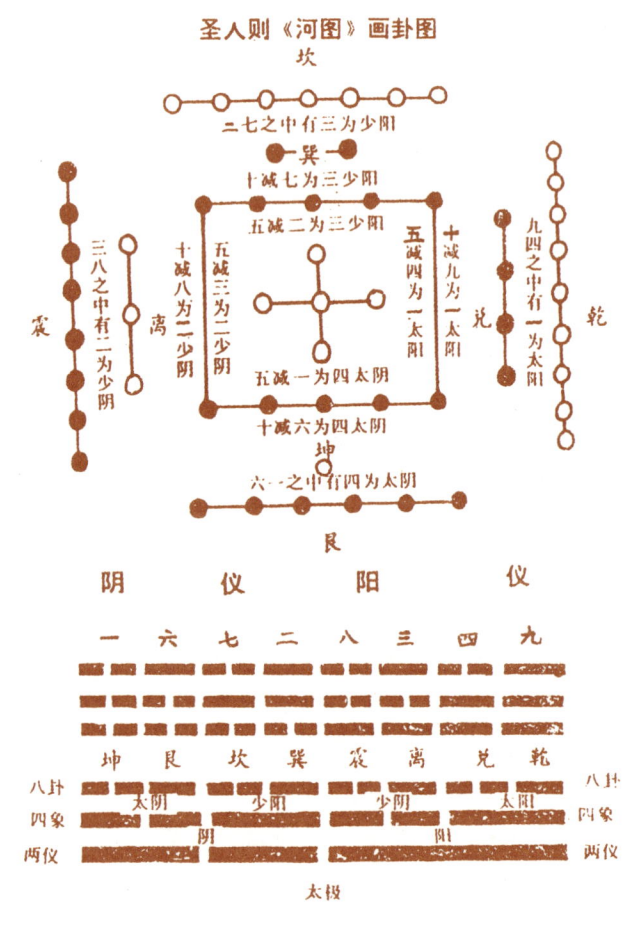

图 1-51　圣人则河图画卦图

江永认为，河洛阴阳两仪既不以奇偶为准，又不以生成数为准，而以纵横排列为准。河图横列从右向左为九、四、三、八，纵列从上到下为二、七、六、一。

江永否定朱熹四象位与数分二说，认为九、八、七、六固然为四象数之实，而一、二、三、四亦是数之实，而不仅为次序之位。因一、二、三、四由中宫之五、十而生，隐藏于四方八数之中。太阳为九、四，少阴为八、三，少阳为七、二，太阴为六、一。伏羲画卦变河图圆点而为横画，先画一奇一偶，以象阳阴两仪，则九四、三八和二七、六一之数含在其中。奇上加奇象太阳，含九四；奇上加偶象少阴，含三八；偶上加奇象少阳，含二七；偶上加偶象太阴，含六一。

四象之上各加一奇一偶，则构成八卦。太阳之上加一奇，为纯阳，配以成数最多者九，为乾卦；太阳之上加一偶，配以生数最多者四，为兑卦；少阴之上加一奇，配以生数之次多者三，为离卦；少阴之上加偶，配以成数之次多者八，为震卦；少阳之上加一奇，配以生数之次少者二，为巽卦；少阳之上加一偶，配以成数之次少者七，为坎卦；太阴之上加一奇，配以成数之最少者六，为艮；太阴之上加一偶，配以生数之最少者一，为坤卦。故八卦之数实为：乾九、兑四、离三、震八、巽二、坎七、艮六、坤一。乾、坤首尾，以九、一对；兑、艮以四、六对；离、坎为三、七对；震、巽以八、二对。

（二）先天卦配洛书

南宋朱熹、蔡元定发《易学启蒙》认为："洛书而虚其中，则亦太极也。奇偶各居二十，则亦两仪也。一二三四而含九八七六，纵横十五而互为七八九六，则亦四象也。四方之正以为乾坤离坎，四隅之偏以为兑震巽艮，则亦八卦也。"表明乾、坤、离、坎四正之位，左方为阳内阴外，阳长阴消，右方为阴内阳外，阴长阳消，像二气之交运。以邵雍先天八卦方位说解释五行生成图，然其卦象与五行相配存在矛盾之处。

洛书中一与九相对、二与八相对、三与七相对、四与六相对，其合数皆为十，故一含九、二含八、三含七、四含六，此为四象之数。四正之奇数生乾、坤、离、坎四正卦，四隅之偶数生兑、震、巽、艮四隅卦。所配方位为效法河图所生之八卦方位。直到洛书九数，而虚其中五，以配八卦。阳上阴下，故九数为乾，一数为坤，因自九而逆数之，震八、坎七、艮六，为乾生三阳。又自一而顺数之，巽二、离三、兑四，为坤生三阴。以八数与八卦相配，则与先天之位相合。

江永《河洛精蕴》认为乾一、兑二、离三、震四、巽五、坎六、艮七、坤八的先天卦序是虚数，"卦之实数，乃是乾九、兑四、离三、震八、巽二、坎七、艮六、坤一，顺而数之，则为坤一、巽二、离三、兑四、艮六、坎七、震八、乾九，应乎父母男女之次第者也"。(《河洛精蕴》)乾与坤，兑与艮，离与坎，震与巽，其合数都为十，同洛书之数正好对应。

李光地《周易折中·启蒙附论》中载有"先天卦配洛书"图式。江永《河洛精蕴》载有"圣人则洛书列卦图"（见图 1-52），体现了先天卦配洛书原理。"圣人则洛书列卦图"以洛书之数左边九、四、三为阳仪，右边二、七、六、一为阴仪。九配乾、四配兑、三配离、八配震、二配巽、七配坎、六配艮、一配坤。"数与卦自相配，洛书八方之位，正与先天八卦相符。"(《河洛精蕴》)

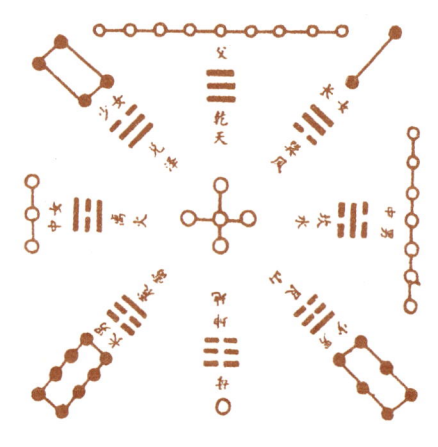

图 1-52　圣人则洛书列卦图

与河图配八卦同出一辙，认为圣人取法河图以画卦，取法洛书以列卦。画卦之序，附于河图之下，列卦之位，见于洛书之中。河、洛、卦、画，相为经纬，相为表里。合而观之，则图与书通，卦与数合。

（三）后天卦配河图

李光地《周易折中·启蒙附论》中载有"后天卦配河图"图式，该图

第一章 卦图

式以河图二七配离卦，一六配坎卦，三八配震卦、巽卦，四九配兑卦、乾卦，五十配坤卦、艮卦。《周易折中·启蒙附论》解释说："图之一六为水，居北，即后天之坎位也。三八为木居东，即后天震、巽之位也。二七为火居南，即后天之离位也。四九为金居西，即后天兑、乾之位也。五十为土居中，即后天之坤、艮，周流四季，而偏旺于丑未之交也。盖所以象五行之顺布也。"

江永《河洛精蕴》载有"河图变后天八卦图"（见图1-53），体现了后天卦配河图的原理。

"河图变后天八卦图"以河图本为先天八卦之本，然水北、火南、木东、金西，已含后天八卦之位，后天八卦即由河图变生而来。五行论其常，水、火、木、金、土各二；论其变，则水、火以精气为用，故专于一，木、金、土以形质为用，故分为二。

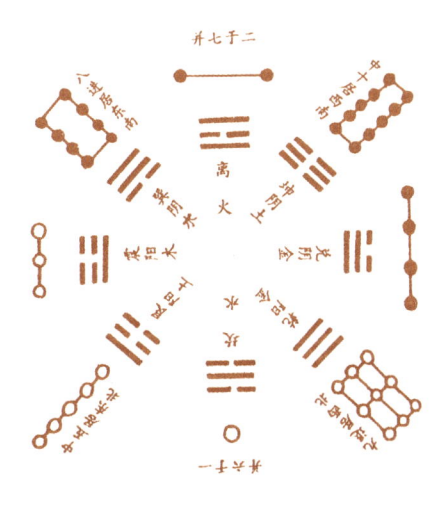

图 1-53　河图变后天八卦图

如此，则河图一为水，为坎，六并之；二为火，为离，七并之；东方八，进居东南隅位，为巽阴木；西方九，退居西北隅位，为乾阳金。东北隅位，西南隅位为虚空，于是中央五、十入用。五随三阳，位于东北，为艮阳土，十随三阴，位于西南，为坤阴土。以二土为界，二金与二木对克，水与火对克。故河图又为后天八卦之源。

（四）后天卦配洛书

洛书九与离卦配，一与坎卦配，三与震卦配，七与兑卦配，二与坤卦配，四与巽卦配，六与乾卦配，八与艮卦配。火上水下，故九数为离，一数为坎。燥火生土，故八次九而艮。燥土生金，故七、六次八而为兑、为乾。水生湿土，故二次一而为坤。湿土生木，故三、四次二而为震、巽。以八数与八卦相配即符合后天之位。李光地《启蒙附论》说："后天图之左方，坎、坤、震、巽；其右，离、兑、艮、乾，以艮、坤互而成后天也。"

《周易折中·启蒙附论》载有"后天卦配洛书"图式。

江永《河洛精蕴》载有"后天卦配洛书之数图"（见图1-54）。

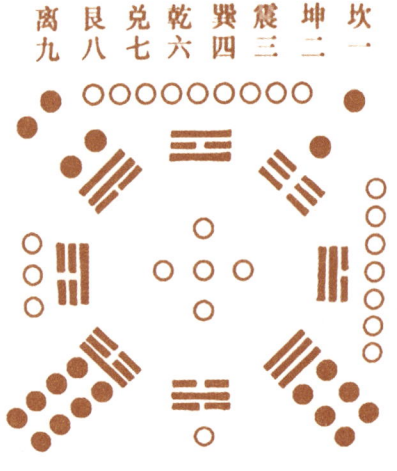

图1-54　后天卦配洛书之数图

先、后天八卦与河图洛书的相配图式和学说，本书第二章"河图洛书的现代'破译'"中有详尽说明，可参阅。

以河图洛书数理解读卦爻，开辟了一条新路，虽然这种解读目的是为了说明卦爻源于河洛，解读的内容也大大超出《周易》范围，但这种解读的方法是一种创造，由此形成了"图书派"，对易学的继承与发展不无贡献，而由河洛导出的一系列思想理论又充实、丰富了中华文化思想宝库。

第一章 卦图

十、卦图是宇宙生命变化规律的符号模型

通过对卦爻来源的分析，我们知道卦爻是上古智者、贤者（如伏羲、神农、黄帝等）通过仰观天文、俯察地理、中观鸟兽、近取诸身、远取诸物以后才发明的，卦爻是对宇宙与生命的综合抽象和简明概括。卦爻来自宇宙万物，又反过来观照、模拟宇宙万物。后世易学家在卦爻符号的基础上，创立了相关的卦爻图式，这些卦爻图式都是为了探求宇宙生命的生成结构规律而发明的，是对宇宙生命规律的描述，并逐步形成中国哲学以探求"道"——宇宙生命规律为目标的传统。

（一）宇宙万物的分类与结构

按卦爻模型，宇宙万物被分为两大类，即阳与阴。爻分为两类，八卦分两类（四卦为阳卦、四卦为阴卦），六十四卦也分两类（三十二卦为阳卦、三十二卦为阴卦），这种二分的方式奠定了中国人宇宙分类学的基础。后世易学家按《周易·系辞传·上》"是故《易》有太极，是生两仪，两仪生四象，四象生八卦"的思想，创造了各种卦图，表明宇宙万物的分类结构。如卦气图开始以卦象配属四时、十二月、二十四节气，爻辰图以一组两卦十二爻配十二辰、十二月、十二律，均体现了二分的原则。以邵雍的先天卦图为例，邵雍先天（伏羲）图式是对《周易·系辞传·上》所说的"易有太极，是生两仪，两仪生四象，四象生八卦"的说明。该图体现了一分为二的分类原则，二分是宇宙生命结构分类学的基础，在此基础上进一步分为四、八、十六、三十二、六十四……这就是层层二分——一分为二的规律，用数学式表示则为：

$2^0 \to 2^1 \to 2^2 \to 2^3 \to 2^4 \to 2^5 \to 2^6 \cdots\cdots 2^n$

太极　两仪　四象　八卦　十六卦　三十二卦　六十四卦　万事万物

伏羲八卦、六十四卦方位图、次序图展示了宇宙生命的结构是两两成对的，宇宙万物都可分为阴阳两类，同一类事物也可分为阴阳两性。二分是宇宙万物的结构原则。从分的角度看，是一分为二，逐层两分，越分越

细，但无论分到哪一层面，其两级都是不变的；从合的角度看，则是合二为一，六十四合为三十二，三十二合为十六，十六合为八，八合为四，四合为二，二合为一，最终归结为"一"——太极。

（二）宇宙万物的全息协调

卦爻图式不仅表明宇宙万物具有同一的、全息的结构，而且表明宇宙生命运动也具有同一性与全息性。

"太极生两仪，两仪生四象，四象生八卦"的生成序列即是宇宙生命发生、变化的全息图景。"生生之谓易"，宇宙与生命、时间与空间都符合"生生不息"的基本规律。

宇宙万物运动规律的同一性、全息性，《周易》称为"易简"，汉代卦气图、纳甲图、爻辰图将天文、历法、物候、音律等信息全部纳入卦爻当中，构成一个天道与人道、天文与人文、时间与空间合一的"易简"模型。

邵雍伏羲八卦、六十四卦图也呈现了宇宙万物的全息结构形态。其方位图和次序图虽然一个强调空间，一个强调时间，但实际上这两类图有内在的一致性，只是在排列的图式上有所不同，一为圆图一为横图，表明空间和时间是相连的、合一的。伏羲八卦、六十四卦是宇宙天地人的全息缩影，也是中国社会文化的全息缩影，它贮藏着六千年中华文明进化史的特定信息，蕴含着宇宙生命的对应信息。

（三）宇宙生命的运动变化

《易传》说"生生之谓易"，可以说后世的各类易图阐释的就是《易》的生生变化之"道"，就是一种生命哲学，它展现了宇宙的发生发展、运动变化的基本规律。

1. 宇宙生命变化的原因——阴阳的对待流行、互根互化

易卦"分阴分阳，迭用柔刚"，表明阴阳的差别、对立是错综变化的基础，另一方面，易卦"阴阳合德而刚柔有体"，表明阴阳的综合、统一在物体形成、变化中的重大作用，两者缺一不可。阴阳的"分"与"合"表现为两种势力的"相推""相摩""相荡"，促成了宇宙万物的运动变化。阴阳

的互相依存、互为根本与互相推摩、互相作用，是宇宙生命变化的原因。各类卦变图都表明乾坤是生成八卦、十二辟卦、六十四卦的基础，以俞琰"先天六十四卦直图"为例，该图说明阴阳相互生成的过程，反映了天地日月、宇宙万物的变化规律，图式的两端是乾坤二卦，表明乾坤阴阳是天地日月、宇宙万物变化的基础和根本原因。

再看邵雍的伏羲六十四卦方位图，朱熹用"对待"与"流行"加以解释："圆图象天，一顺一逆，流行中有对待，为震八卦对巽八卦之类；方图象地，有逆无顺，定位中有对待，四角相对，对乾八对坤八之类。此方圆图之辨也。"[1]

圆图、方图"此二者，阴阳对待之数。圆于外者为阳，方于中者为阴。圆者动而为天，方者静而为地者也"（《周易本义》）。

圆图重点讲阴阳流行，方图重点讲阴阳对待，即阴阳定位；圆图就时间而言，方图就空间而言。方圆合图将时间和空间的过程归于阴阳配合，以变化为阴阳推移，以方位为阴阳对待，体现了一分为二的宇宙思想和时空统一的宇宙模式，对后世哲学产生深远影响。

朱熹在《朱子语类》卷六五中还对"对待"与"流行"作了进一步论述：

> 阴阳有个流行底，有个定位底。一动一静，互为其根，便是流行底，寒暑往来是也；分阴分阳，两仪立焉，便是定位底，天地上下四方是也。易有两义，一是变易，便是流行底；一是交易，便是对待底。
>
> 伊川言易变易也，只说得相对底阴阳流转而已，不论错综底阴阳交互之理。言易须兼此二意。阴阳论推行底只是一个，对峙底则是两个。

说明阴阳的"对待"——"定位"是事物运动变化的根本原因。所谓"流行""流转""推行""变易"，是针对阴阳二气的互补、统一而言，偏向于"合二为一"；所谓"定位""交互""交易""对待"，是针对阴阳二气的对待、对立而言，偏向于"一分为二"。但两者是相反相成的，这就是相对中

---

[1]《宋元学案·百源学案》引。

有流转，错综中有交互。朱熹用"对待"而不用"对立"，强调阴阳两端在具备相对的特性的同时，还包含有相亲、相求、相爱、相护的特点，而用"对立"一词就很难谈到相亲相求。中国人强调的是阴阳的统一，西方人则强调矛盾的对立。

明代方以智提出"相因相反"来解释八卦的分合，认为先天八卦、六十四卦、河图洛书都是"相因而相反"，"吾学言天地间之至理，凡相因者皆极相反"（《东西均·反因》）。他提出的"反对六象十错综"（《易余》）、"无非两端"等学说，是在证明"一在二中，皆相反相因"的命题。所谓"一在二中"是说"一"可以分出"二"，"二"也可以生出"一"。所谓"相因而相反"，即指两端既相互依存又相互对待，"相因"强调的是阴阳矛盾的互根、互补与统一，"相反"强调的是阴阳矛盾的对待、对立与斗争。两者的辩证统一是"天地间之至理"。

先天六十四卦方位图、次序图原本是用以解释卦象生成次序和说明一年节气变化的，进而用来说明万物的兴衰、社会治乱以及世界的终始。它蕴含丰富的哲理，表示宇宙事物变化的原因和规律。我们认为它是宇宙万物运动变化规律的最佳理论模式图，其中固然包含了唯物辩证法的三大规律，但它所揭示的规律还有更深刻、更丰富的内涵，因而不能简单地用唯物辩证法规律来套用和比附。

2. 宇宙生命的运动变化规律——循环往复

在《周易》卦爻象数符号系统中，作为基础符号的"━"和"--"，代表事物对立的属性，代表"阳"和"阴"。阴爻和阳爻可以相互循环转化。依照"大衍之数"筮法，四营之后得七、八、九、六。其中七、九为阳，六、八为阴。七为少阳，九为太阳（老阳）；八为少阴，六为太阴（老阴）。少阳七与少阴八不变，太阳九与太阴六为变。阳变阴，阴变阳。《易经》阳爻"━"标记为九，阴爻"--"标记为六，表明六十四卦中的阴阳爻都可以变化为自己的对立面。六十四卦每一卦的任何一爻都可以由阳变阴、由阴变阳，而变成另一卦。六十四卦可分为三十二组对立卦。如变动一爻或数爻（二至五爻），则成为其他任何一卦；如六爻全变，则成为原卦的对立卦，如乾变坤、坤变乾。可见六十四卦之间是相互沟通、相互转换的，变易的结果必然形成六十四卦的整体大循环。

后世易学用各种卦图对"周易"——周期循环思想作了多方位的阐发。将《周易》六十四卦顺序解释为宇宙万物变易运动的大周期。乾坤居首，意味着乾坤在六十四卦中、天地在宇宙万物中的决定作用，也反映阴阳的矛盾统一运动是构成易生生不息的过程——生命过程的根本原因，体现对世界万物矛盾双方的高度抽象概括。既济、未济居后，既反映万事万物发展过程的终结，又意味着新过程的开始，而这种周期变化是永远不会停息的。

各种卦序图虽然表明各自不尽相同的宇宙变化观念，但有一点是相同的，那就是都认为宇宙万物的变化是有次序的，而各种次序又呈现循环往复的规律性。卦变图则集中反映了宇宙生命循环往复的变化规律。从虞翻、李之才卦变说到朱熹、俞琰卦变图，都表明了这一点，如俞琰的"先天六十四卦直图"从一阳之卦到六阳之卦的变化过程，同时就是从一阴之卦到六阴之卦的变化过程，如此循环往复、周行不已。

北宋邵雍创先、后天之学，他的先天八卦、先天六十四卦次序图和方位图，表明一年四季春夏秋冬、一月晦朔弦望、一日昼夜长短以及天地阖辟、日月出入、行度盈缩的循环运动周期变化。《观物外篇》解释："夫易根于乾坤而生于姤复。盖刚交柔而为复，柔交刚而为姤。自兹而无穷矣。""阳在阴中，阳逆行；阴在阳中，阴逆行。阳在阳中、阴在阴中，则皆顺行。"

各种卦图可分为八卦周期、十二卦周期、六十四卦周期。《周易》本身没有八卦的具体符号显示，但从六十四卦的八纯卦中可以看出八卦为：乾、坤、坎、离、震、巽、艮、兑。邵雍创先天八卦（乾、兑、离、震、巽、坎、艮、坤）和后天八卦（乾、坤、震、巽、坎、离、艮、兑）两种次序周期（其实后天八卦次序周期早在《易传·说卦传》中已经有表述）。刚柔、阴阳的交复、顺逆构成圆形的循环运动。邵氏还以后天八卦方位图与次序图表述四时推移、八节变化、男女媾精、万物化生的流行周期以及阴阳互存互根、五行母子相生的循环规律。此外还有多种位次，如京房易八卦位次、《元包经》八卦位次等。上述多种八卦位次虽排列有所不同，其含义也各异，但其循环运动周期思想是一致的，皆以"八"为节律。

十二卦周期指复、临、泰、大壮、夬、乾、姤、遁、否、观、剥、坤十二消息卦周期。这是孟喜卦气说所创周期。依阴阳消长的次序排列，从复到乾，阳爻逐渐增加，阴爻逐渐减少；从姤到坤，阴爻逐渐增加，阳爻逐渐减少。表示阳息则阴消，阴息则阳消。从复到乾再从姤到坤是一个周期的两个阶段。坤之后必然是复，又开始新的周期，周而复始，循环不已。

六十四卦周期，如邵雍先天六十四卦方位图、次序图，揭示了一年节气变化的大规律，并且进一步用来说明万物的兴衰、时空的转移、社会的治乱和世界的终始，并以此证明万事万物的变化呈现循环运动规律。如从万物阴阳兴衰消长的整体规律看，无疑是正确的，但如果过分拘泥于这种循环，将它看成绝对的由终点回归到始点，那就不符合客观实际了。邵氏《皇极经世》还创制了一个历史年表，以天象日月星辰配计算时间的单位——元、会、运、世，规定了各自的精确数字，以此说明宇宙历史的进程，这些数字并无科学根据，甚至近乎数学游戏，本身并没有什么价值，但它肯定了宇宙存在许多层次和周期，周期有长有短，宇宙事物有终有始、有生有灭，整个宇宙是生灭消长的连续过程，宇宙的阴阳消长是普遍规律，这些思想是合乎科学、富有哲学意义的。

第二章

河图洛书

一、河图洛书的源流

（一）河图洛书的起源与作者

"河图""洛书"的名称，最早见于《尚书·顾命》。《尚书·顾命》说："大玉、夷玉、天球、河图，在东序。"又见于《论语·子罕》《管子·小匡》《墨子·非攻》《礼记·礼运》以及《周易·系辞传》等先秦古籍中。那么河图、洛书究竟是怎么来的呢？究竟又是谁得到或创造了河图、洛书呢？古人有很多猜测。

1. 伏羲氏受河图，画八卦

孔颖达《尚书正义》："河图八卦是伏牺氏王天下，龙马出河，遂则其文以画八卦，谓之河图。"《礼纬·含文嘉》："伏羲德合天下，天应以鸟兽文章，地应以河图洛书，乃则之以作《易》。"《汉书·五行志》："刘歆以为伏羲氏继天而王，受河图，则而图之，八卦是也。"

2. 黄帝受河图，作《归藏易》

《竹书纪年》："（黄帝）五十年秋七月庚申，凤鸟至，帝祭于洛水。"注："龙图出河，龟书出洛，赤文篆字，以授轩辕。"《路史·黄帝纪》："黄帝有熊氏，河龙图发，洛龟书成……乃重坤以为首，所谓《归藏易》也。故曰归藏氏。"

3. 帝尧得龙马图

《宋书·符瑞志》："帝在位七十年，修坛于河、洛，帝舜等升首山遵河渚，乃省龙马衔甲赤文，绿龟临坛而止，吐甲图而去。甲似龟，背广九尺，其图以白玉为检，赤玉为字，泥似黄金，约以专绳。"

4. 帝舜得黄龙负河图

《宋书·符瑞志》："舜设坛于河，黄龙负图，图长三十三尺，广九尺，出于坛畔，赤文绿错。"

5. 大禹受洛书

《竹书纪年》:"帝禹,夏后氏。"注:"当尧之时,舜举之,禹观于河,有长人,白面鱼身,出曰:吾河精也。呼禹曰:文命治水。言讫,授禹河图,言治水事……洛出龟书是为洪范。"《汉书·五行志》:"刘歆以为,禹治洪水,赐洛书,法而陈之,九畴是也。"

6. 成汤至洛得赤文

《宋书·符瑞志》:"汤东至洛,观尧坛,有黑龟,并赤文成字。"

河图、洛书究竟为何物?宋以前古籍文献或以为玉器一类,或以为带文字的图书,但图书究竟是什么样式,却一直未有记载,至宋初陈抟始将失佚两千多年的河图、洛书及先天图、太极图传于后世。宋以后一般认为,伏羲时,黄河中有龙马背负"河图"(见图2-1);夏禹时,洛水中有神龟背负"洛书"(见图2-2)。

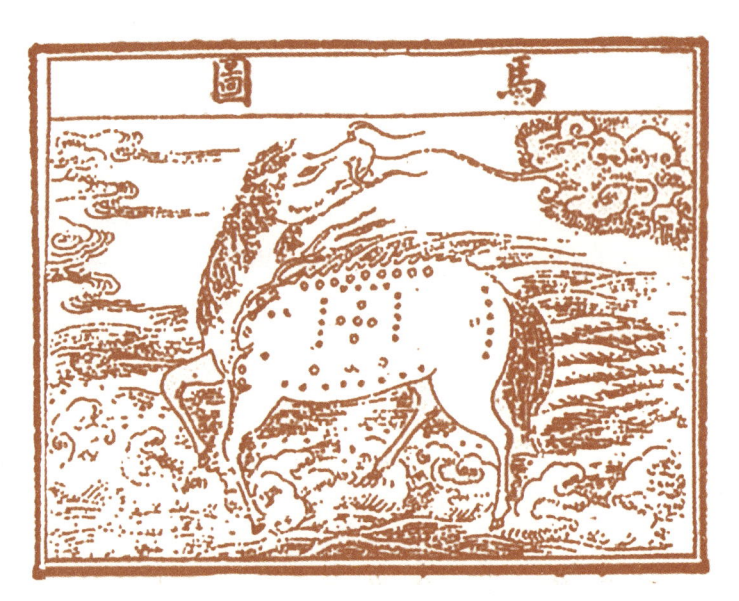

图2-1　马负图

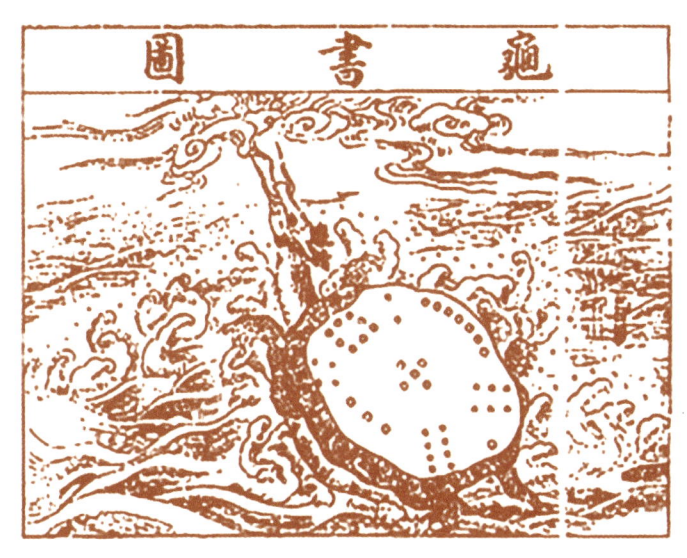

图 2-2　龟负书

《汉书·五行志》："伏羲氏维天而望，受河图而画之，八卦是也；禹治洪水，锡（赐）洛书而陈之，洪范是也。"元代吴澄在《易纂言》中载有河出龙马背负河图，洛出神龟背负洛书的图式，称为"古河图"（见图 2-3）"古洛书"（见图 2-4）。

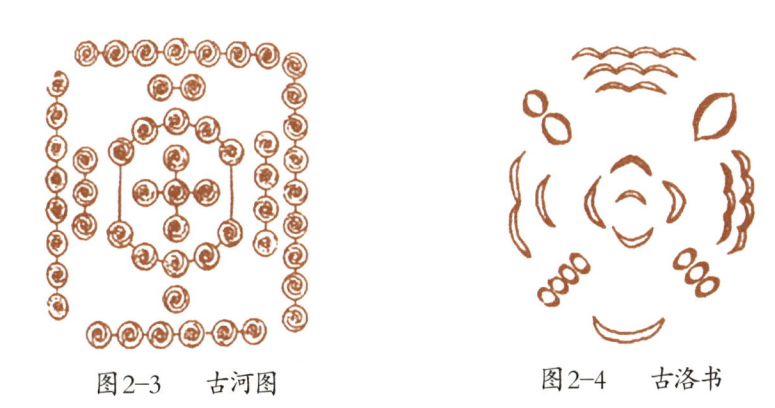

图2-3　古河图　　　　图2-4　古洛书

吴澄说："河图者，羲皇时，河出龙马，背之后毛，后一六，前二七，左三八，右四九，中五十。以象旋毛星点，而谓之图。羲皇则其阳奇阴偶之数，以画卦生蓍。""洛书者，禹治水时，洛出神龟，背之拆文，前九，后一，左三，右七，中五，前之右二，前之左四，后之右六，后之左八。以其拆文如字画，而谓之书。禹则自其一至九之数，以叙洪范九畴。"这种说法，宋代欧阳修早已斥之："马图出河龟负畴，自古怪说何悠悠。"清儒黄宗羲、毛奇龄、胡渭等均予以否定，并加以斥责。后世关于河洛的来源，有以下观点：

①来源于道家炼丹养生术。

②来源于对天河，即银河星系的观测。

③来源于对古气候、方位的观测。

④来源于北斗斗柄指向及由此而产生的古代历法。

⑤洛书起源于彗星的气体尾巴轨迹。

⑥河图数导源于《周易·系辞传》"天地之数"，洛书亦导源于《周易》。

以上诸说，将在下文中作详细介绍和分析。首先要指出的是，这些说法仅为一家之言，尚缺乏必要的文献证据，故未得到公认。

（二）河图洛书究竟是什么？

从现存的书籍文献看，十数与九数黑白点的河图洛书到了宋代才有明确的记载，宋以前并没有记载十数与九数黑白点图就是河图洛书。那么，宋以前所说的河图洛书究竟是什么呢？古人有各种各样的说法。

1. 河图是一种玉石宝物

在最早记载"河图"的《尚书·顾命篇》中，河图是与"大玉、夷玉、天球"并列放在"东序"里的东西。东汉班固《典引》说："御东序之秘宝，以流其占。"（《文选》卷四十八）蔡邕注："东序，墙也。《尚书》曰：颛顼河图洛书，在东序。"后人据此认为《尚书》中的河图，同大玉、夷玉、天球这类玉器并列（天球为玉石），也是一种玉石宝物，是一种有纹理、似文非文、似图非图的玉石，如同西序所藏的赤刀（红色的玉刀）、大训（刻有文字的玉器）、弘璧（大玉璧）、琬琰（上圆下方的玉圭），都是玉石类宝物。元代俞琰、清代刘宝楠等均持此说。

2. 河图洛书是祥瑞

《论语·子罕》说："子曰：凤鸟不至，河不出图，吾已矣夫！"孔安国注:"圣人受命则凤鸟至,河出图。今无此瑞。吾已矣乎者,伤不得见也。"《史记·孔子世家》引用孔子的话为:"河不出图,洛不出书,吾已矣乎!"可见孔子所说的河图洛书是一种表示圣王禀受天命、天下太平安宁、人民安居乐业的祥瑞——预示吉祥的东西。《管子·小匡》说:"昔人之言受命者,龙龟假河出图,洛出书,地出乘黄,今三祥未有见者。"管子和孔子一样,都是身处乱世,都为没有看到河图洛书而伤感。说明河图洛书只出现在太平盛世。正如《墨子》《礼记》以及《淮南子》描述的那样。《墨子·非攻下》说:"天命文王伐殷有国。泰颠来宾,河出绿图,地出乘黄。"《礼记·礼运》说:圣人治是世,"天降甘露,地出醴泉,山出器车,河出马图"。《淮南子·俶真篇》说:上古之时,人民安居乐业,"洛出丹书,河出绿图"。由此可见,河图洛书是一种圣人在世、太平时代的祥瑞。东汉郑玄以为河洛为受命为王的象征,如同后来所说的符命之类的东西。刘勰于《文心雕龙·正纬》中,亦采此说。但究竟是什么样子却没有记载。

3. 河图洛书是八卦九畴

汉代儒家依据《周易》和《尚书》的记载,将河图洛书与八卦、九畴联系起来。上古时代,河洛同《周易》之间并无关系。《周易·系辞传》说:"河出图,洛出书,圣人则之。"但并未明言圣人则河图洛书画八卦,更未明言河洛为何物。《尚书·洪范》说:"天乃赐禹洪范九畴,彝伦攸叙。"也并没有将洪范九畴与河图洛书相联系。直到西汉时代,儒家才开始将两者联系起来。孔安国注解《论语》"河不出图"说:"河图,八卦是也。"南宋王应麟《困学纪闻》引扬雄《覈灵赋》也说:"大易之始,河序龙马,洛贡龟书。"刘歆《洪范五行传》以《周易》八卦解释河图,以《尚书·洪范》九畴解释洛书,并明确提出河图是八卦,洛书是九畴。东汉时期,班固《汉书·五行志》采用刘歆的说法,并认为洛书仅是《尚书·洪范》中从"初一曰五行"到"畏用六极"的六十五个字。王充《论衡·正说篇》说:"伏羲王,河图从河水中出,易卦是也。禹之时得洛书,书从洛水中出,洪范九章是也。"郑玄进一步视河洛为《周易》的来源。

4. 河图洛书是谶纬图书

西汉末年,谶纬神学开始兴起,东汉尤为盛行。当时很多谶纬图书托名"河图""洛书",如《河图括地象》《河图赤伏符》《河图含古篇》《洛书甄曜度》《洛书录运期》等。据东汉张衡说,以"河图""洛书"作为篇名的谶纬图书有四十五篇。东汉末年,郑玄注释《周易·系辞传》"河出图,洛出书",引用《春秋纬》的说法:"河图有九篇,洛书有六篇。"似乎又是一种图书。纬书《论语比考谶》说尧率领舜等在黄河边从赤龙口中受河图,上面写着"帝当枢百,则禅于虞",河图又是一幅标有朝代更替的文字说明书。《隋书·经籍志》概括了河图洛书与谶纬图书的关系,其中说:"其书出于前汉,有河图九篇,洛书六篇。"可见,河图洛书是表示圣人受命、龙发龟感的谶纬书籍。

5. 河图洛书是上古地图

《春秋运斗枢》说舜受河图,"中有七十二帝地形之制,天文官位度之差",是一张标有地理、天文的图。南宋薛季宣认为,河洛乃上古时代的地图。他在《河图洛书辨》中,认为"图载江河山川州界之分野",是如同《禹贡》《山海经》一类的图书,不是刘牧等说的黑白点数图。明初宋濂和清初黄宗羲、毛奇龄等人也认为河图、洛书是地图和用文字写成的书,不是黑白点图。

6. 河图洛书是十数九数黑白点图

从汉代、魏、晋到唐代,学者们虽然对河图洛书作了各种各样的猜测,但却没有说明,更没有具体记载河图洛书究竟是什么图式。从宋代开始,道教学家、易学家才开始将河图洛书认定为十数九数黑白点图。宋初易学家在道教易学的影响下,将《周易·系辞传》中的大衍之数、天地之数与河洛相联系,以河图洛书解释《易》理,形成图书学派。北宋时期对十数图和九数图究竟谁为河图谁为洛书,曾有过争论。到了南宋,朱熹认为,十数图为河图,九数图为洛书,经过朱夫子的确认,于是十数河图、九数洛书就成为后世普遍而权威的说法。虽然南宋以后,还有一些学者不同意这种说法而提出其他观点,但均没有压过这一流行观点。

(三)黑白点数字河图洛书确立的过程

作为黑白点数字图式的河图洛书,确立于五代或宋代初年,其创始人

第二章　河图洛书

相传是华山道士陈抟。陈抟，字图南，号希夷先生，为五代、宋初神仙家、道教大师。主张炼内丹，结圣胎。从炼内丹角度研究、解释《周易参同契》，继承《周易参同契》传统，借用《周易》卦爻象和阴阳数说明炼内丹的过程。创立以图书解《易》的图书派。以图式解释《周易》原理，说明炼丹过程，从唐五代即成风气，如五代彭晓所注《周易参同契》，有《明镜图》《水火匡廓图》《三五至精图》[1]等。陈抟继承这种学风，不用文字而用图式解《易》。

据南宋易学家朱震说，陈抟创先天易图，传给种放，种放以后分为三支，一是传河图、洛书到刘牧，一是传先天图到邵雍，一是传太极图到周敦颐。[2]

其中河图、洛书由《龙图序》传来，据《宋史·艺文志》著录，陈抟有《龙图易》一卷；据《宋文鉴》记载，陈抟有《龙图序》一文。"龙图"即龙马负图，指河图、洛书一类图式。朱熹等反对此说，王偁、朱震、吕伯恭、宋濂等却赞成此说，虽尚无法考证，但龙图易思想当出于陈抟。

《龙图序》提出"龙图三变"说，即一变为天地未合之数，二变为天地已合之位，三变为龙马负图之形。以此解释《周易·系辞传》"凡天地之数五十有五"一章。

《龙图序》中并没有任何"龙图"的图式，直到元朝张理所著《易象图说》，才载有龙图三变图式。这是现存最早记载"龙图三变"图式的文献。

第一变为龙图未合之时。此时天地之数五十五各自分开。上二十五为天数，下三十为地数，中贯三、五、九，外包十五。此图以白圈代表天数，以黑圈代表地数。天数在上，地数在下，像天地之象。天数之总和为二十五，地数之总和为三十（见图2-5、图2-6）。此本于《周易·系辞传》文。天数排列的次序是，五个数为一组，共分为五组，此即"天五"。每组的纵横之数皆为三，五个组的纵横排列亦为三，此即"天三"。五个组合在一起，其纵横之数皆为九，此即"天九"。横的总数为十五，纵的总数亦为

---

[1]《水火匡廓图》《三五至精图》在现存《道藏》本中未见，据毛奇龄《太极图说遗议》说，彭晓"旧本""其图犹存"。
[2] 朱震：《汉上易传·表》，载《四库全书·经部·易类》。

十五。地数三十，其排列次序是，每六个数为一组，共分五组，纵横排列，每组之数为六。天数以五为单位而组成，地数以六为单位而组成。五为奇数，六为偶数。

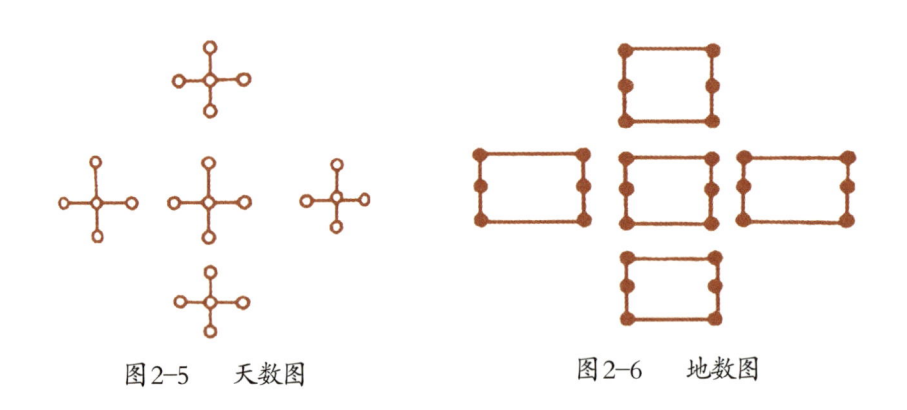

图 2-5　天数图

图 2-6　地数图

第二变，为天地已合之位。天地之数交互配合。天数中的五组，共去十个数，成为奇偶之数相配合之状；地数中之五组，分开后，另行组合，亦成为奇偶之数配合之状。图 2-5 五组天数减四个数：右五减一为四，左五减二为三，上五减三为二，下五减四为一，中五不动，这样就构成图 2-7 上图式。图 2-6 五组地数加四个数：上六加一为七，左六加二为八，右六加三为九，中六加四为十，下六不加仍为六，这样就构成图 2-7 下图式。上图中的五组，即一、二、三、四、五之数，表示五行之生数；下图中的五组，即六、七、八、九、十之数，表示五行之成数。上图天象中的五个数，各加以五数，则成下图地象之数，即天一加五为地六，地二加五为天七，天三加五为地八，地四加五为天九，天五加五为地十。两图之数之总和为五十有五，即天地之数（见图 2-7）。

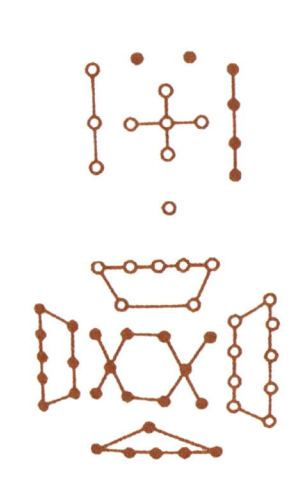

图 2-7　天地之数合图

第三变，为龙马负图。由第二变上下两图相合而成。两图相重，即上图的天一、地二、天三、地四、天五，分别与下图的地六、天七、地八、天九、地十重合，即得"十数图"（见图 2-8）。

图 2-8　十数图

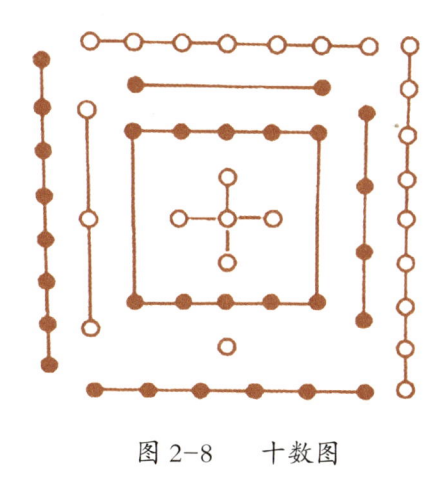

两图相合，即上图中五不动，下图中十隐藏，奇数一、三、七、九分别居于四正位；偶数二、四、六、八分别居于四隅位，即得"九数图"（见图 2-9）。

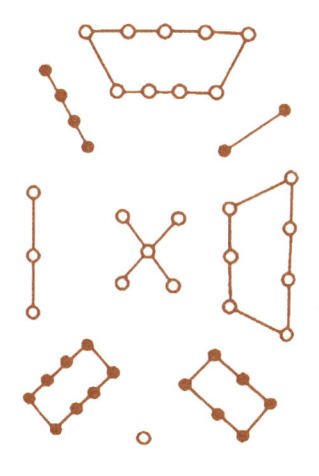

图 2-9　刘氏河图

第三变中，"十数图"又称"五行生成图"，"九数图"又称"九宫图"。这是元代张理依南宋蔡元定所画的图式而作的图解，未必就是陈抟龙图易三变的原图。但图中的逻辑思维结构，与陈抟思想是相符的。

陈抟在《龙图序》中只提到"龙图",而未提到"洛书"。北宋范谔昌在《太易源流》中否定"洛书"的说法,认为河图指五行生成图。元代张理认为九宫图即"洛书"。元朝道士雷思齐则认为陈抟所说的"龙图"是九宫图,而不是五行生成图,并排斥"洛书"的说法。

从《龙图序》原文看,只有"龙图"的名称,而并未直接点明是"河图"或"洛书"。

在现存文献中,第一次将河图、洛书视为黑白数图式的人是刘牧。范谔昌的学生刘牧开始确立"河图"与"洛书"的具体图像。有学者认为黑白点河图洛书很可能是刘牧自己伪造出来的。为了取信于人,才假托出自麻衣道者和希夷先生陈抟。[①]实际上九数、十数的排列图式早在战国时期,至迟在汉初就已经形成,只是当时还不是黑白点图式,也还未成为"河图洛书"而已(详见下节)。直到刘牧才将九数图、十数图与河图洛书联系起来。刘牧视十数图为洛书,视九数图为河图,由此引出了一场"河洛之争"或称"图书大战"。

这场论争主要有两派,一派主张"图九书十",即河图为九数图,洛书为十数图;一派主张"图十书九",即河图为十数图,洛书为九数图。前者以刘牧为代表,王湜、朱震、郑樵、朱元升、薛季宣、张理袭其说。后者以蔡元定、朱熹为代表。

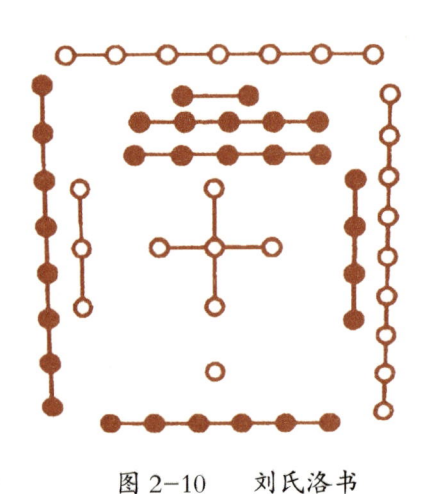

刘牧将宋初陈抟龙图易第三变所得两个图式,即五行生成图和九宫图加以区别,称五行生成图为洛书,九宫图为河图。因五行生成图天奇和地偶各五数,共十数,故称"书十"(见图2-10);因九宫图共九数,故称"图九"(见图2-9)。

图2-10 刘氏洛书

南宋蔡元定认为刘氏把河图和洛书颠倒了,主张以河图之数为十,洛书之数为九,即以五行生成之十数图为河图,称为"图十";以九宫九数图为

---

① 王卡:《周易知识通览·河图与洛书》,齐鲁书社,1993年。

洛书，称为"书九"。朱熹赞同此说，并将蔡氏河洛图式（见图2-11、图2-12）载于《周易本义》卷首。

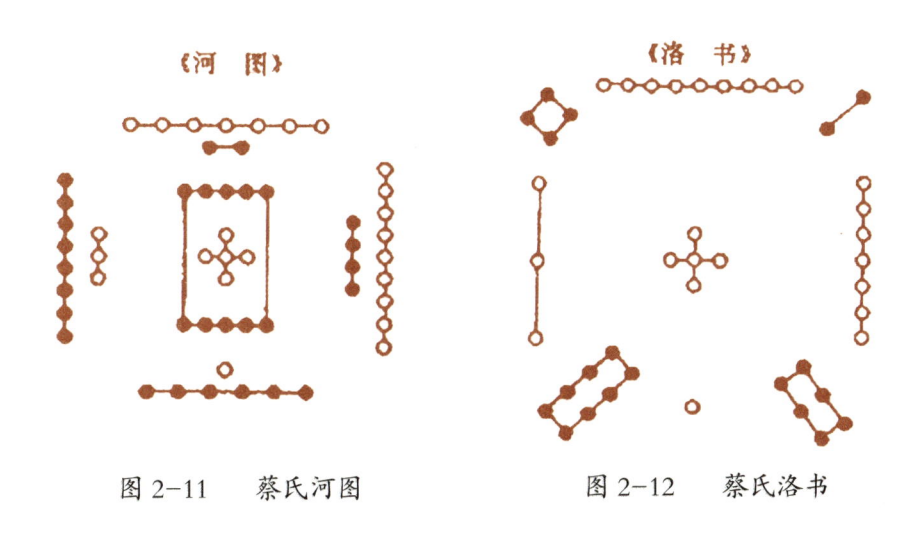

图2-11　蔡氏河图　　　图2-12　蔡氏洛书

河图、洛书的图式除此之外还有别的排列，如清代万年淳作外方内圆图为河图，外圆内方图为洛书。万氏《易拇》说："盖河图外方而内圆，一、三、七、九为一方，其数二十也；二、四、六、八为一方，其数亦二十也；中十五，共五十五数，中十点作十方圆布，包五数在内，此外方内圆，而五数方布在中者。中一圈即太极圆形，外四圈分布四方，为方形，十包五在内，仍在圆中藏方，方中藏圆，阴中有阳，阳中有阴之妙也。而十五居中，即洛书的纵横皆十五之数，是又河图包裹洛书之象。"（见图2-13）"洛书外圆而内方。圆者黑白共四十数，圆布其外，一、三、七、九为一方，二、四、六、八为一方，仍然河图之体，此又圆中藏方，洛书包裹河图之象，而中五又方中有藏圆之妙。"（见图2-14）万氏河图以六合一为七，二合七为九，三合八为十一，四合九为十三，五合十为十五，总数为五十五，皆为阳数。与洛书对位相合，皆阴数相对，御之以中五，则皆为阳数，说明阴阳相抱，阳生于阴、阴统于阳之理，是对《周易》扶阳抑阴思想的发挥。万氏洛书对位相合皆为十，总数一九合十，三七合十，二八合十，四六合十，总数四十，皆为阴数。而御之以中五，则纵横上下交错皆为十五，总数四十五，皆为阳数。表明阳生于阴、阴统于阳，君子道长、小人道消之理。

易图探秘

图2-13　万氏河图　　　　图2-14　万氏洛书

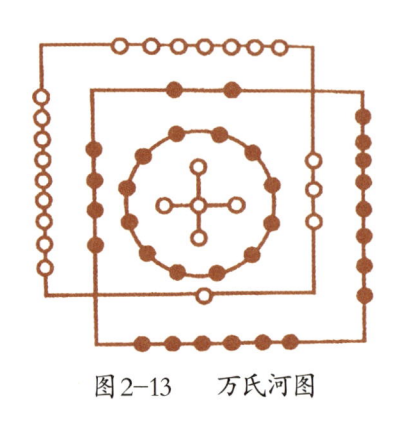

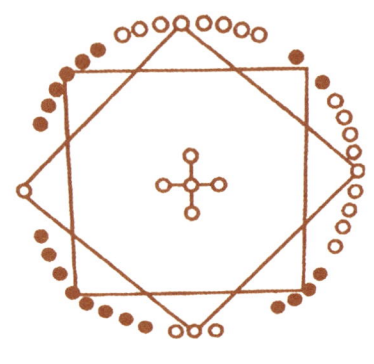

万氏河图、洛书虽有一定含义，但终未流行开来。南宋以后通行的是蔡氏河图、洛书，即十数图（五行生成图）河图、九数图（九宫图）洛书。

综上所述，将十数图、九数图命名为"河图""洛书"是在宋代。北宋刘牧开始将九数图命名为河图，将十数图命名为洛书，① 与他同时的阮逸则将九数图命名为洛书，将十数图命名为河图，② 这种定名得到南宋朱熹、蔡元定的支持，于是成为定论。

（四）十数图、九数图产生的时间

因宋以前古籍文献一直没有登载河洛的图式，宋初才开始提出十数图、九数图的具体图式，这一点，当今不少学者做了考证并反复加以强调，所以现今不少人就以为十数图、九数图就是产生于北宋。

其实这种看法是不正确的。这里有两个问题需要搞清楚，一个是十数、九数这种数字图式产生的时间，一个是将这种数字图式命名为"河图""洛书"的时间。这两个问题应分开来考虑，不能混为一谈。对后一个问题，我们已经说得很清楚了，那就是将十数、九数这种数字图形称为"河图""洛书"的时间是在北宋。但这并不等于说十数、九数这种数字图形产生于北宋。据考证，十数、九数的排列图形早在先秦时即已出现，只是当时并未称为"河图""洛书"罢了。

---

① 刘牧：《易数钩隐图》。
② 见《关朗易传》，此书乃阮逸托名北魏关朗（子明）所作。朱熹考证："关子明易，是阮逸作，陈无己集中说得分明。"（《语类》卷六十七）。

1. 九数图产生的时间与流变

九数图源于明堂、九宫学说。早在春秋战国时代成书的《管子·幼官（玄宫）》《礼记·月令》《吕氏春秋·十二纪》，记载了古代明堂九室的制度，天子一年四季轮流居于九室。据《礼记·月令》记载，天子春天三月居东边青阳三室，夏天三月居南边明堂三室，秋天居西边总章三室，冬天居北边玄堂三室。另每季抽出十八天，居中央太庙太室。东汉蔡邕《明堂论》介绍，明堂是西周时期政教合一的宫廷建筑，是天子祭祀主宗和天帝、颁布法令、处理政事的地方。明堂建筑格局如图 2-15 所示。

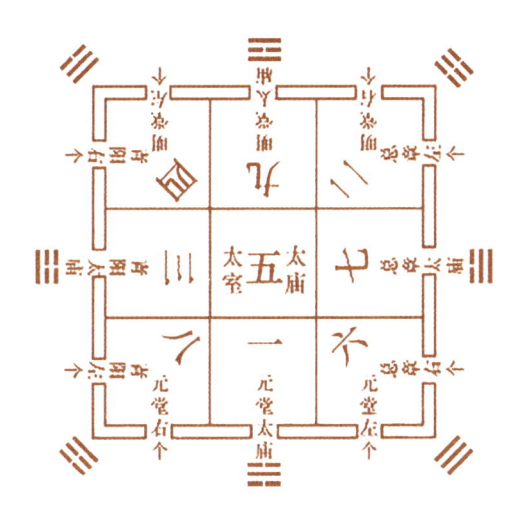

图 2-15　明堂建筑格局

明堂共有九处房屋，东南西北各三室，中央一室。东边称青阳三室，西边称总章三室，南边称明堂三室，北边称玄堂三室，中央称太庙太室，但均未具体说明九室所配的数字。《大戴礼记·明堂》始将九室配以九个数字，"明堂者，古有之也，凡九室"，九室之制"二九四，七五三，六一八"。这个数字组合称为九宫算。汉代徐岳《数学记闻》说："九宫算，五行参数，犹如循环。"北周甄鸾注："九宫者，即二四为肩，六八为足，左三右七，戴九履一，五居中央。"明堂九室制度主要是阴阳五行家的观点，九宫数是五行参数。数学上称为三阶幻方。英国著名科技史家李约瑟说，《大戴礼记》的作者发现了一个数学幻方，又将它与明堂制结合，使之显得更加神奇。

易图探秘

汉代易学家将九宫数与八卦相配。《易纬·乾凿度》详细介绍了"太一行九宫"的位数变化:"易一阴一阳,合而为十五之为道。阳变七之九,阴变八之六,亦合于十五,则象变之数若一也。阳动而进,变七之九,象其气之息也;阴动而退,变八之六,象其气之消也。故太乙取其数以行九宫,四正四维皆合于十五。"郑玄注:"太一者,北辰之神名也。……太一下行八卦之宫,每四乃还于中央。中央者,北辰之所居。故因谓之九宫。天数大分,以阳出,以阴入。阳起于子,阴起于午。是以太一下九宫,从坎宫始……终于离宫也。"(《后汉书·张衡传》注引)太一运行九宫的次序,用阴阳之数来表示为从一到九的次序,即始于坎宫一,其次入坤宫二,其次入震宫三,其次入巽宫四,然后入中宫五休息;而后又入乾宫六,其次入兑宫七,其次入艮宫八,到离宫九结束。一到九数依次运行于九宫之中。九宫有四正和四维,其数相加,皆为十五。太一行九宫数(见图2-16)与宋以后所说的洛书数完全相同,可见后世所谓的洛书指的就是九宫数图。

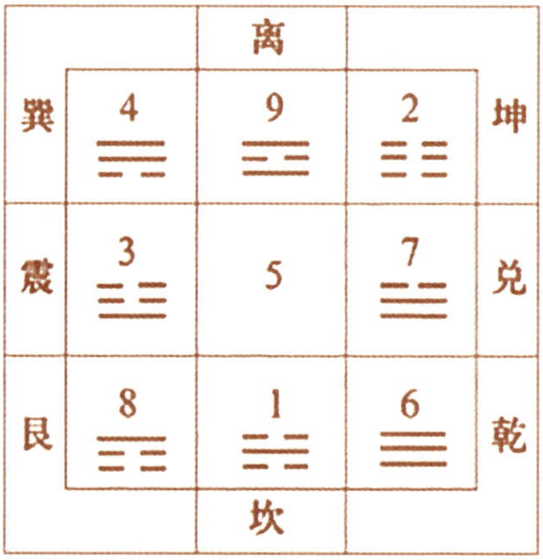

图 2-16　太一行九宫图

《黄帝内经·灵枢·九宫八风篇》也记载了太一游九宫学说,将九宫与八风、八卦、八节、八方相配(见图2-17)。

图 2-17　九宫八风图

太一常以冬至之日，居叶蛰之宫四十六日，明日居天留四十六日，明日居仓门四十六日，明日居阴洛四十五日，明日居天宫四十六日，明日居玄委四十六日，明日居仓果四十六日，明日居新洛四十五日，明日复居叶蛰之宫，日冬至矣。

太一（即"太乙"。为北辰之神，一指北极星）是古人观测天象确定时位的标准，以北极星围绕其旋转的位置为指针，按季节依次移行。从冬至日开始指向正北方叶蛰宫，主冬至、小寒、大寒三个节气，计四十六天；期满之后，下一天交立春，移居东北方天留宫，主立春、雨水、惊蛰三个节气，计四十六天，余类推。太一游九宫共计三百六十六日，为一年三百六十五日有奇的概数。《灵枢·九宫八风篇》还依据太一徙于九宫，朝八风，以占人之吉凶。"太一移日，天必应之以风雨。以其日风雨则吉，岁美民安少病矣，先之则多雨，后之则多旱。""因视风所从来而占之。风从其所居之乡来为实风，主生长养万物。从其冲后来为虚风，伤人者也，主杀主害者。"风从南方来名为大弱风，从西南方来名为谋风，从西方来名为刚风，从西北方来名为折风，从北方来名为大刚风，从东北方来名为凶风，从东方来名为婴儿风，从东南方来名为弱风。认为"此八风皆从其虚之乡来，乃能病人"（见图 2-17）。

更为可靠的证据是，1977 年，从安徽阜阳县双古堆西汉汝阴侯墓出土了一个"太乙九宫占盘"（见图 2-18）。

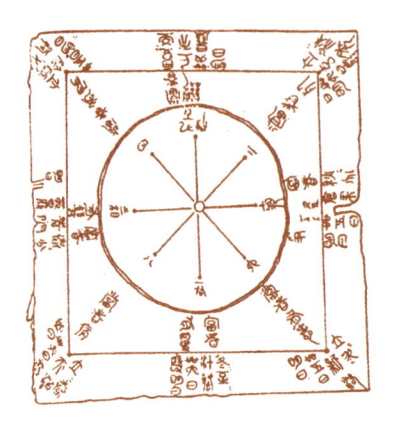

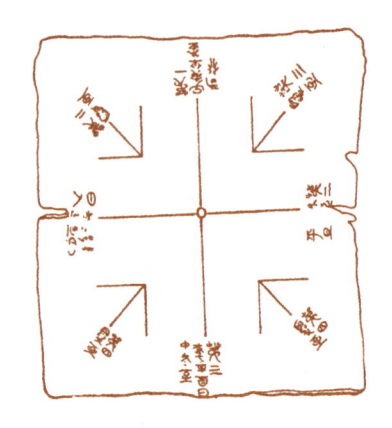

图2-18　太乙九宫占盘正面图（1）　　图2-18　太乙九宫占盘背面图（2）

据考证，"太乙九宫占盘"至迟为西汉早期的文物。其正面按八卦位置和五行属性（水、火、木、金、土）排列，九宫的名称和各宫节气的日数与《灵枢·九宫八风篇》说完全一致。小圆盘过圆心划四条等分线，在每条等分线两端刻"一君"对"九百姓"，"二"对"八"，"三相"对"七将"，"四"对"六"，"九上一下，三左七右，以二射八，以四射六"，也与《易纬·乾凿度》"太乙行九宫"数字排列完全相合。由此可知，九数的排列是在战国时代，至迟是在汉代初年出现的。

2. 十数图产生的时间与流变

十数图源于五行生成数学说。五行数的观念源于《尚书·洪范》："五行，一曰水，二曰火，三曰木，四曰金，五曰土。"这本来是记述五行的次序的，后来有人将它视作五行的生数，还有人将它与五方相配，如汉代《京氏易传》说，"三者东方之数"，"四者西方之数"。

早在春秋战国时代，即有关于方位与数字的配属。大约成书于战国早中期的《墨子·迎敌祠》，言四方坛的高度、四方堂的密度、人数、旗神长度、弩数等都配上特定的数字，即东方八，南方七，西方九，北方六。可见四方与四数的配属起源很早。战国中期成书的《管子·幼官》记载了四时（五时）与五数的配应关系，土"用五数"，春"用八数"，夏"用七数"，秋"用九数"，冬"用六数"。此说可以看成五行生成数学说的发端。战国末年成书的《吕氏春秋·十二纪》和《礼记·月令》则进一步系统记载了四时（五时）、五行、五方、五音、明堂与五数的配属。其配属为：

春三月	木德	甲乙日	东方	音角	青阳三室	其数八
夏三月	火德	丙丁日	南方	音徵	明堂三室	其数七
季夏	土德	戊己日	中央	音宫	太庙太室	其数五
秋三月	金德	庚辛日	西方	音商	总章三室	其数九
冬三月	水德	壬癸日	北方	音羽	玄堂三室	其数六

汉代蔡邕《月令章句》解释："东方有木三土五，故数八；南方有火二土五，故数七；西方有金四土五，故数九；北方有水一土五，故数六。"后世将《尚书·洪范》的五行序数与《吕氏春秋·十二纪》《礼记·月令》的五行数配合起来，形成一种新的五行数。

西汉扬雄《太玄经·玄图》说："一与六共宗，二与七共明，三与八成友，四与九同道，五与五相守。"《太玄经·玄数》说："三八为木，为东方，为春。""四九为金，为西方，为秋。""二七为火，为南方，为夏。""一六为水，为北方，为冬。""五五为土，为中央。"晋代范望注"一与六共宗"，曰"在北方也"；注"二与七共朋"，曰"在南方也"；注"三与八成友"，曰"在东方也"；注"四与九同道"，曰"在西方也"；注"五与五相守"，曰"在中央也"。清代胡渭《易图明辨》作有《扬子玄图》（见图2-19）。

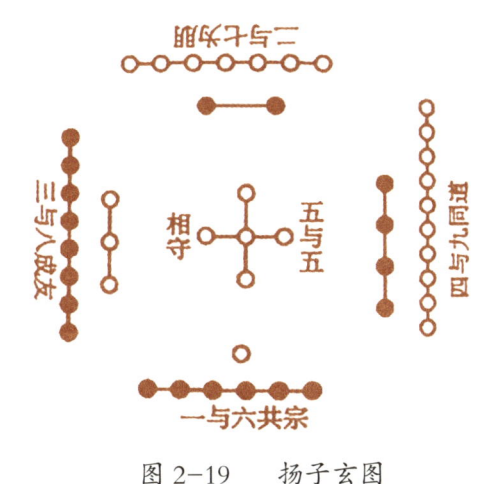

图 2-19　扬子玄图

因为扬雄的太玄数土的生数和成数都是五，不符合奇偶相配的原则，所以有人根据《周易·系辞传》"天地之数"的论述，将土的成数改为十。与扬雄同时代的大学者刘歆根据《左传》"五行妃合"说，将《洪范》五行数与《周易》天地数相结合，提出五行生成数。"天以一生水，地以二生火，天以三生木，地以四生金，天以五生土。五位皆以五而合，而阴阳易位，故曰妃以五成。然则水之大数六，火七，木八，金九，土十。"(《汉书·五行志》)这样一来，五行生成数学说就完善了。一至五数被称为五行生数，六至十数被称为五行成数。

东汉郑玄进一步为五行生成数加上了方位，"天一生水于北，地二生火于南，天三生木于东，地四生金于西，天五生土于中"。这样就构成了一个宇宙数理模型，一直对后世产生影响，而没有改变。到北宋时，刘牧、阮逸依此画出黑白点图，并称为洛书、河图。

据此可知，十数的排列是在战国时代，至迟是在汉初，而不是北宋。

（五）河洛数理图式

1. 河图数理

依据通行的说法，河图的数理表达图式为：

```
            7
            2
    8   3   5   10   4   9
            1
            6
```

口诀为："一与六共宗而居乎北，二与七为朋而居乎南，三与八同道而居乎东，四与九为友而居乎西，五与十相守而居乎中。"

河图中，1、2、3、4、5称为生数，6、7、8、9、10称为成数，总数为55。

河图中，1、3、5、7、9为奇数，即《周易》之天数；2、4、6、8、10为偶数，即《周易》之地数。

河图中的白圈之数为奇数1、3、5、7、9，黑点之数为偶数2、4、6、8、10。

奇数的运行路线是：正北方 1 经正东方 3 到正南方 7，终止于正西方 9。奇数起于内，左旋而终于外。

偶数运行的路线是：正南方 2 经正西方 4 到正北方 6，终于正东方 8。偶数起于内，右旋而终于外。

奇数 1、3、5 皆居于内，偶数 2、4、6、8、10 皆居于外。

生数起于 1 而终于 5，成数起于 6 终于 10。

2. 洛书数理

洛书的数理表达图式为：

```
        9                    4  9  2
     4     2
  3  5  7        或       3  5  7
     8     6
        1                    8  1  6
```

口诀为：戴九履一，左三右七，二四为肩，六八为足，五居中央。

洛书横行为 4、9、2，3、5、7，8、1、6。竖行为 4、3、8，9、5、1，2、7、6。斜行为 4、5、6，2、5、8。三个数字相加均等于 15，总数为 45。

奇数运行路线为：正北方 1 经正东方 3，到正南方 9，终于正西方 7，为左旋。

偶数运行路线为：西南方 2 经东南方 4，到东北方 8，终于西北方 6，为右旋。

奇数居南、东、北、西四正位，偶数居西北、东北、东南、西南四隅位，5 居中央。

二、河图洛书的传统解析

（一）河图为八卦之源，洛书为九畴之本

北宋刘牧称九数图为河图、十数图为洛书。刘牧认为河图为龙马所负之图，即龙图。他在《易数钩隐图》中说："昔伏羲氏之有天下，感龙马之

107

瑞，负天地之数，出于河，是为龙图者也。""盖易系所谓参伍以变、错综其数者也。太皞乃则象之，遂因四正，定五行之数。以阳气肇于建子，为发生之源；阴气萌于建午，为肃杀之基。二气交通，然后变化，所以生万物焉，杀万物焉。"

以图中白点为奇数，黑点为偶数。奇数之和为25，偶数之和为20，纵、横、斜相加皆为15，共为45。此数合于大衍之数和天地之数五十，减去五为隐而不显。

以此说明八卦源于河图。"且天一起坎，地二生离，天三处震，地四居兑，天五由中，此五行之生数也。且孤阴不生，独阳不发，故子配地六，午配天七，卯配地八，酉配天九，中配地十。既极五行之成数，遂定八卦之象，因而重之，以成六十四卦，三百八十四卦爻，此圣人设卦观象之奥旨也。"[1]

刘牧认为《洪范》九畴之第一畴，即论五行的文字，为洛书神龟所负之文，其他八畴乃大禹所增。

《尚书·洪范》五行文字包括《周易·系辞传》所言天地自然之数，即五十五数。《尚书·洪范》："五行，一曰水，二曰火，三曰木，四曰金，五曰土。"其数即五行生数，且包括五行成数。"夫洛书九畴惟出于五行之数，故陈其已交之生数，然后以土数足之，乃可见其成数也。"以此解释龙图易中第二变的图式和《周易·系辞传》天地之数五十有五，认为天象和地象二图式相合即为洛书。

南宋朱震《汉上易传·卦图说》解释刘牧的洛书，说："此乃五行生成之数也。天一生水，地二生火，天三生木，地四生金，天五生土，此其生数也。如此，则阳无匹，阴无偶，故地六成水，天七成火，地八成木，天九成金，地十成土。于是阴阳各有匹偶，而物得成矣，故谓之成数也。"认为刘氏洛书体现了天地之数中阳奇阴偶相配的法则，是九畴五行学说的本源。

刘牧对河图、洛书的解析来源于汉易卦气说、五行说、九宫数，尤其是对刘歆和伪孔安国学说的继承和发展。

---

[1] 刘牧:《易数钩隐图·遗论九事·太皞氏授龙马负图第一》。

（二）河图为体主常，洛图为用主变

北宋阮逸，南宋朱熹、蔡元定，以十数图为河图，九数图为洛书。十数图为五行生成图，九数图为九宫图。

朱、蔡认为河图之数为十，数至十而全，为数之常、数之体；洛书之数为九，数之变始于一而终于九，为数之变、数之用。

朱、蔡合著有《易学启蒙》，在首篇《本图书》中说："河图以五生数统五成数而同处其方，盖揭其全以示人而道其常，数之体也。洛书以五奇数统四偶数而各居其所，盖主于阳以统阴而肇其变，数之用也。"

"河图主全，故极于十，而奇偶之位均，论其积实，然后见其偶赢而奇乏也。洛书主变，故极于九，即其位与实，皆奇赢而偶乏也，必皆虚其中也。然后阴阳之数均于二十而无偏耳。"

河图体现五行相生次序，洛书体现五行相胜次序。

河洛二图生数一、三、五所处方位皆同，二、四所处方位不同，因而其成数七、九所处方位亦不同。洛书生数二居西南、四居东南，河图二居南、四居东。说明阳不可变易，而阴可变易。成数虽为阳，但也是生数之阴，因为阴阳相互而生。

朱、蔡这种观点主要是为了说明河洛同是八卦的来源。

（三）河圆洛方与河方洛圆

北宋邵雍及南宋朱熹、蔡元定认为，河图像天，为圆形，其数为三，为奇；洛书像地，为方形，其数为二，为偶。此即《周易·系辞传》"参（三）天两地"之道。

南宋蔡沈（蔡元定之子）另有阐述，认为河图"体圆而用方"，洛书"体方而用圆"。以作用言，则河方洛圆。他在《洪范皇极内篇》中说："数之方生，化育流行。数之已定，物正性命。圆行方止，为物终始。"认为洛书之数方生于一，由一而三，由三而九，主流行；河图之数已定于二，由二而四，由四而八，主定性。"圆行"指洛书，其用为圆，表示万物起始；"方止"，指河图，其用为方，表示万物终止。

针对其父及朱熹的"河奇洛偶"说，蔡沈提出"河偶洛奇"说，认为河图之数为偶，洛书之数为奇。"河图非无奇也，而用则存乎偶。洛书非无偶也，而用则存乎奇。偶者阴阳之对待乎，奇者五行之迭运乎！对待者不能孤，迭运者不能穷。天地之形，四时之成，人物之生，万化之凝，其妙矣乎！"从河洛作用立论，认为河图之数虽有奇，但奇偶之数的排列，皆以阴阳相配，显示其用为偶；洛书之数虽有偶，但其奇数或居正位，或居中位，体现五行相生、相胜顺序，显示其用为奇。由于河图之用为偶，故天地万物皆按阴阳之象相互对立；洛书之用为奇，故天地万物又按五行顺序相互流传。

蔡沈还提出"河静洛动""河象洛数"等观点。所谓"河静洛动"，即河图为偶主静，洛书为奇主动。"天下之理动者奇而静者偶，行者奇而止者偶。""数者，动而之乎静者也。象者，静而之乎动者也。动者用之所以行，静者体之所以立。"（《洪范皇极内篇》卷二）以邵雍先天图解释河图，认为河图讲阴阳对待，属于静的范畴，静基于偶；以邵雍后天图解释洛书，认为洛书讲五行流转，属于动的范畴，动出于奇。

所谓"河象洛数"，即河图主象，洛书主数。蔡沈的以上观点，目的是说明卦象出于河图，九畴出于洛书；河图讲阴阳之象，洛书言五行之数；阴阳之象为偶，五行之数为奇。河图为《周易》系统，《周易》讲象，基于偶数；洛书为《洪范》系统，《洪范》讲数，基于奇数。河图主偶，偶为象之始；洛书主奇，奇为数之始。

他在《洪范皇极内篇·序》中说："河图体圆而用方，圣人以之而画卦。洛书体方而用圆，圣人以之而叙畴。卦者阴阳之象也，畴者五行之数也。象非偶不立，数非奇不行。奇偶之分，象数之始也。"

"体天地之撰者，易之象；纪天地之撰者，范之数。数者始于一，象者成于二。一者奇，二者偶也。奇者数之所以行，偶者象之所以立。故二而四，四而八，八者卦之象也。一而三，三而九，九者九畴之数也。"

他认为河、洛互为经纬，象、数殊途同归。"数之与象，若异用也，而本则一；若殊途也，而归则同。不明乎数，不足与语象；不明乎象，不足与语数。二者可以相有，不可以相无也。"（《洪范皇极内篇·原序》）

蔡沈继承其父象数传统，又从数学观点研究河洛，将河洛视为数的本原和万事万物的基本原则。其讲河洛象数在于说明天地万物的形成和变化规律，较《易学启蒙》以河洛说明象数及筮法来源更进一步。

其后，明代来知德提出"河图天地交，洛书日月交"，清代李光地提出"河图为加减之原，洛书为乘除之原"，胡煦提出"河图奇偶合，洛书奇偶分"，江永更是把河图、洛书看成古代一切科学文化成果的源头。

（四）内外合为河图，相对交为洛书

元末明初，朱升著有《周易旁注图说》，认为河图由环列为圆图的一至十数内外相合而成。"一数至十，环列为图""一起寅方，五居正午，十数旋用""交午取而五位，内外相合，则图也"。一至十数，左旋依次排列，五十纵线相连，其余皆斜线相连。以相对内外数相合，一与六合，二与七合，三与八合，四与九合，五与十合，则成河图数位（见图2-20）。

洛书由平列成横行的一至十数相对交而成，"平衡取而八宫交午，相对则书也"。一至十数，左旋依次排列，以横线相连，可成四组，五十不连，故隐去，剩八数，以相连的数交对排列，一九为纵，三七为横，二八、四六为斜，则成洛书八宫数位（见图2-21）。

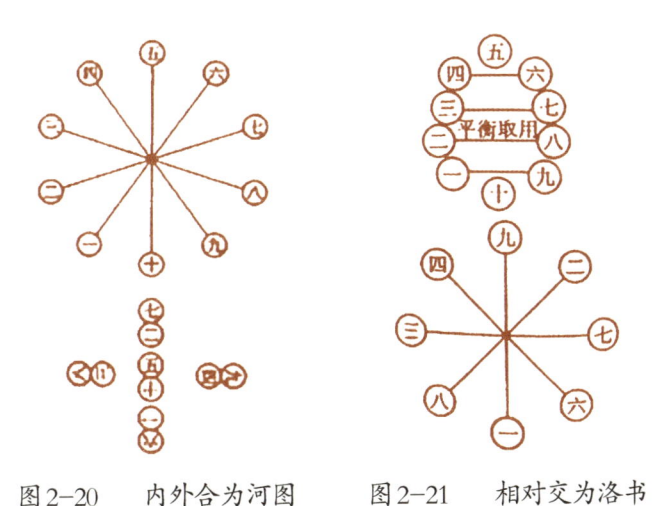

图2-20　内外合为河图　　图2-21　相对交为洛书

（五）河图天地交，洛书日月交

明代来知德认为，河图"一、三、七、九，阳也，天之象也；二、四、

六、八，阴也，地之象也。即奇偶位次，而天地之交见矣"（《易经来注图解》）。

河图除中五、十，则外数三十，径一围三故圆，故谓图为天之象；而洛书除中五，外则四十，径一围四故方，则亦可谓之地。

来氏《易经来注图解》载有"河图天地交图"。胡煦进一步解释："初生之阳在内，震之一阳在北内，所以为天根；初生之阴在内，巽之一阴在南内，所以为月窟。不从数之散布处着眼，而在气联贯处着眼，是通《易》理者。变天地而言日月，河图则天地定位之象，是先天也"。（《周易函书约存》）

来知德认为，洛书"一、三、七、九，阳也，日之象也；二、四、六、八，阴也，月之象也。即奇偶位次，而日月之交见矣"（《易经来注图解》）。

来氏还认为洛书之数四十有五，其数偶而乏，为月之象；河图之数五十有五，其数奇而盈，为日之象。同时洛书又为地之象，河图又为天之象。说明河洛体现天地交泰、日月交济的道理。

来氏《易经来注图解》载有"洛书日月交图"。清代胡煦《周易函书约存》也载有此图。胡氏认为："日月则坎离正位之象，是后天也。"（《周易函书约存》）

（六）河图洛书阴阳动静

清代李光地《周易折中·启蒙附论》、胡煦《周易函书约存》载有"河图阳动阴静""洛书阳静阴动"与"河图阳静阴动""洛书阳动阴静"图式，以阴阳数动静关系分析河图洛书的起源。

1. 河图阳动阴静

河图阳动阴静图中，相邻两数（除五、十外）居同位。自天位而起，以左旋而定。阴数二、四、六、八不动，阳数一、三、七、九对换，即分别转一百八十度而成河图。因阳数动，阴数不动，故名"阳动阴静"。《启蒙附论》："《大传》言河图，曰一二，曰三四，曰五六，曰七八，曰九十，则是以两相从也。""是故原河图之初，则有一便有二，有三便有四，至一五而居中，有六便有七，有八便有九，至十而又居中。顺而布之，以成五位者也。""若以阳动阴静而论,则数起于上。故河图之一二本在上也,三四本在右也,六七本在下也,八九本在左也。""阳动阴静者,如乾生而坤藏也,君令而臣从也,夫行而妇顺也。自上而下,以用而言者也。"这样阳数动而交易,阴数静而不迁,则成河图之数位。

```
          一                          七
          二                          二
          五                          五
    八 九 四 三                  八 三 四 九
          十                          十
          七                          一
          六                          六
```

2. 洛书阳静阴动

洛书阳静阴动图中,相邻三数为一组,自地位起,从下而上分三层排列。阳数一、三、九、七不动,阴数二、四、八、六对换,即分别转一百八十度而成洛书。《启蒙附论》认为,如以阳静阴动而论,"洛书之一二三,四五六,七八九,本自下而上也"。

```
        九                      九
      六   八                 四   二
    三  五  七              三  五  七
      二   四                 八   六
        一                      一
```

3. 河图阳静阴动

河图阳静阴动图中,相邻两数(除五、十外)居同位。自地位而起,以左旋而生。阳数一、三、七、九不动,阴数二、四、六、八对换,转一百八十度而成河图。因阴数动而阳数不动,故名"阳静阴动"。《启蒙附论》:"如以阳静阴动而论,则数起于下。故河图之一二本在下也,三四本在左也,六七本在上也,八九本在右也。""阳静阴动者,如乾主而坤役也,君逸而臣劳也,父安居而妻子勤职也。自内而外,以体而言者也。"

113

```
        七                              七
        六                              二
    四 三 五 八 九              八 三 五 四 九
        十                              十
        一                              一
        二                              六
```

4. 洛书阳动阴静

洛书阳动阴静图中，相邻三数为一组，自天位起，自上而下分三层排列。阴数二、四、八、六不动，阳数一、三、九、七对换，分别转一百八十度而成洛书。《启蒙附论》："《大戴礼记》言洛书曰二九四，曰七五三，曰六一八，则是以三相从也。""原洛书之初，则有一二三，便有四五六；有四五六，便有七八九；层而列之，以成四方者也。""洛书之一二三，四五六，七八九，本自上而下也。"阳数动而交易，阴数静而不迁，则成洛书之数位。

```
        一                              九
      四   二                        四   三
    七   五   三                    三   五   七
      八   六                        八   六
        九                              一
```

（七）河图为加减之原，洛书为乘除之原

清代李光地《周易折中·启蒙附论》认为，河图阳数一、三、七、九，"用中两率，三七相加为十，以一减之得九，以九减之得一。若用一九相加亦为十，以三减之得七，以七减之得三"。阴数二、四、六、八，"用中两率，四六相加为十，以二减之得八，以八减之得二。若用二八相加亦得十。以四减之得六，以六减之得四"。又认为，"《大传》曰：天一地二，天三地四，天五地六，天七地八，天九地十。天地之数，皆自少而多，多而复还于少，此加减之原也"。河图以一二为数体之始，与洛书以三二为数用之始相对，体现加减精义（见图2-22）。

洛书阳数一、三、九、七，"用中两率，三九相乘为二十七，以一除之得二十七，以二十七除之得一；若用一与二十七相乘，以三除之得九，以九除之得三"。阴数二、四、八、六，"用中两率，四八相乘为三十二，以二除之得十六，以十六除之得二；若用二与十六相乘，以四除之得八，以八除之得四"。又认为，《易传》参天两地而倚数，"天数以三行，地数以二行。此乘除之原也"。洛书以三、二为数用之始，与河图以一、二为数体之始相对。"然洛书之用，始于参两者，以参两为根，实则诸数循环互为其根，莫不寓含乘除之法，而又皆以加减之法为本。"（见图2-23）

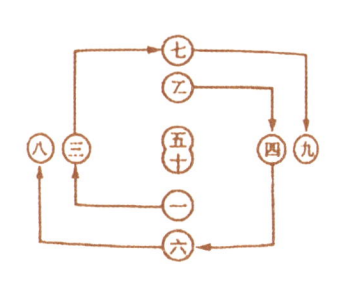

图 2-22　河图加减之原图　　　图 2-23　洛书乘除之原图

（八）河图奇偶合，洛书奇偶分

清代胡煦在《周易函书约存》中认为，河图洛书是合与分、先天与后天、体与用的关系："河图之象，不独生成合也，而奇偶悉合。洛书之象，不独生成分也，而奇偶亦分。""无洛书之分，则无以显河图之合；无河图之合，则无以显洛书之分。伏羲于此二图，看出一合一分之妙，则一体一用，一先天一后天，判如矣。"

河图图式奇数生于北内，长于东内，盛出于南外，极盛并终于西外；偶数生于南内，长于西内，盛出于北外，极盛并终于东外。河图"成数各个附于生数"。"生者在内，成者在外，是即内为生数，外为成数。而体用殊时、内外异等之象也。两仪不离太极，四象不离两仪，八卦不离四象，是即成数必附于生数，生数即含成数之象也。"奇偶各个相连、内外相钳，"凡生而未盛者皆在内，已盛而就终者皆在外，是亦生数在内，成数在外之义

易图探秘

也。其中有奇偶相连之妙，有内外微盛之象，有上下定位之秘，有根阴根阳之旨，有循环不息之机"（见图2-24）。

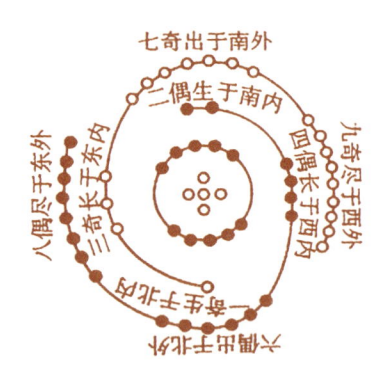

图2-24　河图奇偶相连图

洛书生数成数分立，奇数偶数间隔。"阳数居正，而阴数居隅，以万物生于阳而成于阴也。其生成相间而各居，则阴阳之体又别矣。"

可见河图体现"合"义，洛书体现"分"义。河图为先天，先天为"合"；洛书为后天，后天为"分"。

胡氏以联、拆先天八卦图进一步说明。

（九）河图洛书与阴阳五行

从阴阳五行角度分析河图洛书，是古人的基本方法。

河图（十数图）的配置包含阴阳五行精义，故亦称"五行生成数图"。一六居北，北方为水；二七居南，南方为火；三八居东，东方为木；四九居西，西方为金；五十居中央，中央为土。

北方是阳气始生之地，故配以一，同时将成数六配之，表示有生必有成，天一生水，地六成之。南方是阴气始生之地，故以二配之，地二生火，天七成之。东方是日出之地，阳气逐渐增长，故将生数三配之，天三生木，地八成之。西方是日落之地，阴气逐渐增长，故以四配之，地四生金，天九成之。中央是中心之地，故将生数五、成数十配之，天五生土，地十成之。

奇数得阴而合，偶数得阳而导，说明天地之道孤阳不生，独阴不长，而必须阴阳相合，互根互存。

河图左旋（顺时针方向）表示五行相生，一六水生三八木，三八木生二七火，二七火生五十土，五十土生四九金，四九金生一六水。四正之数相对，表示五行相克，下水克上火，右金克左木。表示生中有克，寓克于生。

河图之象，一奇生于北内，三奇长于东内，然后七奇出于南外，九奇尽于西外。二偶生于南内，四偶长于西内，然后六偶出于北外，八偶尽于东外，呈现旋涡结构。说明河图原具有循环之义。以生成数视之，则生数起于内，成数起于外，生数起于一而止于五，成数起于六而终于十。五为奇数之中，为生数的殿堂，成数的桥梁，体现了土生万物、土为万物之母的思想。

一、二、三、四为四象之位，六、七、八、九为四象之数。六为老阴、九为老阳，"二老位于西北"；八为少阴、七为少阳，"二少位于东南"。阳主进，故由少阳之七逾八至九，而其进已极；阴主退，故由少阴之八逾七至六，而其退已极。阳数长，故少阳之七长于六，老阳之九长于八；阴数消，故少阴之八消于九，老阴之六消于七。阴阳生于内者，由微而趋盛；既盛而外出者，由盛而渐衰，表阴阳进退消长之理。

河图还体现奇偶相配、生成相依、阴阳聚合的特点。古人认为八卦由河图推衍出来。八卦与河图配置亦体现阴阳五行的流转和运行（见图2-25）。

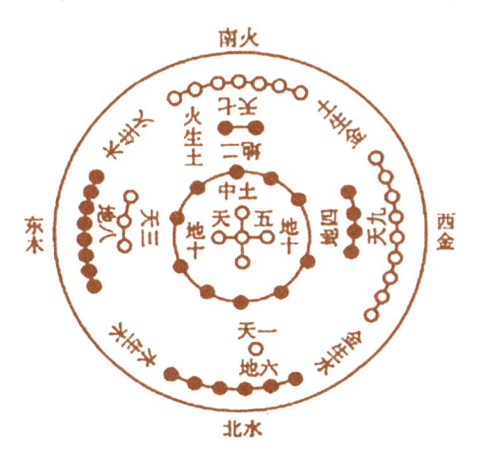

图 2-25　河图配阴阳五行图

洛书（九数图）的奇数为阳，象征天道运行规律：阳气由北方始发，按顺时针方向左旋转，经过东方渐增，到达南方后极盛，然后继续旋转到西方而逐渐减弱。以奇数"一"在北方，表示阳气初生；"三"在东方，表示阳气逐渐增长；"九"在南方，表示阳气盛达顶峰；"七"在西方，表示阳气逐渐衰退。

其偶数为阴，象征地道运行规律：阴气由西南角上始发，按逆时针方向向右旋转，经过东南角渐增，到达东北角极盛，然后继续旋转到西北角而逐渐减弱。以偶数"二"在西南角，表示阴气初生；"四"在东南角，表示阴气逐渐增长；"八"在东北角，表示阴气达到极盛；"六"在西北角，表示阴气逐渐衰退。

阳数之天道与阴数之地道相反。"五"则居中央，为三天与两地之和。其右旋（逆时针）体现五行相胜之理。一六水克二七火，二七火克四九金，四九金克三八木，三八木克中五土，中五土克一六水。其四正四隅相对，表示五行相生。一与九相对，六与四相对，九四金生一六水；二与八相对，三与七相对，三八木生二七火。克中有生，寓克于生（见图2-26）。

图2-26　洛书配阴阳五行

象征阳的奇数是以三相乘得来，1×3=3，3×3=9，9×3=27，27×3=81……表示阳气升，已而降；象征阴的偶数是以二相乘得来，2×2=4，4×2=8，8×2=16，16×2=32……表示降已而升。如此阴阳升降，反映了事物运动升降往复的周期变化规律（见图 2-27）。

中央五数为土，在洛书五行中起到调和作用，致使纵横斜三数相合皆为十五，体现了万物相对平衡、相对稳定的状态，同时有生机藏于中的意思。奇数居正位，偶数居隅位，反映阳主动、阴主静，阳化气、阴成形的含义，体现阴阳分居、生成分离的特点。

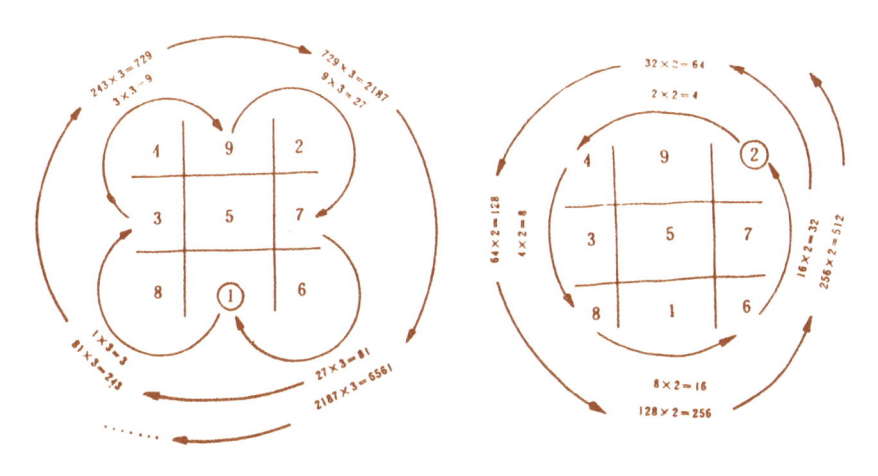

图 2-27　洛书奇偶数理图

（十）河图、洛书与八卦

以河图、洛书与八卦的相配说明洛书为八卦的来源，这是宋以来大多数易学家的共识。

《周易·系辞传》："河出图，洛出书，圣人则之。"虽提到"河图""洛书"，但并未明言河图、洛书是八卦的来源。

宋以后，易学家始将八卦与十数、九数之河图、洛书相联系，企图说明河图、洛书是八卦的来源。

1. 河洛卦位合图

明代来知德《易经来注图解》采用"河洛卦位合图"（见图 2-28）。

图右边为河图之卦位，相传谓之先天，由乾至坤，自南而北，数往者顺，为消；左边为洛书之卦位，相传谓之后天，起坎穷离，自北而南，知来者逆，为息；中央为左右卦相合之数，上四卦相合各为十，下四卦相合各为九。说明河图原十合九，洛书原九合十。

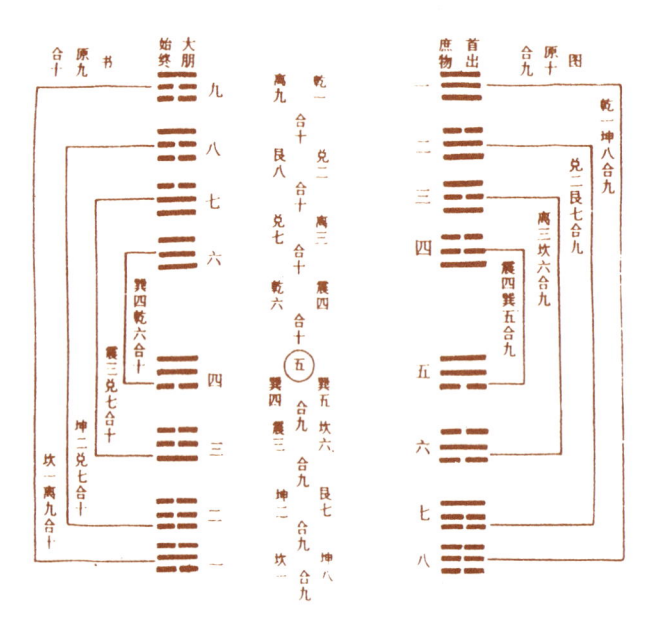

图 2-28　河洛卦位合图

2. 先天卦配河图

清代李光地《周易折中·启蒙附论》中还收集了"先天卦配河图""先天卦配洛书""后天卦配河图""后天卦配洛书"等图式。

先天卦配河图（见图 2-29）。南宋朱熹、蔡元定《易学启蒙》主张："河图之虚五与十者，太极也。奇数二十，偶数二十者，两仪也。以一二三四为六七八九者，四象也。析四方之合，以为乾、坤、离、坎，补四隅之空，以为兑、震、巽、艮者，八卦也。"

河图中生数一二三四，各加以中五为六七八九，即为四象老阳、少阴、少阳、老阴之数。四象生八卦，分北方一六之数为坤卦，分南方二七之数则为乾卦，分东方三八之数则为离卦，分西方四九之数则为坎卦。

其余各居四隅之位，则为兑、震、巽、艮四卦。艮卦之数由一六北方分出，兑卦之数由二七南方分出，震卦之数由三八东方分出，巽卦之数由四九西方分出。

表明乾、坤、离、坎四正之位，左方为阳内阴外，阳长阴消，右方为阴内阳外，阴长阳消，像二气之交运。以邵雍先天八卦方位说解释五行生成图，然其卦象与五行相配存在矛盾之处。

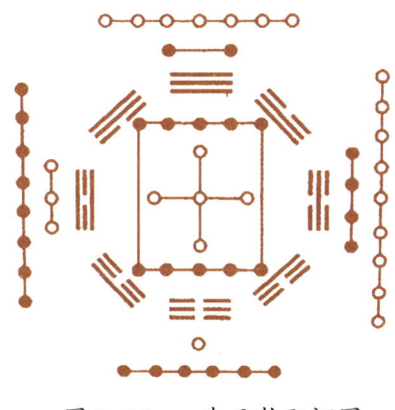

图 2-29　先天卦配河图

3. 先天卦配洛书

先天卦配洛书（见图 2-30）。南宋朱熹、蔡元定《易学启蒙》认为："洛书而虚其中，则亦太极也。奇偶各居二十，则亦两仪也。一二三四而含九八七六，纵横十五而互为七八九六，则亦四象也。四方之正以为乾坤离坎，四隅之偏以为兑震巽艮，则亦八卦也。"

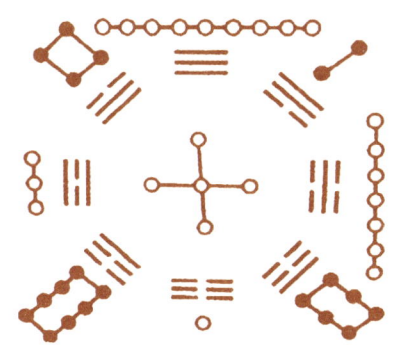

图 2-30　先天卦配洛书图

洛书中一与九相对，二与八相对，三与七相对，四与六相对，其合数皆为十，故一含九，二含八，三含七，四含六，此为四象之数。

四正之奇数生乾、坤、离、坎四正卦，四隅之偶数生兑、震、巽、艮四隅卦。所配方位为效法河图所生之八卦方位。直到洛书九数，而虚其中五，以配八卦。

阳上阴下，故九数为乾，一数为坤，因自九而逆数之，震八、坎七、艮六，为乾生三阳。又自一而顺数之，巽二、离三、兑四，为坤生三阴也。以八数与八卦相配，则与先天之位相合。

清代江永认为，乾一、兑二、离三、震四、巽五、坎六、艮七、坤八的先天卦序是虚数，卦之实数，乃是乾九、兑四、离三、震八、巽二、坎七、艮六、坤一，顺而数之，则为坤一、巽二、离三、兑四、艮六、坎七、震八、乾九，应乎父母男女之次第者也（《河洛精蕴》）。乾与坤、兑与艮、离与坎、震与巽，其合数都为十，同洛书之数正好对应。

4. 后天卦配河图

后天卦配河图（见图2-31）。河图二七配离卦，一六配坎卦，三八配震卦、巽卦，四九配兑卦、乾卦，五十配坤卦、艮卦。清代李光地《周易折中·启蒙附论》说："图之一六为水，居北，即后天之坎位也。三八为木居东，即后天震、巽之位也。二七为火居南，即后天之离位也。四九为金居西，即后天兑、乾之位也。五十为土居中，即后天之坤、艮，周流四季，而偏旺于丑未之交也。盖所以象五行之顺布也。"

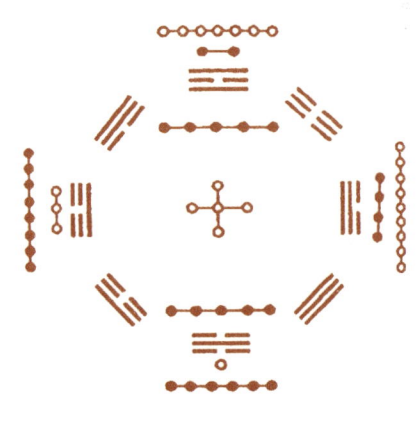

图 2-31　后天卦配河图

5. 后天卦配洛书

后天卦配洛书（见图2-32）。洛书九与离卦配，一与坎卦配，三与震卦配，七与兑卦配，二与坤卦配，四与巽卦配，六与乾卦配，八与艮卦配。火上水下，故九数为离，一数为坎。燥火生土，故八次九而为艮。燥土生金，故七、六次八而为兑、为乾。水生湿土，故二次一而为坤。湿土生木，故三、四次二而为震、为巽。以八数与八卦相配符合后天之位。《周易折中·启蒙附论》说："后天图之左方，坎坤震巽；其右方，离兑艮乾，以艮坤互而成后天也。"

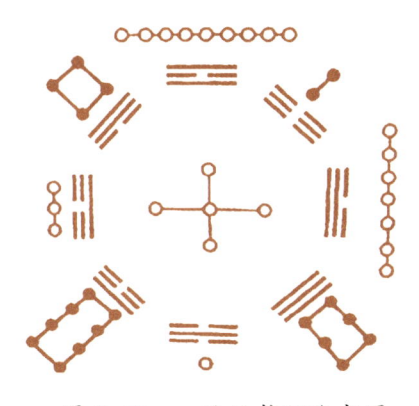

图2-32　后天卦配洛书图

6. 圣人则河图画卦图

清代江永《河洛精蕴》载有"圣人则河图画卦图""圣人则洛书列卦图"以及"河图变后天八卦图"等。

圣人则河图画卦图（见图2-33）。河图之数分九、四、三、八，配合乾、兑、离、震之阳仪，分二、七、六、一，配合巽、坎、艮、坤之阴仪，然后定出画卦的序列。

（1）河数阴阳与八卦初画。江永认为，洛书阴阳两仪既不以奇偶为准，又不以生成数为准，而以纵横排列为准。河图横列从右向左为九、四、三、八，纵列从上到下为二、七、六、一。"其为横图，则横列者在前，纵列者在后。为圆图，则横列者居左，纵列者居右，是谓两仪。即乾、兑、离、震之下一画为阳。巽、坎、艮、坤之下一画为阴是也。方其生八卦，则一仪分为四，方其生四象，则一仪分为二，又其生两仪，则止有二画。则乾、兑、离、震之下一画，岂不可连为一阳，巽、坎、艮、坤之下一画，岂不可连为一阴乎？"（《河洛精蕴》）

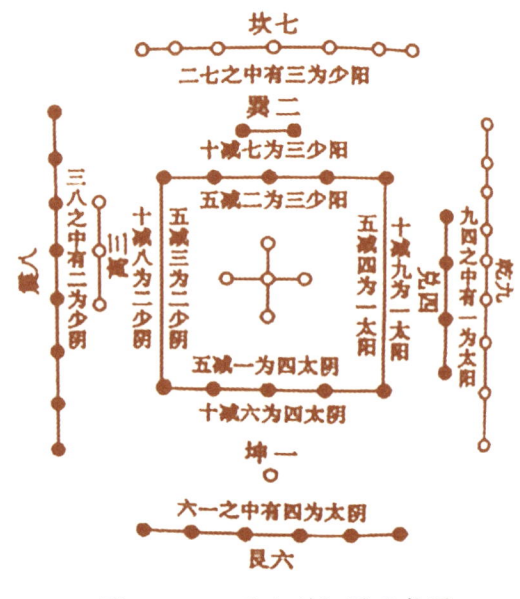

图 2-33　圣人则河图画卦图

（2）河数四象与八卦二画。江永否定朱熹四象位与数分二说，认为九、八、七、六固然为四象数之实，而一、二、三、四，亦是数之实，而不仅为次序之位。因一、二、三、四，由中宫之五、十而生，隐藏于四方八数之中，"太阳居一，藏于西方之九四，九减十为一，四减五为一，九为太阳，而四亦为太阳。少阴居二，藏于东方之三八，八减十为二，三减五为二，八为少阴，而三亦为少阴。少阳居三，藏于南方之二七，七减十为三，二减五为三，七为少阳，而二亦为少阳。太阴居四，藏于北方之一六，六减十为四，一减五为四，六为太阴，而一亦为太阴"（《河洛精蕴》），即太阳为九、四，少阴为八、三，少阳为七、二，太阴为六、一。伏羲画卦变河图圆点而为横画。先画一奇一偶，以象阳阴两仪，则九、四、三、八和二、七、六、一之数含在其中。奇上加奇象太阳，含九四；奇上加偶象少阴，含三八；偶上加奇象少阳，含二七；偶上加偶象太阴，含六一。

（3）河数与八卦三画。四象之上各加一奇一偶，则构成八卦。太阳之上加一奇，为纯阳，配以成数最多者九，为乾卦；太阳之上加一偶，配以生数最多者四，为兑卦；少阴之上加一奇，配以生数之次多者三，为离卦；少阴之上加一偶，配以成数之次多者八，为震卦；少阳之上加一奇，配以生数之次少者二，为巽卦；少阳之上加一偶，配以成数之次少者七，为坎卦；太阴之上加一奇，配以成数之最少者六，为艮卦；太阴之上加一偶，配以生数之最少者一，为坤卦。故八卦之数实为：乾九、兑四、离三、震八、巽二、坎七、艮六、坤一。乾坤首尾，以九、一对；兑、艮以四、六对；离、坎为三、七对；震、巽以八、二对。江氏认为："圣人则河图画卦本如此。"

7. 圣人则洛书列卦图

圣人则洛书列卦图（见图 2-34）。洛书之数，以左边九、四、三、八为阳仪，以右边二、七、六、一为阴仪。九配乾，四配兑，三配离，八配震，二配巽，七配坎，六配艮，一配坤。"数与卦自相配，洛书八方之位，正与先天八卦相符。"（《河洛精蕴》）

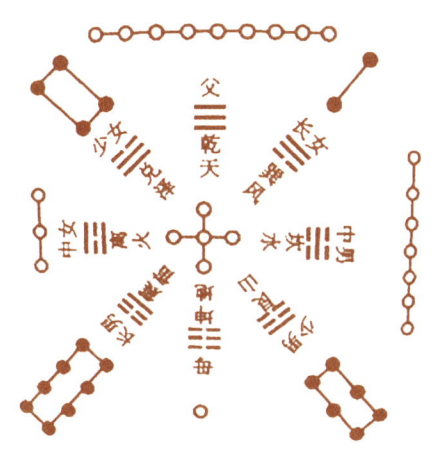

图 2-34　圣人则洛书列卦图

与河图配八卦同出一辙，认为圣人取法河图以画卦，取法洛书以列卦。画卦之序，附于河图之下；列卦之位，见于洛书之中。河、洛、卦、画、相为经纬，相为表里。合而观之，则图与书通，卦与数合。

8. 河图变后天八卦图

河图变后天八卦图（见图 2-35）。江永认为，河图本为先天八卦之本，然水北、火南、木东、金西，已含后天八卦之位，后天八卦即由河图变生而来。五行论其常，水、火、木、金、土各二；论其变，则水、火以精气为用，故专于一，木、金、土以形质为用，故分为二。

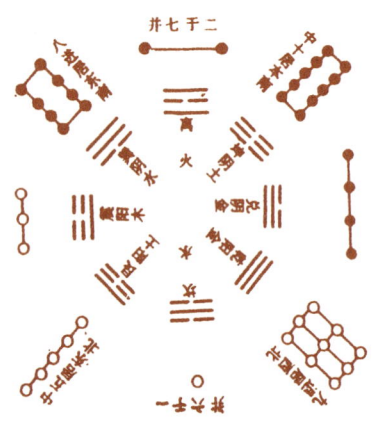

图 2-35　河图变后天八卦图

如此，则河图一为水，为坎，六并之；二为火，为离，七并之。东方八，进居东南隅位，为巽阴木；西方九，退居西北隅位，为乾阳金。东北隅位，西南隅位为虚空，于是中央五、十入用。五随三阳，位于东北，为艮阳土，十随三阴，位于西南，为坤阴土。以二土为界，二金与二木对克，水与火对克。故河图又为后天八卦之源。

（十一）河图洛书与万物之理

古人认为河图、洛书蕴含宇宙万物之理。

1. 洛书勾股图

清代李光地《周易折中·启蒙附论》发挥蔡氏父子的观点，以河洛为数学理论根源，载"洛书勾股图"，图载于《周易折中·启蒙附论》。

洛书勾股图（见图 2-36）。李氏认为："勾三，股四，弦五；勾九，股十二，弦十五；勾二十七，股三十六，弦四十五；勾八十一，股一百零八，弦一百三十五，此洛书四隅合中方。而寓四勾股之法也者，推之至于无穷。法皆视此。"

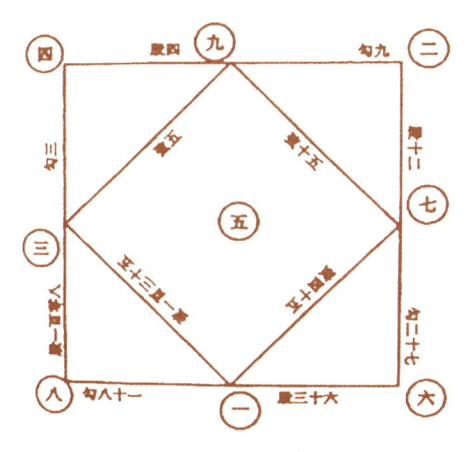

图2-36　洛书勾股图

李氏取邵雍说以洛书为方图。其四角为四个三角形，每一个三角形为一勾股图式，皆以中五为弦。左上角为勾三、股四、弦五。依据洛书数一而三、三而九运行规律。其勾股弦之数，从左上角开始，运行一周，依次各加三倍。勾股之面积的总和等于弦的面积，其面积之总和为五十，即是大衍之数。就五行方位说，三为木，四为金，五为土，土生金，又生木，说明其数的一奇一偶，奇偶结合，虽是比附，但就理论思维而言符合数学发展规律。

《周易折中·启蒙附论》还载有"点数应河图十位""幂形应洛书九位"等图式。说明河图与洛书十中含九，故数终于十，而位止于九。虽出于两时，分为两象，实互为经纬，不可相离。河洛具有理、象、数一体之妙。

2. 河图含干支维向图

清代江永《河洛精蕴》认为，河洛蕴含天干、地支、四维、十二向、二十四向、四象、八卦、五音、十二律、六十调等，并将河洛视为物理之根源。江氏对河洛的研究代表了古代易学家的最高水平，谨撮录其要。

河图含干支维向图（见图2-37、图2-38）。河图蕴含八干、四维、十二支、二十四向，分为方图和圆图，图载于江永《河洛精蕴》。

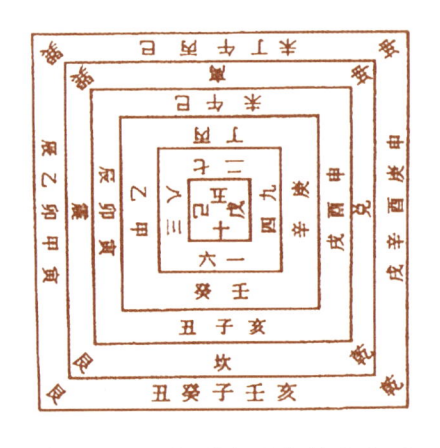

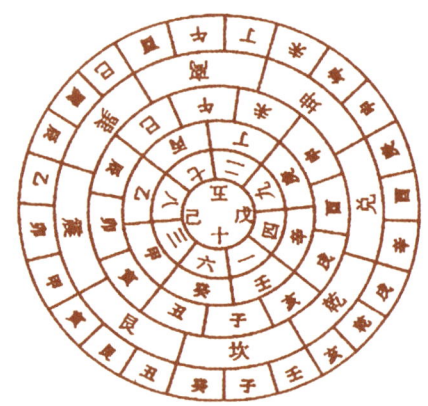

图 2-37　河图含干支维向方图　　图 2-38　河图含干支维向圆图

江永认为：

（1）河图无八干而含八干之理。一即壬水，六即癸水，居北方；三即甲木，八即乙木，居东方；七即丙火，二即丁火，居南方；九即庚金，四即辛金，居西方。阳干得奇数，阴干得偶数，分居四方。而五为戊土，十为己土，居中央为不用。

（2）河图无四维而含四维之理。四正卦居四方之正位，壬癸皆为坎水，丙丁皆为离火，甲乙皆为震木，庚辛皆为兑金。与四正相配，必有四隅，乾、巽、坤、艮居之。

（3）河图无十二支而有十二支之理。八干四维，得十二位，地支又有十二位，隐藏于河图之中。又有十二律、十二月隐于其中。

（4）河图无二十四向而有二十四向之理。河图含八干四维与十二地支，而分其位子、午、卯、酉为坎、离、震、兑。壬癸夹子，则壬之前有亥，癸之后有丑；甲乙夹卯，则甲之前有寅，乙之后有辰；丙丁夹午，则丙之前有巳，丁之后有未；庚辛夹酉，则庚之前有申，辛之后有戌。戌亥夹乾，丑寅夹艮，辰巳夹巽，未申夹坤。十二支、八干（戊己为中，故不用）、四隅卦为二十四向。如天有二十四气，人有二十四经脉，一卦流一向，即壬、子、癸共一坎卦，丑、艮、寅共一艮卦；甲、卯、乙共一震卦；辰、巽、巳共一巽卦；丙、午、丁共一离卦；未、坤、申共一坤卦；庚、酉、辛共一兑卦；戌、乾、亥共一乾卦。

（5）方图第三层四隅各作一曲，表明天下之气相通。壬水生申，旺子，墓辰；辛金生子，旺申，墓辰，则辛壬之气相通。余类推。生旺互用，元窍相通，为先天自然配合。地理象四大水口、四黄泉皆出于此。

（6）方圆二图皆先以河图四象之数应八干之阴阳，然后推出四维、十二支、二十四向，表明河图以先天为体、后天为用、体中藏用的妙义。

3. 河图含卦行干图

河图含卦行干图（见图2-39）。河图蕴含八卦、五行、天干的图式。河图十位，以五、十居中为不用之用，配以八卦。四生数为阴卦，母坤居先，依次为长女巽卦、中女离卦、少女兑卦，继之依次与一、二、三、四数相配，阴以少为尊；四成数为阳卦，少男艮卦、中男坎卦、长男震卦，而父乾居后，依次与六、七、八、九数相配，阳以多为尊。

三角右方列出根于天的奇数与根于地的偶数，水最清而内明，故居一；火次清而外明，故居二；木柔而体轻，故居三；金坚而体重，故居四；土则最广大，故居五。五者有生有成，生者在先，成者在后，故自五以后，一得五为六，二得五为七，三得五为八，四得五为九，五得五为十，复为五行。

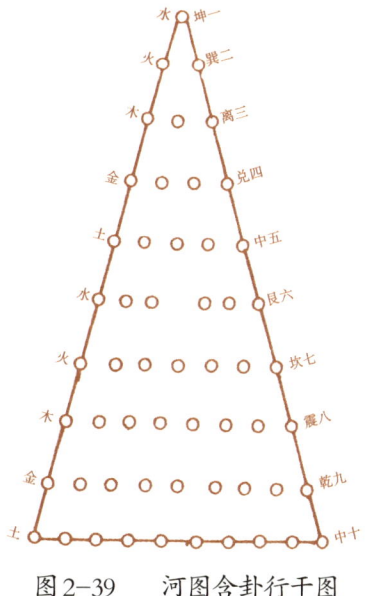

图2-39　河图含卦行干图

三角之左方列出水、火、木、金、土五行，以水为先，表五行生出次序。五行各分阴阳，以十干命名。

三角之下方列出十干名，以甲为先，表五行流行次序。十干分为五行，甲乙为木，丙丁为火，戊己为土，庚辛为金，壬癸为水；又分阴阳，甲、丙、戊、庚、壬为阳，乙、丁、己、辛、癸为阴。

以河数配之，则甲为三，丙为七，戊为五，庚为九，壬为一，乙为八，丁为二，己为十，辛为四，癸为六。"此数含于左方五行之中，而十干之次，顺五行相生序，以东方甲木为先。"(《河洛精蕴》)五行生出次序和流行次序，相互为用，并行不悖。

4. 河图数明纳甲图

河图数明纳甲图（见图2-40），是以河图数解释纳甲的图式。江永认为，《周易·系辞传》"天一，地二，天三，地四，天五，地六，天七，地八，天九，地十"，为河图数之源。五位相得，为一与二，三与四，五与六，七与八，九与十。"一二为二，始以定刚柔；五六为二，中以定律历；九十为二，终以正闰余。《大衍历议》既言之矣。"(《河洛精蕴》)

一乾甲	二坤乙	天地定位
三艮丙	四兑丁	山泽通气
五戊	六己	
七震庚	八巽辛	雷风相薄
九离壬	十坎癸	水火不相射
		水火变易

图 2-40　河图数明纳甲图

配之以十干，则一二为甲乙，三四为丙丁，五六为戊己，七八为庚辛，九十为壬癸。十干自有阴阳相配之理。以八卦纳之，则五六中数即成戊己不用，则为乾纳甲，坤纳乙，艮纳丙，兑纳丁，震纳庚，巽纳辛，坎纳壬，离纳癸。离从阳纳壬，坎从阴纳癸，乃以渐升渐降之数数之而得。配以卦象，则一二者天地定位，三四者山泽通气，七八者雷风相薄，九十者水火不相射，五六为中不用。

5. 河图生十天干图

河图生十天干图（见图2-41），是河图与天干相配图式，其法为通过五行进行配属。一、六为水，壬癸亦为水，故一为壬，六为癸。余类推。

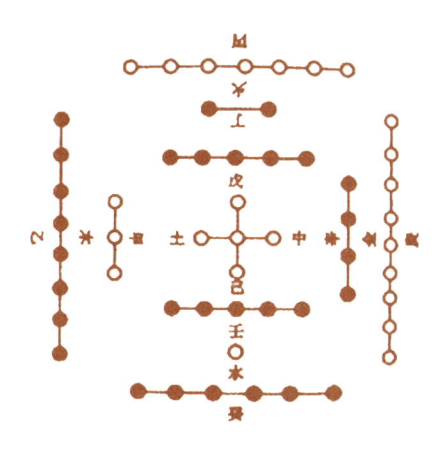

图 2-41　河图生十天干图

6. 洛书生十二地支图

洛书生十二地支图（见图 2-42），是洛书与地支相配的图式，图载于江永《河洛精蕴》，其法为通过八卦进行配属。四奇数一、九、三、七为四正卦坎、离、震、兑，分别配以子、午、卯、酉，每爻配一支，四偶数八、四、二、六为四隅卦艮、巽、坤、乾，分别配以丑寅、辰巳、未申、戌亥，每数配两支。

图 2-42　洛书生十二地支图

7. 河图五音本数图

河图五音本数图（见图2-43），是河图数配五音本数的图式，图载于江永《河洛精蕴》。该图中、西、东、南、北，河数为五十、四九、三八、二七、六一，五行属性为土、金、木、火、水，分别配宫、商、角、徵、羽五音。

图2-43　河图五音本数图

（说明：宫十土中，宫五土中；商九金西，商四金西；角八木东，角三木东；徵七火南，徵二火南；羽六水北，羽一水北。）

江永认为："河图为数之源，音律实仿于此。《月令》已发其端。春木其音角，其数八；夏火其音徵，其数七。中央土，其音宫，其数五；秋金其音商，其数九；冬水其音羽，其数六。于中央举生数，则十亦为宫；于四方举成数，则四亦为商，三亦为角，二亦为徵，一亦为羽。纵列十数，自下而上，五行生出之序。自上而下，五音大小之序。五成数犹五音之浊，律之全。五生数犹五音之清，律之半也。五音之体，已有宫音居中之理，但非以其最浊为宫，而以五为数之中者为宫也。"

8. 河图五音变数图

河图五音变数图（见图2-44），是河图变数配五音变数的图式，图载于江永《河洛精蕴》。江永认为，河图五音的变数，生于两数之合。五十合为十五，仍是五数，唯土宫不变。"南方二七合为九，减五为四，故二七火徵变为四九金商。西方四九合为十三，减十为三，减五为八，故四九金商变为三八木角，北方一六合为七，减五为二，故一六水羽变为二七火徵。东

方三八合为十一，减十为一，减五为六，故三八木角变为一六水羽。"(《河洛精蕴》)

```
          商
        二 七 火 徵
      变 四 九 金 商
羽              角
三              四
八              九
木     宫      金
角   五 十 土 不变  商
变              变
一              三
六              八
水              木
羽              角
      变 三 八 水 金
        一 六 水 羽
          羽
```

图 2-44　河图五音变数图

《史记·律书》："上九，商八，羽七，角六，宫五，徵九。"江氏认为上九谓宫五上生徵九。五音之数出于河图。五以下未言，以图观之，可知五为宫，四为徵，三为商，二为羽，一为角。"以全数观之，十为宫，八为商，六为角，四为徵，二为羽。如五音大小之序者，声律之体也。十宫生九徵，八商生七羽，六角生五宫，四徵生三商，二羽生一角，徵羽在宫前，商角在宫后者，声律之用也。""五为黄钟正宫，九徵则林钟倍律也，七羽则南吕倍律也，三商则太簇正律也，一角则姑洗正律也。以琴言之，一弦为林钟徵，二弦为南吕羽，三弦为黄钟宫，四弦为太簇商，五弦为姑洗角，六弦为林钟少徵，七弦为南吕少羽。"(《河洛精蕴》)声律理数，完全在河图中得到体现和解析，此为江永发明。

9.六十纳音归河图变数图

六十纳音归河图变数图（见图 2-45），是六十甲子纳音与河图变数配合的图式。江永认为，《太玄》声律数九、八、七、六、五、四，本于河图之合变数，即九南、八西、七北、六东、五中、四南。六十纳音，皆归于河图。

	水金四火二南 生九合七方	
	癸壬乙甲丁丙 己辰酉申丑子 水 水 水	
	癸壬乙甲丁丙 亥戌卯寅未午 水 水 水	
木水一木三东 生六合八方	金变土五中 生十中央	水木三金四西 生八合九方
己戊辛庚癸壬 巳辰酉申丑子 木 木 木	辛庚癸壬乙甲 巳辰酉申丑子 金 金 金	乙甲丁丙己戊 巳辰酉申丑子 火 火 火
己戊辛庚癸壬 亥戌卯寅未午 木 木 木	辛庚癸壬乙甲 亥戌卯寅未午 金 金 金	乙甲丁丙己戊 亥戌卯寅未午 火 火 火
	土火二水一北 生七合六方	
	丁丙己戊辛庚 巳辰酉申丑子 土 土 土	
	丁丙己戊辛庚 亥戌卯寅未午 土 土 土	

图 2-45　六十纳音归河图变数图

"中五十土为宫，则含金。南四九金为商，则含水。西三八木为角，则含火。北二七火为徵，则含土，东一六水为羽，则含木。于是十二金皆归于中，十二水皆归于南，十二火皆归于西，十二土皆归于北，十二木皆归于东，母怀子而子依母，此五行之性情。"（《河洛精蕴》）六十纳音中，其干支得数，本于五方受生之位，又本于河图之数。一支具五行，五行各有母，旋相为宫，则生出六十调。

10. 河图五音顺序相生图

河图五音顺序相生图（见图2-46），是河图数表示五音相生的图式。江永认为："五音既有大小之序矣，五方之位矣，即有相生之序矣。"河图数从中五十到南二七，然后从南依次右旋，南到西，西到北，北到东，东复到中、南，配以五正音与变宫、变徵。表示宫生徵、徵生商、商生羽、羽生角、角生变宫、变宫生变徵，与五行相生有所不同，五行自东而西，五音则自中而南，相差一位，各有其理。

图2-46　河图五音顺序相生图

江氏认为，河图五音之数蕴含隔八相生之理。律隔八而生，因由此律至彼律为第八位，实相隔七位。而河图之数，顺而数之，已具此理。五至二，即隔八，为子至未，黄钟宫生林钟徵；二至九，即隔八，为未至寅，林钟徵生太簇商；九至六，即隔八，为寅至酉，太簇商生南吕羽；六至三，即隔八，为酉至辰，南吕羽生姑洗角；三至十，即隔八，为辰至亥，姑洗角生应钟变宫，十至七，即隔八，为亥至午，为应钟变宫生蕤宾变徵。一钧七音已偏，此后则不论五音。七至四，即隔八，为午至丑，蕤宾生大吕；四至一，即隔八，为丑至申，大吕生夷则；一至八，即隔八，为申至卯，夷则生夹钟；八至五，即隔八也，为卯至戌，夹钟生无射；五至二，即隔八，为戌至巳，无射生仲吕；二至九，即隔八，为巳至子，十二律偏，而仲吕又生黄钟。皆有自然之数。

11. 洛书应十二律图

洛书应十二律图（见图2-47），是洛书与十二律相配应的图式，图载于江永《河洛精蕴》。江永认为，河图五音隔八相生，可旋宫而为十二律。十二律正藏十二位，以配九宫。以九至一数配九律，一之后得六、五、四三位，配以三律。以十二支辰如图之位序布置，则二八之位必相冲，六、五、四必自冲。一、九、五为申、子、辰三合，七、三、五为寅、午、戌三合，四、六、二为巳、酉、丑三合，四、六、八为亥、卯、未三合。"循其二继九、八继三者数之，必为十二律长短之序；循其八继九、二继三者数之，必为十二律相生之序。"十二支中以辰为天罡、戌为河魁，为最尊之位，故配以中央五数。

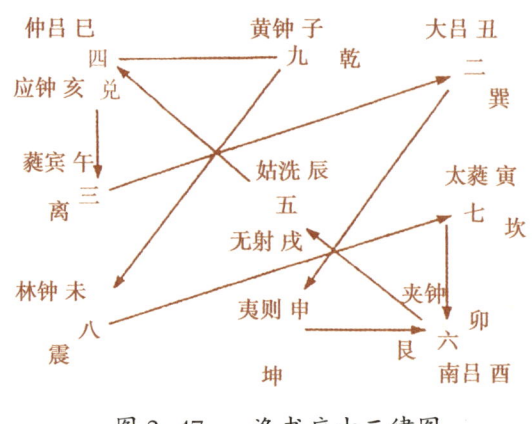

图 2-47　洛书应十二律图

12. 洛书配支辰律吕应六合图

洛书配支辰律吕应六合图（见图2-48），是洛书与地支、律吕相配的图式，图载于江永《河洛精蕴》。江永认为，洛书分布支辰、律吕，有六者相合。《周礼》记载，"乃奏黄钟，歌大吕"，子与丑合，九与二合为十一；"奏太簇，歌应钟"，寅与亥合，七与四合为十一；"奏无射，歌夹钟"，戌与卯合，五与六合为十一；"奏蕤宾，歌林钟"，午与未合，三与八合为十一；"奏夷则，歌小吕"，申与巳合，宜为十与一。洛书无十，而四与九相连，犹十与九相连，故借四为十。地支六合，与月建日躔相对应，而洛书自相符合，体现与十二辰、十二律配合的精妙。

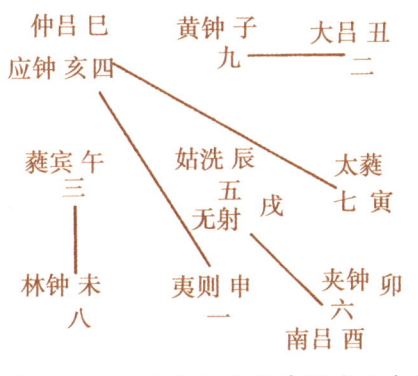

图 2-48　洛书配支辰律吕应六合图

13. 河图为物理根源图

河图为物理根源图，为河图数配万物的图表[1]。江永认为："天下事物，皆出于五行，则皆根源于河图。事物不可胜数，举其目之最著者列之，亦足以赅无穷之事物矣。"其数依河图先天数逆数，其序依《洪范·五行》生出次序排列。河图数一六在五行为水，二七在五行为火，三八在五行为木，四九在五行为金，五十在五行为土。举出宇宙自然人体中最显著的事物，制为此图，说明河图可以赅尽无穷之事物，为宇宙万物的根源，可与"五行归类万物"参看。

三、河图洛书的现代"破译"

现代学者对河图、洛书作了各种推测，提出不少与传统不同的观点，不少人自称真正"破译"了河图洛书之谜。特列举并分析如下。

---

[1] 图载江永：《河洛精蕴》，见《易学大辞典》。

（一）河图为古气候图，洛书为古方位图

这是今人韩永贤《周易探源》的观点。

1. 河图为古气候图

韩氏认为，河图是古代游牧时代的气候图示，其中圈在天上，表示阳光，表示晴天与干燥；点在地上，表示阴天与降水量（见图2-49）。

天以五个圈表示，排成环形，与古代"天圆"的认识吻合，表明到处有阳光，太阳运行不息，且又与古代神话天上有许多太阳相一致；地以十个黑点表示，表明大地不发光，不发热，排在平行线的两侧，与古代"地方"的认识吻合，表明地广而方。

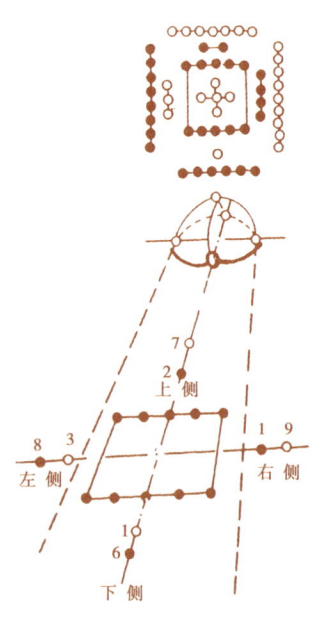

图2-49 韩氏古气候图

下侧：点六，圈一，点占6/7，圈占1/7，即点为86%，圈为14%。上侧：点二，圈七，点占2/9，圈占7/9，即点为22%，圈为78%。左侧：点八，圈三，点占8/11，圈占3/11，点为73%，圈为27%。右侧：点四，圈九，点占4/13，圈占9/13，点为31%，圈为69%。黑点是雨水的记录，空圈则表示无雨点而缺水。故可知下侧降水量最多，达86%，与东南沿海一带相应；其次在左侧，达73%，与南方相应；再次为右侧，达32%，与北方相应；上侧降雨量最少，仅22%，与西方相应。

结论：本图为伏羲氏的游牧部落对气候探究的长期经验总结，为整个游牧时代（无文字时代）的气候图。气候图的中心，由河图名字推测当指黄河流域；上古游牧时期，气候与今天大致相同；其方位依据实际气象而定；古代天圆地方说的确存在；天上有许多太阳的传说的确存在；先有记号后有文字，有记号同时有数的观念，奇数用圈，偶数用点；能把立体图用平面图表示，具备几何知识；由当中五个圈表示天及外侧四个圈到中心圈距离都相等，表明已认识圆或球的半径处处相等；表示同一意思的圆或

点，都用一条线连接起来，说明当时记号已有了程序；圈、点组合表示渐变认识，如南方内有三个圈，外八个点，表示越往南行，雨水越多。又如，对西方和北方，内侧均为点，外侧为圆，可见向西向北，离黄河流域越远，雨水越少。

河图为游牧时代图式的理由：游牧时代，人们到处流动，必须了解气候概况。在无文字时代，只有流动的部落，才能统计出像河图那样的气候图。农业时代，人已定居，一般已不能统计出这样的气象图，却能总结出气象歌。

2. 洛书为古方位图

韩氏认为，洛书是古代的方位图，是上古游牧时代的"罗盘"（见图2-50）。

用圈表示正方位：东、南、西、北。用点表示偏方位：东南、东北、西南、西北。在一条线上的圈或点，加起来是10。6旋至1，8旋至3，4旋至9，2旋至7，与河图相比，西与北的圈点恰好对调。表明八个方位，其位是依据星斗而确定的，北方七个圈，表示北斗七星；东方一个圈，表示太白金星。

圈是顺时针排列。1、3之后，当为5，5被天占用，又当为7，但7加1不等于10，故排9；北排为7，7加3恰为10；点是逆时针排列，2、4之后当为6，但6加2不等于10，故排8；东南位排6，6加4恰为10。

结论：洛书为上古游牧时代方位图，各方位的数已定，已懂得10以内的加法；用洛书本身表示地理方位，故其记号为45个，略去10的记号；用金星和北斗七星定位辨方，表明天文科学的萌芽；偏方位布置记号多的排成双行，正主位布置均为直线排列，既注意方位的准确性与对正位的重视，也避免罗盘过大或过小。

洛书为游牧时代图式的理由：游牧部落到

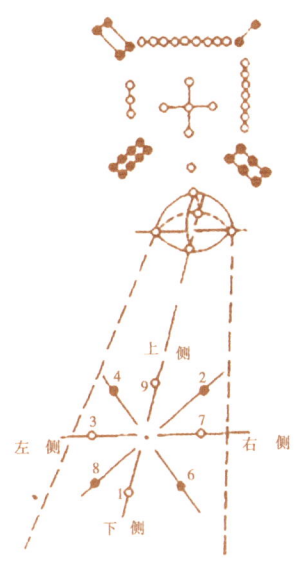

图2-50　韩氏古方位图

处流动，必须辨别方位。在无文字时代，只有流动的部落，才能在到处流动的过程中观察星象，定出洛书方位图。农业时代，人已定居，辨别方向已不那么重要。图上无文字，可知其久远，当在甲骨文之前的氏族社会的游牧时期。

韩氏称自定的河图为立体河图、河图复原图，称洛书为立体洛书、洛书复原图、罗盘图。

韩先生的观点是建立在天圆地方说基础上的，缺乏必要的历史资料和严谨的治学方法。其雨水（降雨量）的百分比统计，实出于比附，与我国五方降雨量并没有严格的对应关系，其数据缺乏史料依据与科学推理，因而根本谈不上什么"破译"。

（二）河图洛书是星象图

当代不少易学研究者从天文星象入手，通过与古天文五星、二十八宿的对比分析，得出河图洛书就是天文星象图的结论。

邹学熹在《中国医易学》中认为，河图乃据五星出没于天象时节绘制而成的。

五星古称五纬，是天上五颗行星，木曰岁星，火曰荧惑星，土曰镇星，金曰太白星，水曰辰星。五星运行，以二十八宿为区划。由于它们的轨道据日道不远，古人用以纪日。五星出没各有节候，一般按木、火、土、金、水的次序，相继出现在北极天空，每星各行72天，五星合周天360度，木、火、土三星轨道大而在外，恰合乾策216之数；金、水二星轨道小而在内，恰合坤策144之数。五星若按时中天，名曰胜。可测其相对不见之星以印证，这颗相对不见之星，名曰负。如水星当位，可测其相对位的火星为印证，则水星为胜，火星为负，余仿此。

五星出没的规律构成河图图式：水星于每天一时（子时）和六时（巳时）见于北方；每月一日、六日（初一、初六、十一、十六、二十一、二十六），日月会水星于北方；每年十一月、六月夕见于北方，故曰一六合水，或天一生水，地六成之。火星每天二时（丑时）和七时（午时）见于南方；每月逢二日、七日，日月会火星于南方；每年二月、七月夕见于南方，故曰二七合火，或地二生火，天七成之。木星每天三时（寅时）和八时（未时）见于东方；每月逢三日、八日，日月会木星于东方，故曰三八合木，或天三生木，地八成之。金星每天四时（卯时）和九时（申时）见于西方，每月逢四日、九日，日月会金星于西方；每年四月、九月夕见于西方，故曰四九合金，或地四生金，天九成之。土星每天五时（辰时）和十时（酉时）见于中央；每月逢五日、十日，日月会土星于天中；每年五月、十月夕见于天中，故曰天五生土，地十成之（文中的"时"为时辰，每一时相当于两小时）。

邹氏在此书中还认为，洛书乃据北斗所指的九颗最明亮的星而绘成。

洛书本太一下九宫而来，以四十五数演星斗之象。古人观测天象，以北极星（古称太乙）为中心以定八方位。邹氏制有"洛书九星图"（见图2-51）。据北斗斗柄所指，从天体中找出九个方位上最明亮的星为标志，配合斗柄以辨方定位，发现九星的方位及数目，即洛书方位与数目。

中宫五星，称五帝座，为帝星（北极星）之座；正下方为北极一星，恒居北方，以此定位。正北方为天纪九星，正东方为河北三星，正西方为七公七星，天纪之左是四辅四星，天纪之右是虎贲二星，北极之左是华盖八星，华盖之右是天厨六星。

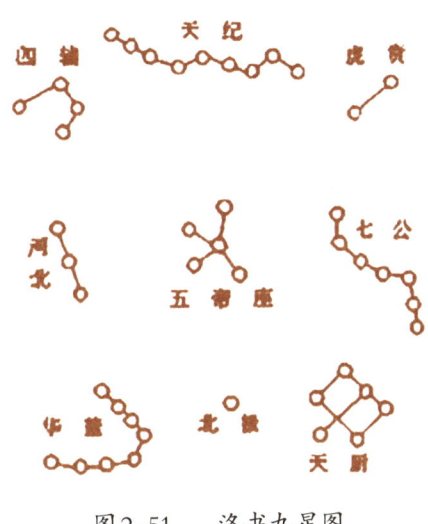

图2-51　洛书九星图

邹氏的观点也值得商榷。五星出没事实上并非那么有规律可循，所谓最亮的九颗星以及各方的星数均是相当模糊的概念。

常光明《河图洛书解》（载《周易研究》总第四期）认为，河图指九数图，而不指十数图；十数图为后人仿造，应称洛书，并称正名后，与《周髀算经》相符。九数河图为天球九宫图，十数洛书为地方分野图。

九数河图之"河"，当指天河、银河。河图为天河（银河）之图，即天球九宫图。河图为圆体九数。为何是称九不称十？这与古代的天文、数学有关。古代天文中的星宫（星宿、星座）中，最多的一宫，只有九颗星。

古代的计数方法也是"至九为之一变"。古代数学来自天文学，古代称为极数，因此只称九而不称十了。

常氏将九数河图与古天文图——宋代古刻二十八宿星象图进行比较后说，九数河图四角上的四组黑色点线，正是天文图中二十八宿中最重要的四宿。右上角的二联珠，正是角宿；左上角的四联珠，正是井宿（或鬼宿）；左下角的八联珠，即是奎宿（或娄宿）；右下角的六联珠，则为斗宿（或牛宿）。天球上方的翼宿可视星最多，因九为极数，所以九数河图上方，画了九球相连。天球下方，可视星最少，于是九数河图上只画了一大点。这可能是最亮的女星，也可能是"勾陈一"星。九数河图右方画的是尾宿七星，左方画的是参宿三星。中央五星，实画北极五星。若画一垣之星图，中列极星"五帝座"，周列八个星宿，便为"九数河图"，共四十五颗星数。而五十五数图，在四十五数图中央，又加十星，二五分列，很可能将另外二垣之极的五帝座，附入此垣之中，于是便有五十五数之河图了。

常氏据此认为，先有九数（总四十五数）之河图，后有十数（总五十五数）的洛书。九数河图为圆图，与天文图基本相似；而十数洛书为方图，是后人依据"天圆地方""圆奇方偶"的观点，参照天球圆图而分野，即依天象而分地理，而作的地理分野图。

常氏的观点亦有牵强之处，与邹氏一样，对星象的计数缺乏说服力。

曾祥委也认为，河图、洛书是新石器时代的星图，河图由连线的黑点和圆圈组成，奇偶数分别由内圈上下端向外发散，形成有两条旋臂的左旋旋涡图案，中圈一、二、三、四和外圈六、七、八、九连线分别是"8"字形，合为同轴的"8"字形，这与银河系旋涡正视图惊人地相似，其符号、旋臂数量及旋转方向都一致，在仰韶文化大河村出土的彩陶残片上发现用连线的黑点表示的北斗柄三星，江苏连云港将军崖太阳与星辰崇拜岩画，也用连线圈点表示星座，由此可推测河图、洛书的连线圈就是某些特点意义的星宿。经与宋代苏颂的古星图（横图）对照，可见宋代二至二分点星宿的星数及排列形象与河图、洛书的偶数相合。①

但图、书远在汉朝已有实物存在（虽不称为"河图""洛书"），按传统说法，春天时须是"天数"即奇数，而不应该是"地数"即偶数，于是

---

① 载《周易研究》1995 年第 4 期。

曾氏为将河图与星象图比附在一起，将宋代星图作了改造，将春分点东推75°以上，这样勉强与河图相似。曾氏还认为，洛书是河图的改进型，已用于占卜，它的中宫已由太微垣变为紫微垣的五帝座，其星宿的排列呈螺旋上升形态，与太阳系在银河系中的运动轨迹恰相吻合。

将河洛与天象星宿拉到一起，显然是缺乏说服力的，这一点，"破译"者们也已意识到，但为了强调自己的"发现"，总是对古代星图进行一番改造，直到改造成与河洛相似为止，这种做法难免会把河洛研究引入歧途。

（三）河图为天地四时五象比数，洛书为阴阳寒热比数

徐子评《中医天文医学概念》主张从天运出发，"破译"河洛密码。

徐氏认为，河图乃据天地四时五象模式而来。赤道一分为二，伴随戊己中分数，即象数三；赤道二分为四，伴随两戊己线交点，即象数五。以赤道二十八宿排列右行，以赤道视运动左旋分天地，生四时，则得出固定的"天地四时五象图"（见图 2-52）。

图 2-52　天地四时五象模式图

首分天地，天分一、三，天一阴阳比数为 0：3，天三阴阳比数为 -1：2；地分二、四，地二阴阳比数为 -3：0，地四阴阳比数为 -2：0。次生四

时，天一为夏，地二为冬，天三为秋，地四为春。五居中央，不主四时又主四时，不占四方又占四方。

其数均有化生其对待象数的作用。即"天一生水"，余类推，构成河图五行生数。由生化到成熟，经过180天或180度的过程。180天/360天或180度/360度=0.5，即象数五，为圆的一半。如天一夏火生冬水，经过五的过程，形成冬水象六（一加五的形象），故一六居北下。余类推，可得河图象数（见图2-53）。

图2-53　河图五行生成数图

徐氏认为，洛书乃据天体气候阴（暗）阳（光）寒热比数演化而来。夏至、冬至阴阳比数分别为 -14∶59与 -59∶41，寒热比数为 -1∶9与 -9∶1；春分、秋分阴阳比数分别为 -49∶51与 -51∶49，寒热比数为 -7∶3与 -3∶7；立夏、立冬寒热比数分别为6∶-4与 -6∶4；立春、立冬寒热比数分别为2∶-8与 -2∶8。洛书四正位之1、9、3、7，说明阴阳之变，为经；四隅位之2、8、4、6，说明寒热之变，为纬（见图2-54）。

洛书之数主要是寒热之变，而不是阴（暗）阳（光）之变；但因天地之合相差三节，又是三节前阴阳在三节后寒热平均的反映。

徐氏观点中的比数以及推算均有可商榷之处，并未被众人接受。

图2-54　洛书象数消长图

（四）千古《河图》与八卦关系的解译

《光明日报》在1996年一年里数次报道的某大学一研究中心的"易学研

究的突破性进展——千古《河图》与八卦关系的解译",其"成果"可概述为：将1、2、3、4分别配上太阳、太阴、少阳、少阴,将9、4、1、6、7、2、3、8分别配上乾、兑、离、震、巽、坎、艮、坤,并配入十数河图之中,即河图北边的1、6分别配上离、震,南边的2、7分别配上坎、巽,东边的3、8分别配上艮、坤,西边的4、9分别配上兑、乾。

据"破译者"自述,这样重新确定的四象与八卦数、位关系便将清代江永结论（见图2-30）中的失误全部纠正过来,从而解决了阳卦数偶、阴卦数奇的矛盾,并得到结论：《河图》中四象与八卦不仅有性质及位置的规定,而且有更重要的数的规定；《河图》与先天八卦生成图是统一的。为此,"破译者"宣称："终于揭开《河图》与八卦关系这千古之谜的谜底。"（《光明日报》1996年11月20日第八版）

事实果真如此吗？我们只要稍稍了解一下八卦、河图的源流,就不难作出判断。我的这本书对此已做了介绍,这里不妨再啰唆几句。首先,八卦与河图之间原本并没有什么关系,《易传》上只说"河出图,洛出书,圣人则之",并没有说"圣人则河图画八卦",直到汉代才有学者这么理解。其次,"河图"到底是什么东西？宋以前文献并没有公认的、明确的记载,只是一些传说、猜测,十数"河图"是宋代才确定的,并不能证明它就是《尚书》《易传》所说的"河图",当然也就根本没有理由称它为"千古《河图》"。由此可见这种"破译"的前提就值得大大怀疑。

退一步说,姑且认定宋代的十数河图就是先秦的"千古河图",姑且认定十数河图与八卦之间有某种关系,那么这种"破译"得出的河图与八卦配应的结论本身也是站不住脚的。为什么以1、2、3、4配四象？为什么以1、2配太阳、太阴,以3、4配少阳、少阴？并没有可靠证据——按《易传》所载大衍法推算四象的配数,倒应为6、7、8、9；按象数之理,"太"为多,"少"为少,倒应该是3、4配太阳、太阴,1、2配少阳、少阴。

再从八卦配数看,既然阳卦配奇数、阴卦配偶数,为什么阳卦的震、坎配的是6、2,阴卦的离、巽配的是1、7？可见自相矛盾的地方实在太多。更重要的是,宋代的十数"河图"原本是五行生成数图,1、2、3、4、5生数与6、7、8、9、10成数相配的五方排列,表达的是五行的生成、运行过程以及生克关系等含义,建构了一种时空合一的宇宙模型,而在如此

"破译"中，震（木）居南方，为夏时，坤、艮（土）居东方，为春时，巽（木）居北方，为冬时，显然彻底破坏了原"河图"五行、五方、五时的系统性、合理性，从而丢弃了十数河图时空统一、五行生成的精华。

（五）其他"破译"

除上述"破译"以外，还有以下观点。

1. 河图是依据斗柄指向所定的时令、历法而绘成

古时用初昏时斗柄所指方向来确定季节，以北斗相配而定十月定制。从"正"日始，初昏时，北斗七星的斗柄指向东方，为春，八个节气，九十六天；初昏时斗柄指向南方，为夏，七个节气，八十四天；初昏时斗柄指向西方，为秋，九个节气，一百零八天；初昏时斗柄指向北方，为冬，六个节气，七十二天。北斗星在天际绕一周，即完成一年三百六十日，河图数目乃节气数，中配五源于初民对人体五数的感知。从数字看一、二、三、四，到五截止，即河图生数，六、七、八、九、十均是在五的基础上加一、二、三、四、五而来，即河图成数。可见河图乃初民在摸索四时流传规律并制定初步历法的过程中产生的。

2. 原始河图洛书为完全三角形数图

邓球柏称发现了《原始河图洛书图》，认为此图表明早在仰韶文化时期，中国先民就创造了十进位计数法。此图为完全三角形数图，是一个算术级数之和（见图2-55）。

3. 河图洛书是出土甲骨

王玉川先生在《运气探秘》一书中引用1928年余永梁先生《易卦爻辞的时代及其作者》一文的观点："八卦与龟甲刻辞有相当关系，是传说者无意留下来的徽识。"认为所谓的龙马、神龟，实际上是卜骨和卜甲，理由是《系辞传》作于秦汉之际，秦汉已有甲

图2-55　原始河图洛书

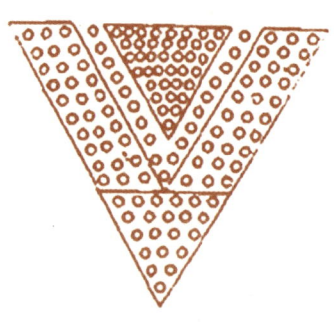

骨出土，当时甲骨称为"龙骨"，被当作药材使用。《系辞传》的"河出图、洛出书，圣人则之"是指周人居住过的地方（河洛一带）出土了甲骨（图书）。因甲骨上有钻灼裂纹，所以称为"图"；刻画在甲骨上有卜问记录合数字组成的符号，所以称为"书"。所以"河图洛书"是秦汉之际易学家替甲骨起的别名。

4. 洛书龟文即矩阵

周康龄在《周易研究》1994年第3期撰文认为，洛书按矩阵自身平方展开会出现奇迹，即出现一极有规律的矩阵，也叫对称方阵，其物理形态表现为一球体。第一次平方为：

$$\begin{Bmatrix} 4 & 9 & 2 \\ 3 & 5 & 7 \\ 8 & 1 & 6 \end{Bmatrix}^2 = \begin{Bmatrix} 59 & 83 & 83 \\ 83 & 59 & 83 \\ 83 & 83 & 59 \end{Bmatrix}$$

第二次平方后变成五位数，第三次平方后变成九位数，第四次平方后为十九位数，洛书矩阵分裂后的数字位数的递增规律为：

$$1 \xrightarrow{n \times 2} 2 \xrightarrow{n \times 2+1} 5 \xrightarrow{n \times 2-1} 9 \xrightarrow{n \times 2+1} 19 \xrightarrow{n \times 2} 38$$

$$\xrightarrow{n \times 2-1} 75 \xrightarrow{n \times 2+1} 151 \xrightarrow{n \times 2-1} 301$$

洛书矩阵在连续平方数次之后，末尾两位数始终是83和59，并在矩阵中保持稳定位置，两者之差总是24。这24就是地球自转一周的时间差：24小时。把洛书矩阵行与列对调后，好像生物学中氨基酸的L旋向和D旋向，以及粒子结构和一切自然界中所区分的左旋、右旋的立体异构状态。将"洛书矩阵"两边夹65°角的二维投影在计算机上沿轴心旋转时，它的折线交叠处会现出阴阳太极八卦图。

5. 河图洛书是初民用原始记数形式排列而成用于占卜的图式

以河洛为代表的原始"数字卦"是结绳和象形汉字的中间环节。李立新在《周易研究》1995年第3期撰文认为，河图洛书契刻于龙形的石器和龟板上，后湮没于地下。伏羲时代，由于河、洛泛滥，河水冲刷去覆盖其上的泥土，现出刻石和龟板，伏羲氏据此而画成八卦。而这两件文物是先民用以占卜的。河图洛书由"·""○""—"三种符号组成，为远古结绳记事的遗迹，是用结绳所示的数字排列而成的占卜图式。近代发现的"数字卦"说明八卦是从原始"数字卦"演化而来，而河图洛书正是这种原始结绳数字排列而成的"数字卦"图式，数字卦粗略具备了文字功能，但还不是文字，从结绳的原始数目字到象形汉字的中间环节就是河图洛书等原始数字卦，而从原始数字卦到象形字的过渡是由以仓颉为代表的巫师完成的。

6. 河图、洛书是道教炼丹图

作为道教大师陈抟"龙图易"之重要内容，河洛是道教解《易》的又一图示，其中的黑白圈无非是道教以图式解《易》的发展。河洛与太极图一样，是道教徒阐发炼丹养生之术的又一图式。

7. 洛书起源于彗星气体尾巴的轨迹

8. 河图洛书蕴含加减四法、乘除十六法、勾股定理、三阶数阵等数学原理

以上种种"破译"（包括无法一一记录下来的其他"破译"）有的是出于严谨的学术目的，采用"信而有征"的治学方法，从历史、考古、考据入手，有一定的可信度。有的虽然目的正确，用心也是善良的，但由于颠倒了源与流、本与末的关系，将历史上的"河洛"之学等同于现代的数理科学，或牵强附会，以为古代的"河洛"已经具备现代的科学知识；有的则以一种抱残守缺、因循守旧的不健康心态，认为中国"河洛"传统文化已包含甚至超过现代科学文化，现代的任务无非是从河洛中得到求证，"河洛"的奥秘是永恒的、永远也发掘不完的。这种人其实是在借用"河洛"阐发自己的学术思想，又把自己的思想强行说成"河洛"本身就具备的思想。有的人则出于功利的目的，夸大其辞，神化其说，在缺乏任何文献依据、事实依据的情况下，一会儿一个"重大发现"，这种"发现"只能给学术研究增添混乱，没有任何学术价值可言。

四、河图洛书是宇宙生命规律的数理模型

我们考察历史文献得知，宋代以前所称的"河图洛书"主要是指宝器、符瑞或刻有文字的实物、书籍、地理图，而不是指十数排列图和九数排列图；十数和九数的这种排列最终在西汉就以实物或图形的方式出现，但那时不叫"河图洛书"，而称为"明堂""九宫""玄图"。将十数图、九数图称为"河图""洛书"是北宋的事。

宋人将十数图、九数图命名为河图、洛书，是为了说明八卦的来源。《周易·系辞传》"河出图，洛出书，圣人则之"，其实并没有明言圣人"则"（取法）河图洛书做什么，但在宋人看来就是取法由黑白点数构成的河图洛书制作八卦。虽然刘牧、朱震与阮逸、朱熹、蔡元定对十数图与九数图谁为河图、谁为洛书的意见相反，但对两幅图的功用与本质的基本认识却大致相同，都认为这两幅数图是用来发明八卦的，十数、九数实际就是大衍数与天地数，十数又是五行生成数，九数又是太一九宫数。

从宋代开始，人们从阴阳、五行、八卦角度解读河洛，赋予河洛以方法论、宇宙论的意义。因此，我认为河洛已成为中国古代表述宇宙生命规律的数理模型。

河洛之"数"并不完全指精确的数字，而是指"理"、指"气"，因而可称为"理数""气数"，也就是说，河洛数理是表达宇宙生命结构位次之"理"、宇宙生命流行规律之"气"。

（一）宇宙生命的结构位次

河洛数理图式是古人用以建构宇宙生命结构位次的符号模型。虽然河洛两派、蔡氏父子对河洛象天法地的观点不同，但河洛是天地宇宙图式的基本观点却相同。

朱熹、蔡元定认为，河图为圆象天、洛书为方象地；蔡沈认为，河图体圆而用方、洛书体方而用圆，以作用言则河图为方象地、洛书为圆象天。我认为，河图洛书都可象天象地，还可象人，因为天地合一，天人合一；河洛虽然数理有异，一为全数十，一为变数九，但其实两者互为补充，而不是互为对立，两者象天、法地、类人只有角度不同、侧重点不同，没

有本质的差异。天地合一、天人合一，不是指三者是一个东西，彼此没有质的差异性，而是指天、地、人具有同构关系，这种结构古人认为就是象数的结构，就数理符号而言，正是河图洛书的结构。

在河洛结构中[①]，一至九或一至十被分列于上下中左右（南北中东西）。两者比较，奇数位基本相同，一都居下方（北），三都居左方（东），五都居中央，只是七与九的位置不同，在河图中，七居上方（南）、九居右方（西），而在洛书中，七居右方（西）、九居上方（南）；偶数位却完全不同，在河图中，偶数（地数）是与奇数（天数）相配合而居于四正位的，而在洛书中，偶数全部居于四隅位。

我认为，虽然河洛都表示宇宙生命的结构位次以及宇宙生命的运动变化，但两者还是有所分工和偏向的，十数河图模型在说明结构位次上比九数洛书更理想。

在十数河图模型中，奇数与偶数、阳数与阴数、生数与成数两两相配，居于五方，说明宇宙的整体结构是阴阳相对、相依，缺一不可，呈对待形式排列，1、6居北与2、7居南相对待，3、8居东与4、9居西相对待，5、10相配居中央，这是宇宙的空间方位。就生数而言，1标志北，2标志南，3标志东，4标志西，5标志中；就成数而言，6标志北，7标志南，8标志东，9标志西，10标志中。说明宇宙依次显现对待方位，对待的方位居四方，中央方位不占有四方但可统领四方。这看起来好像是表述地的方位，其实也是表述天的方位，古人对天象的划分也分为四象，东方为青龙，西方为白虎，南方为朱雀，北方为玄武，每一象又统领七宿，东方为角、亢、氐、房、心、尾、箕，西方为奎、娄、胃、昴、毕、觜、参，北方为斗、牛、女、虚、危、室、壁，南方为井、鬼、柳、星、张、翼、轸。这与地分四方的观念是一致的。

在九数洛书中，天地宇宙被分为八个方位（加上中央即为九方位），与四正位相比又多了四隅位，这四隅位由四偶数标志，即2标志西南，4标志东南，6标志西北，8标志东北，这种以奇数标志正位、以偶数标志隅位的结构，反映了崇阳抑阴的思想。就宇宙天地结构方位而言并不十分合理。

[①] 采用朱熹、蔡元定十数为河图、九数为洛书说。

宇宙位次不仅指空间位次而且指时间位次，时空统一在河洛结构中也得到了体现。就河图数理而言，1、6为冬，2、7为夏，3、8为春，4、9为秋，5、10为长夏，反映冬与夏、春与秋的对待特性，5、10不占四时而统领四时，同时依序而行的位次（即 1、6→3、8→2、7→4、9）又反映了一年四季的运行次序。

就生命结构而言，《黄帝内经·素问》中《金匮真言论》和《五常政大论》这两篇在论述五脏时说：肝"其数八"、心"其数七"、脾"其数五"、肺"其数九"、肾"其数六"，就是用河图中的成数说明五脏的位置，肝"八"标志肝在左边（东），心"七"标志心在上边（南），脾"五"标志脾居中央，肺"九"标志肺在右边（西），肾"六"标志肾在下边（北）。中医对生命结构的认识是符合象数结构原理的。

（二）宇宙生命"气"的流行

宇宙生命的结构位次与宇宙生命的流行变化是密不可分的。"气"是宇宙生命构成的最基本要素，是物质与功能的统一体。宇宙生命的运动变化表现为"气"的流行。河洛之"数"可看成"气数"，河洛数理集中体现了气的流行变化。

在河洛模型中，奇数表示阳气，偶数表示阴气。就河图而言，奇数一居北方、三居东方、七居南方、九居西方，表示阳气始生于北方、渐长于东方、再盛于南方、鼎盛于西方、衰微并复始于北方；偶数二居南方、四居西方、六居北方、八居东方，表示阴气始生于南方、渐长于西方、再盛于南方、鼎盛于东方、衰微并复始于南方。

在表述阴阳之气的消长盛衰、流行变化方面，九数洛书模型比十数河图模型更合理、更科学。洛书中，奇数一居北方、三居东方、九居南方、七居西方，表示阳气始生于北方、渐长于东方、鼎盛于南方、渐衰于西方、复始于北方；偶数二居西南、四居东南、八居东北、六居西北，表示阴气始生于西南、渐长于东南、极盛于东北、渐衰于西北、复始于西南。

与河图相比，洛书在表述气的流行时有三个不同点：

①洛书在表述阳气与阴气的流行时有一个渐变（渐衰）的过程，阳气在极盛九与衰微一之间有一个渐衰的七，阴气在极盛八与衰微二之间有一

个渐衰的六，这就不同于河图从九突变为一、从八突变为二，因而是更符合实际情况的。

②洛书阳气与阴气流行的方向是相反的，阳气朝顺时针方向流行，阴气朝逆时针方向流行，这与太极图的左右旋结构是一致的，也与自然界气化基本规律相吻合，而河图阴阳之气朝一个方向流行，都是顺时针方向。

③阴阳之气生长盛衰的方位不同，洛书中，阳气居于四正位，阴气居于四隅位；河图中，阴阳之气相互配合居于四正位，虽然河图阳气始生于南、阴气始生于西北，但从总体上看，洛书气的流行位次还是较为合理的。

如果从时间气候角度看，在洛书模型中，阳气始生于一冬、渐长于三春、极盛于九夏、渐衰于七秋、复始于一冬，阴气始生于二夏秋之际、渐长于四春夏之际、极盛于八春冬之际、渐衰于六冬秋之际、复始于二夏秋之际；在河图模型中，阳气始生于一冬、渐长于三春、再长于七夏、极盛于九秋、复生于一冬；阴气始生于二夏、渐长于四秋、再长于六冬、极盛于八春、复生于二夏。两者比较也是洛书较为合理。

河洛数理还昭示宇宙生命气运动是有周期性的，是周而复始、循环不已的。河图阳气由一而三而七而九，至九又复归于一；阴气由二而四而六而八，至八又复归于二。洛书阳气由一而三而九，由九而七，再复归于一；阴气由二而四而八，由八而六，再复归于二，表示阴阳之气周期流变。

郑军先生认为，河图洛书分别对应六旬（60位）周期和54位周期（《太极太玄结构》）。54位立方结构的每一个结构面由9位构成，60位立方结构的每一个结构面由10位构成，分别对应洛书和河图，所以洛书与河图是相通的，54位周期与60位周期也是相通的。虽然郑军的这种描述已经超出河洛本身而赋予了现代科学内容，但认为河洛对应一定的周期的基本观点无疑是正确的。

第三章
太极图

一、太极图的源流

被誉为"天下第一图"的太极图，其形状如黑白两鱼互纠在一起，因而又被俗称"阴阳鱼太极图"。古今中外，凡是关涉中国传统文化的几乎所有标志、所有场合，都不约而同地选择这个图案，一些东方国家乃至西方国家的徽章也选用这个图案（载于《易经应用大百科》，李仕澂集，见图3-1）。

图3-1　各种阴阳鱼太极图

易图探秘

　　这张享有极高知名度的"太极图"其实早期并不叫"太极图",而叫"先天图""先天自然河图""先天自然之图"等。早期叫"太极图"的却是另外一种图式,即由五层图形组成。最早一张太极图一般认为是周敦颐作的,所以又称为"周敦颐太极图",为了叙述方便,我称之为"五层太极图"①(见图3-2),早期叫"太极图"的还有空心圆图形②(见图3-3)等。这就出现了两个问题:一个是同一名称却指不同图形,一个是同一图形却有不同名称。本书以图形为主,只要图形相同或相近,虽名称不同,也将它们归为一类。在名称上尽量简便,并采用两个新的名称,一是"五层太极图",一是"阴阳鱼太极图"。让我们首先考察一下它们各自的起源和流变。

图 3-2　五层太极图(朱熹改定)　　　图 3-3 空心圆太极图

(一)"五层太极图"的来源

　　据现存文献记载,五层太极图最早出现在周敦颐的《太极图说》中。周敦颐(1017—1073),字茂叔,号濂溪,原名惇实,因避宋英宗旧讳,改名惇颐,又作敦颐,北宋五子之一。因他奠定了宋明理学的基础,因而被

---

① 此图为南宋以后流行图式,经朱熹改定。
② 北宋刘牧的《易数钩隐图》、南宋林至的《易裨传》、元代陈致虚的《金丹大要》和李道纯的《中和集》等载有此种太极图。

第三章 太极图

尊为"道学宗主"。他"人品甚高,胸中洒落,如光风霁月"(黄庭坚《濂溪词并序》),"气象绝佳"(李侗《致朱熹书》,与黄氏文均载于《周濂溪集》卷九)。著名的《爱莲说》就是出自他的手,其中"予独爱莲之出淤泥而不染,濯清涟而不妖",既是对君子中通外直、高洁独善的人格操行的赞美,又是他自己不羡富贵、简淡优游的精神境界的写照。

就是这位爱莲君子,对这幅"太极图"作了极其简练(不到300字)却极其深刻的诠释。那么,这幅图是周敦颐自己创作的,还是道教徒(如陈抟)原作而经他改造的呢?有关这张图的"发明权"官司,早在宋代就开始打了。当时争论的双方代表人物是朱熹和陆九渊,而问题的提出则要上推到朱震。

朱震(1072—1138),字子发,在南宋绍兴四年(1134年)为宋高宗讲解经书,在讲解《周易》时,向高宗进呈了周敦颐的太极图,并说明其来源:"濮上陈抟以先天图传种放,放传穆修……修以太极图传周敦颐,敦颐传程颐程颢。"(《汉上易传·表》)太极图是陈抟传下来的,是陈抟"先天图"中的一种(另还有河图、洛书等),周敦颐是第三代传人,图示如下:

陈抟→种放→穆修→周敦颐→程颢、程颐

陈抟的先天图、太极图是什么样子的已无考,周敦颐的图为朱震的《易卦图》第一次收录(见图3-4,取自《四库全书》本),南宋初年,杨甲《六经图》中亦录有此图式(见图3-5,取自《四库全书》本)。

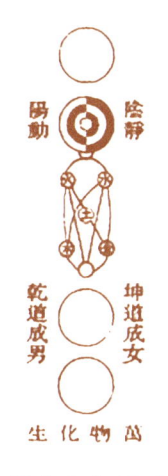

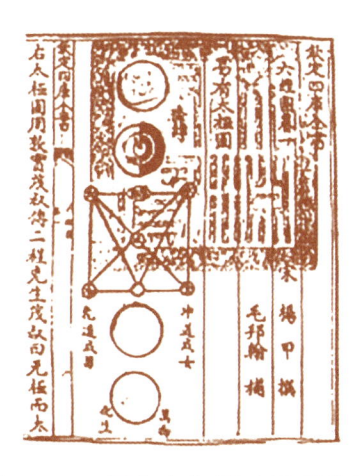

图3-4　周氏太极图(朱震收载)　　图3-5　周氏太极图(杨甲收载)

稍后于朱震的胡宏也赞同朱震的说法，他说："推其道学所自，或曰传太极图于穆修也。传先天图于种放，种放传于陈抟。此殆其学之一师欤？"（《通书序》）

朱熹对朱震的说法不满意。在朱熹眼里，周敦颐是理学的开山祖师，而理学是孔孟的正传，太极图怎么可能出自道教呢？带着这个疑问，他查看了周敦颐的朋友潘兴嗣为周作的墓志铭，其中有这么一句话：

（周）尤善谈名理，深于易学，作太极图、易说、易通数十篇。

因而判断太极图是周敦颐"自作"："及得志文考之，然后知其果先生之所自作，而非其所受于人者。"（《太极通书后序》）这篇《后序》是乾道五年（1169年）作的，过了十年，即淳熙六年（1179年），他又作了《再定太极通书后序》，说："至于先生，然后得之于心……于是始为此图，以发其秘尔。"

他认为，周敦颐可能从陈抟那里接受了某些"阴阳"思想，不过这张图却是周敦颐"始为"的。

又过了近十年（淳熙十五年，公元1188年），朱熹在他公布的《太极图解序》中再一次断定："太极图者，濂溪先生之所作也。"

朱熹的主要文献依据是潘兴嗣写的墓志铭，他说朱震、胡宏之所以说错，是因为他们没有看到这篇墓志铭。不仅如此，朱熹还改变了周敦颐太极图中的"阴静"与"阳动"文字的摆列位置（见图3-2）。

与朱熹持相同意见的还有一位和朱熹、吕祖谦并称"东南三贤"的学者张栻，他说："太极图乃濂溪自得之妙，盖以手授二程先生者。或曰濂溪传太极图于穆修，修之学出于陈抟，岂其然乎？"（《太极图解序》载《周子全书》卷一）。这种观点与他老师胡宏的观点恰恰相反。

当时陆九韶、陆九渊兄弟就反对朱熹的说法，他们在写给朱熹的信中坚持朱震的观点，认为周敦颐太极图是从陈抟那里经种放、穆修传下来的，并从周敦颐《太极图说》首句"自无极而为太极"所反映的道家思想上找到证明（详见后文）。

虽然二陆的观点后人也有相信的（如全祖望），但毕竟是朱熹占了上风。朱熹的"太极图"为周敦颐"自作"的结论，在很长一段时间内除二陆外几乎无人提出质疑，直到明末清初，一批考据学者重新提起这段旧案。黄宗炎、毛奇龄、朱彝尊等通过考证，几乎得出一致的结论：这张太极图不是周敦颐创作的，而是来源于道教。他们做这种考证的目的是为了彻底推翻朱熹的观点，否定宋明理学是孔孟真传正统，证明周氏学说只不过是道教的翻版而已。

黄宗炎（1616—1686）的《太极图说辨》认为，周敦颐的"太极图"来源于陈抟传下的"无极图"。"周茂叔得之，更为太极图说。"周氏只是把陈氏无极图"逆则成丹"改为"顺则生人"，将自下而上的顺序改为"自上而下"。但这张"无极图"并不是陈抟作的，而是由汉文帝时的隐仙河上公创造的，"考河上公本图名无极图，魏伯阳得之以著《参同契》，钟离权得之以授吕洞宾，洞宾后与陈图南（陈抟）同隐华山，而以授陈，陈刻之华山石壁。陈又得先天图于麻衣道者，皆以授种放，放以授穆修与僧寿涯，修以先天图授李挺之，挺之以授邵天叟，天叟以授子尧夫；修以无极图授周子，周子又得先天地之偈于寿涯"。这张"无极图"即"太极图"的传承过程，以图示如下：

河上公→魏伯阳→钟离权→吕洞宾→陈抟→种放 →穆修→周敦颐
　　　　　　　　　　　　　　　　　　　　　　→寿涯→

毛奇龄（1623—1716）的《太极图说遗议》认为，周敦颐太极图"实本之二氏之所传。太极图一传自陈抟，一传自僧寿涯。或云陈抟师麻衣，麻衣即寿涯也，则时稍相去濂溪，或不能从学，然其说则从来有之。乃其所传者，则又窃取魏伯阳参同契中水火匡廓与三五至精两图而合为一图"。认为周氏太极图来源于佛、道两家。毛奇龄还具体论述周敦颐图来源于"水火匡廓图"（见图3-6）和"三五至精图"（见图3-7），而这两图"自朱子注《参同契》后则学者多删之。惟彭氏旧本则或九或七，其图犹存"。毛奇龄当时看到的彭晓注本有包括这两图在内的九图或七图，并说这种注本"今藏书家与道家多有之"。这两图"在隋唐之间有道士作《真元品》者，先窃其图入《品》中为'太极先天之图'。此即抟之窃之所自始，且其称名

159

有'无极'二字，在唐玄宗序中"。这里首次提到隋唐道士将此图窃入由唐玄宗制序的《真元品》即《上方大洞真元妙经品》中（见图3-8）。按此说图示如下：

魏伯阳→《真元品》→彭晓→麻衣（寿涯？）→陈抟→周敦颐

图3-6　水火匡廓图

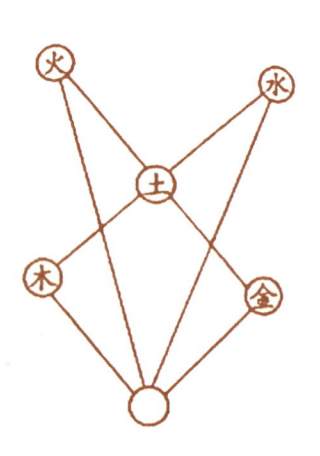

图3-7　三五至精图

图3-8　太极先天之图

朱彝尊（1629—1709）的《太极图授受考》也认为，太极图来源于道教典籍，他说："自汉以来，诸儒言易，莫有及太极图者。惟道家者流，有《上方大洞真元妙经》，著太极三五之说。唐开元中明皇为制序，而东蜀卫琪注《玉清无极洞仙经》，衍有无极、太极诸图。"与毛奇龄说相近，认为太极图出自《上方大洞真元妙经》，而此经有唐明皇作的序，所以当然至迟在唐开元年间就有此图。其他说法则跟黄宗炎说的基本一致。

胡渭（1633—1714）对这张太极图几乎没做什么考证，他在《易图明辨》中说，这张图"或曰陈抟传穆修，穆修传周子；或曰周子所自作，而道家窃之以入藏。疑不能明，存而弗论云"，

第三章 太极图

将这个问题挂了起来。

黄、毛、朱的意见在当时就有人怀疑,黄宗炎的哥哥黄宗羲(1610—1695)说:那些认为周敦颐太极图出于陈抟、出于寿涯,将周的学问归于老氏和释氏,"此皆不食其胾而说味者也",没有亲口尝到锅里的肉却大谈肉的味道,是不符合实际的。(《宋元学案·濂溪学案》)兄弟二人在这个问题上有点针锋相对了。不过从对后世的影响看,还是弟弟的意见占了上风。

周敦颐太极图来源于道教,这种看法从清初一直到近代几乎没有什么人找出过证据来反驳。直到20世纪40年代钱穆先生撰文考证,对此说进行了辩驳[1]。近年来,这个问题又开始重新引起大家的兴趣。邓广铭先生在1988年撰文[2]认为,周敦颐《太极图》和《通书》都是他本人深造自得的著作,绝非受之于穆修。邓先生从潘兴嗣所作《墓志铭》、蒲宗孟所作《墓志铭》及黄庭坚在周去世后三十年写的《濂溪诗·长序》中寻找依据,并赞同朱熹的结论:"及得《志》文(按:指潘兴嗣所作《墓志铭》)考之,然后知其果先生之所自作,而非有所受于人者。"[3]邓先生还考证了从穆修到周敦颐到二程的师承关系,最先谈及穆修易学授受的是程颢《邵康节先生墓志》,述穆修传易于李之才,李之才传易于邵雍(《二程集》第二册,503页),晁说之(1095—1129)在《李挺之传》中述穆修传易于李之才(《嵩山文集》卷十九),据此否定穆修传易于周敦颐。周敦颐也没有传易于二程,戴震曾据程颐为其兄颢作的《行状》否定周程之间有师生关系(《孟子字义疏证》),邓先生的结论是:①《太极图》和《通书》是周敦颐自作的;②周敦颐易学绝非受之于穆修;③二程绝非周敦颐传人;④周敦颐在当时的儒家学派中根本不曾占什么地位。

李申先生也对周敦颐图来源于道教说提出了激烈的批评,他写了一本《话说太极图》(知识出版社,1992年版),依据王卡的考证(1984年),确定:《上方大洞真玄妙经品》和《上方大洞真玄妙经图》都不是唐代的作

---

[1] 钱穆:《论太极图与先天图之传授》,《学思》第1卷第7期,1942年4月。
[2] 邓广铭:《关于周敦颐的师承和传授》,《邓广铭学术论著自选集》,首都师范大学出版社,1994年。
[3] 朱熹:《周子太极通书后序》,见《朱文公文集》卷七五。

品，唐明皇的序是伪托的。《经图》和《经品》都是在周敦颐《太极图说》以后作的（《经图》甚至是元代人写的），因而说周图源于《经图》《经品》是绝不可能的。他还否定了陈抟刻无极图于华山石壁的说法，认为此说是黄宗炎第一次提出，此前六百多年无人说过，《宋史·陈抟传》也没有这样的记载。至于说源于河上公、魏伯阳、钟离权、吕洞宾之流，更不能令人相信。他的结论是，五层太极图为周敦颐自作，不是源于道教，而恰恰是后世道教借用了周图来论顺逆炼丹。

对李申的看法提出反驳的是束景南，他在《中华太极图与太极文化》一书中认为，周敦颐图思想源于道教，是易家"剽窃"了道教的道图，而不是道徒"改造"了易家的易图。无极太极图不是周敦颐发明的，而是起源于唐五代，本自五代以前的太易图，是道教内丹学兴起的产物。周敦颐的图是陈抟经寿涯、张伯端传下来的，宋人说的太极图传授源流是可信的。对李申的考证，束景南说："这种说法忽视了唐、五代、宋大量亡佚的易书、道书、术书，而但凭今天我们所能见到的有限材料的基础上做出的结论，这先在考证的方法上已经失误。"

在这一点上，我基本同意束景南先生的意见。的确，古代亡佚的书很多，仅据北宋仁宗景祐（1034—1038）年间编辑的《崇文总目》看，其中著录的唐五代时期的"道书"图就有：

参同契太易志图三卷 张处撰
参同契太易志图一卷 重元子注
参同契太易二十四气修炼大丹图 一卷
太易阴阳备诀手鉴图 一卷
诵求五行图 一卷
三五神思图 一卷

这类图书（还有几种，此处省略）经五代之乱，到宋初已所剩无几；而到南宋时，连以上几种图书也大都亡佚，南宋的目录书《郡斋读书志》《直斋书录解题》《遂初堂书目》及《宋史·艺文志》《通志·艺文志》等或未记载或言失佚。

以图解易、以图论丹，是自《参同契》以来道教丹鼎派的传统，到了

第三章 太极图

唐五代时尤甚，如五代彭晓作《周易参同契分章通真义》，就有"三五至精图""水火匡廓图""明镜图"等（毛奇龄称见过载有这些图的版本），虽然《正统道藏》本中前两图未收录（只有"明镜图"），但不能以此否定散佚的其他版本中可能收录。这些图，北宋时保留了一些，周敦颐很可能见过。

以上是就"图"而言，如果从思想内容而言，周敦颐《太极图说》与他以前的易书、道书也有密切联系。如汉代纬书《易纬·乾凿度》论宇宙演化过程为"太易""太初""太始""太素"，《孝经纬·钩命诀》在这四阶段后加了"太极"，统称为"五运"。唐代道教学者司马承祯的《服气精义论序》中论"太易"的形成，由"一"（道，太极）而生"二"（天地、乾坤），"并乾坤，居三才之位；合阴阳，当五行之秀"……唐末陆希声《道德真经传序》论"太易"之道，"昔伏羲氏画八卦，象万物，穷性命之理，顺道德之和；老氏亦先天地，本阴阳，推性命之极，原道德之奥……"。这种"一"→"二"→"五"的生成论思想对周敦颐影响重大，可以说，这正是周氏《太极图说》理论框架的基础。

至于毛奇龄等人所说的《上方大洞真元妙经图》到底是不是周敦颐太极图的蓝本，情况比较复杂，其中"经文"（开头）部分可认定为明代时雍弟子所作（如李申考证），而"图说"部分采用的是宋元以后所不再使用的概念、术语（如"太易""太初""太始""太素"），可能是唐五代时所作。[①]这张"太极先天之图"自然也可能是唐五代时所作，也就是说，周敦颐以前可能就有"五层太极图"一类图式。

陈抟是否刻"无极图"于华山摩崖，束景南认为道士刻图多在秘密之处，又因千年来的风雨侵蚀与偶尔的崖崩山塌破坏刻图，亦有可能。其实陈抟刻没刻图于华山不是主要问题，问题是当时是否有"无极—太极"图式，从北宋目录书记载看，周敦颐之前的唐五代之时可能已经有了这种图式，周敦颐太极图为借用和改造。

再从周敦颐本人的情况看，他对陈抟炼丹术是极为推崇的，曾作诗赞曰：

---

① 唐代，儒、佛、道三家均流行《易纬》"太易"宇宙生成说，儒家如孔颖达的《五经正义·周易正义》，佛家如宗密的《原人论》、澄观的《华严经随疏演义钞第十四》，道教则如前述。

> 始观丹诀信希夷，盖得阴阳造化几。
> 子自母生能致主，精神合后更知微。　　（《周子全书》卷十七》）

周敦颐与禅师寿涯、道士张伯端均有密切关系。周曾拜寿涯为师的经历除了黄宗炎的《太极图说辨》外，宋代度正的《周敦颐年谱》、元代刘静修的《记太极图说后》、明代都穆的《游黄鹄山记》、清代光绪年间撰修的《丹徒县志》等均有记载。姜广辉（《理学与中国文化》）、束景南还从周敦颐的两位夫人入手，考证周与道教徒的关系。周的第一夫人是陆诜之女，第二夫人是蒲宗孟之妹，而陆诜与蒲宗孟又都是著名道教学者张伯端、陈景元的好友。张伯端的老师是刘海蟾，陈景元的老师是张无梦，刘海蟾、张无梦以及种放都是陈抟的弟子。这张太极图就这样传到了周敦颐手里。图示如下：

```
           种放 ──→ 穆修 ─────────────┐
           │                          ↓
陈抟 ─→ 刘海蟾 ─→ 张伯端 ─→ 陆诜 ─→ 周敦颐
           │                          ↑
           张无梦 ─→ 陈景元 ─→ 蒲宗孟 ─┤
                                      │
                  寿涯 ────────────────┘
```

考证到这个地步，可谓颇费心机。但不管怎么说，从所据文献看，只能说明周敦颐与寿涯、陈景元、张伯端的关系很密切，还无法说明后三人将"太极图"传授给了周敦颐，因为这些文献均没有这样记载。最早记载穆修传图给周敦颐的是南宋朱震[1]。我认为，从周敦颐的师承、交友情况反映了道教、佛教（当然还有儒家）对他思想形成的影响，至于这张"太极图"到底是何人传授给他的，现在已不可能而且也没有必要考证出来，因为当时这种图（道教"太易图""无极图""太极图"）并不保密，谁都能见到，周敦颐完全有可能从多渠道、多人那里得到这张图。

---

[1] 此说可疑。穆修死时，周敦颐才16岁（明道元年，1032年）。穆修虽多寓京师（开封），但客死于淮西道中，而周敦颐是15岁时才寄居在开封舅舅郑向家的。

第三章 太极图

既然周敦颐是从前人那里得到太极图，为什么周的朋友潘兴嗣却在为周所作的墓志铭上说："（周敦颐）作太极图、易说、易通数十篇。"而不说周氏"传"太极图？潘是周的朋友，他的话当然具有权威性，朱熹正是抓住这句话，认定"太极图"是周"自作"。今人邱汉生先生在《理学开山周敦颐》中认为这句话标点有误，应该是"作《太极图·易说》《易通》数十篇"，因为周氏没有作过《易说》，只作过《太极图说》，此说确属卓识！《太极图·易说》即《太极图说》，此"说"正是以"易"说"图"，如同后文的《易通》实为《通书》一样。这样一来，周敦颐就不是作"太极图"，而是作《太极图说》了。

束景南先生认为《太极图·易说》不是以"易"说"图"，"易"不是指《易》书，而是指"变易"，并且将"易家""易图"与"道教徒""道图"对立起来，认为是前者"剽窃"了后者，这个观点是错误的。因为"易"与"道"、《易》书与"变易"并不是对立关系。事实上，"易"这部书（包括《易经》和《易传》）的思想核心正是"变易"（国外将《易经》翻译为 The Book of Changes，意即"变化的书"，是抓住要领的）。《太极图说》无论是以《易》书说"太极图"还是以"变易"说"太极图"，其根本精神都是一致的。至于"易"和"道"也不是对立关系，"易"有多重意义，可指《易经》，可指《周易》（包括《经》和《传》），可指"易学"，但无论哪一种意义，都和"道"有内在联系。《易经》作为中国传统文化的源头，当然也是原始道家（老庄）的先导；《易传》作为战国前各家学说的总结，当然也吸收了原始道家的思想；"易学"作为汉后借《易》发挥的学问，当然包括"道家易""道教易"，而历代道教学者恰恰是把"易"作为其重要理论依据之一，不少人甚至主张将"易"划归为道家（当然不尽合理）。可见"易"贯通儒和道，"易"和道家、道教并不是互拒的。

有了这种认识，再来反观周敦颐的《太极图说》，就知道它正是以"易"为指导，融合儒、道的结晶。

结论：

①五层太极图是周敦颐依据道教炼丹图式加以改造的产物。从东汉《周易参同契》到宋初陈抟，形成以图解《易》、以图论丹的传统，这些图虽因五代战乱多亡佚，但北宋时还能见到一些，周敦颐就见到了这类

图。只是南宋时这类道图（"太易图""无极图""太极图"等）不再为时人所见。

②周敦颐与穆修、禅师寿涯，道教学者张伯端、陈景元有密切关系（甚至有师徒之谊），但不能据此断定"太极图"就是他们传给周敦颐的。事实上，当时这类"太极图"并不保密，周敦颐完全可以从多渠道、多人手里得到这类图。

（二）"阴阳鱼太极图"的来源

现代有不少人认为阴阳鱼太极图起源于原始时代，甚至有人认为是太古洪荒之时外星人馈赠地球人的礼物，或本次人类文明前一次甚至前两三次文明毁灭时遗留下来的唯一信物。这种太极图到底是根据什么演变而来的呢？陈立夫先生认为："大陆先后所出土之古太极图，较《周易》及《乾凿度》之成书，尚早三四千年。诸如陕西永靖所出土六千五百年前（伏羲时代）双耳彩陶壶上之双龙古太极图（藏瑞典远东博物馆），乃使用毛笔中锋所画，竟早于孔子四千年。又出土商代及西周之多件青铜器上，亦契有雌雄双龙相互缠绕之太极图。"（《关于太极图的一些问题》）陈先生将双龙相互缠绕之图直接称为"双龙太极图"。双龙缠绕图实际上就是华夏始祖"伏羲女娲交尾图"；此外，有人认为太极图来源于"卍"符号（青海民和县和乐都柳湾、辽宁翁牛特旗石棚山、广东曲江石峡中层遗址出土的新石器时代的陶器上都刻有这种符号）、双鱼纹样图形（陕西西安半坡遗址出土人面鱼纹彩陶盆）、双凤纹样图形（新石器时代骨刻与陶绘、河姆渡文化中有这种纹饰），近来有人声称太极图来源于河南洛阳巩义黄河与洛水相汇后形成的"涡漩"。①

这些图形到底是不是太极图的来源？如果单就这种图形纹样而言，显然无法直接推衍出阴阳鱼太极图。因为类似的图案在其他民族也有，却没有演变出太极图，如古代巴比伦有双蛇缠绕交尾图案，古希腊、古印度、高加索、小亚细亚等地的遗物（银饰、铜壶、花瓶等）上有"卍"纹饰，但这些民族都没有太极图。至于"涡漩"一说，实属荒唐，"涡漩"无处不

---

① 《郑州日报》1993年3月8日第8版。

在，如果从中能演化太极图，那太极图岂不是在任何国家、任何民族都满天飞了？

不过，从这些图形隐含的思想观念看，又不能说与太极图毫无关系。这些图形都是双双交合而成。或双龙、双蛇，或双鱼、双凤，连"卍"也是由两个相同的符号交叉而成。这是原始社会生殖崇拜的产物。成双图纹，或表示男女（伏羲、女娲），或表示雌雄（双鱼、双蛇、双龙、双鸟）；两两交叉，反映原始生民对男女、雌雄交合的直观认识。由两性生殖器、男女、雌雄、日月等人体现象、生物现象、自然现象，逐渐体悟出"阴阳"概念，以及阴阳同体、阴阳相对与相交（对待与统一）、阴阳交互作用、阴阳相互转化等思想理念，这种思想决定了中国传统文化从某种意义上说就是阴阳文化。《易经》阴阳爻、阴阳卦正是阴阳思想的符号化（线条符号），太极图的黑白相间、首尾纠合正是阴阳对待统一、消长流行、互根互动理念的最佳图示（图形符号）。

可见，原始时代的这些图纹只不过是太极图的思想渊源，从中并不可能直接演变为太极图。太极图到底源自何图？最早的太极图为何时、何人所作？让我们先来看看前人的论述。

在宋人的著作中，基本上认为"先天图"（应当包括"阴阳鱼图"或就是"阴阳鱼图"）是从五代宋初陈抟那里传下来的。最有名的是朱震的论述："陈抟以先天图传种放，放传穆修，穆修传李之才，之才传邵雍。"（《汉上易传·进易说表》）根据此说，先天图流传情况为：

陈抟 → 种放 → 穆修 → 李之才 → 邵雍

其实比朱震更早的晁说之已叙述了先天图的流传："有宋华山希夷先生陈抟图南，以《易》授终南种征君放明逸，明逸授汝阳穆参军修伯长，而武功苏舜钦子美亦尝从伯长学。伯长授青州李之才挺之，挺之授河南邵康节先生雍尧夫。"（《嵩山集》卷十八《王氏双松堂记》）

让我们再往前推，看一看与邵雍同时代的人是怎么说的。与邵雍同巷里居住了三十余年的二程兄弟说："独先生之学为有传也。先生得之于李挺之，挺之得之于穆伯长。推其源流，远有端绪。"（程颢《邵尧夫先生墓志铭》）程氏只上推到穆修，穆修以上则以一句"远有端绪"省略。

邵雍之子邵伯温则点出了穆修的老师为陈抟。他说:"先君受易于青社李之才,字挺之。为人倜傥不群,师事汶阳穆修。挺之闻先君好学……于是先君传其学。……伯长,《国史》有传,其师即陈抟也。"(《易学辨惑》)

由此可见,朱震所说的传承关系是基本可信的。可惜的是,这张"先天图"没有随上述文字流传下来,以至今人无法确认"先天图"到底是"阴阳鱼图",还是"先天八卦方位图次序图",或是别的什么图。

至于邵雍之后先天图的流传情况,后人有所论述,如宋末元初的袁桷,他在为宋末谢仲直《易三图》作的《序》中说:"上饶谢先生遁于建安番扬,吴生蟾往受易而后出其图焉。"认为谢仲直得自彭翁,彭翁得自武夷君。武夷君可能就是白玉蟾(白玉蟾道号武夷翁)。袁桷又说:"至荆州袁溉道洁始受于薛翁,而易复传。袁乃授永嘉薛季宣……最后朱文公属其友蔡季通如荆州复入峡,始得其三图焉。……其孙抗秘不复出。……今彭翁所图疑出蔡氏。"(胡渭《易图明辨》卷三)依袁桷说,易三图的流传大致为:

薛翁→袁溉→薛季宣……(蜀之隐者)→蔡季通→蔡抗……武夷君(白玉蟾)→彭翁(即彭耜)→谢仲直→吴蟾

那么,蔡元定从四川访得的三图是什么样子的,或者说谢仲直的"易三图"是什么样子的,今天已经无法知道了,袁桷当时就没有说明。胡渭推测:"故首著之季通所得三图,一为先天太极图无疑矣。其二盖九宫图与五行生成图。"

明代初年,赵㧑谦(1351—1395)在《六书本义》中载有这张图。此图不称"太极图",而称为"天地自然河图"(见图3-9),并说:"此图世传蔡元定得之于蜀之隐者,秘而不传,虽朱子亦莫之见,今得之陈伯敷氏。"当时大多数人都相信这种说法,只有季彭山表示怀疑,他说:"朱子与蔡氏无书不讲明,岂有秘不与言之理?"(明代杨时乔《周易全书》)。胡渭不仅赞同袁桷的说法,而且赞同朱震的说法,认为陈抟以先天图授种放,三传至邵雍,邵雍的"先天古易者,悉本此图可知也",断定此图出自陈抟,源自《周易参同契》。

第三章 太极图

图 3-9 天地自然河图

我认为说阴阳鱼太极图源于《周易参同契》,源于"水火匡廓图"(见图 3-6)或"三五至精图"(见图 3-7),是值得分析的。姑且不论后两图是否为彭晓所作,单从这两幅图的图案上看,与阴阳鱼太极图的图案差别就很大,应该说这两幅图并不是阴阳鱼太极图的直接源头(而只能是五层太极图的源头),其道理同上述一样,从这两幅图的图形上看不出可以推衍出阴阳鱼太极图的痕迹,但却有思想渊源关系。《周易参同契》首章说:"坎离匡廓,运毂正轴。"特别强调坎离,坎离为日月,日月为"易"。坎为阴中有阳,离为阳中有阴。"水火匡廓图"正是对坎(水)离(火)二卦的形象表示。这种阴阳相合、阴中有阳、阳中有阴、阴阳消长流变的思想不正是太极图的基本思想吗?从袁桷等人所叙流传谱系看,太极图与道教是很有关系的,武夷君白玉蟾是道教内丹派南宗第五祖,"蜀之隐者"可能就是蜀中道士。

169

易图探秘

当然思想上的渊源关系并不等同于图形上的渊源关系。看来要考察太极图源自什么图是很困难的事。我们还是来考证一下最早的太极图是何人所作这个问题吧。

首先要给太极图的图形定一个标准。正因为没有一个标准，所以上述原始时代的图形统统被称作"太极图"[①]，真正的太极图应当是内为阴阳鱼互纠图案，外为八卦或六十四卦环形图案。至于陈抟所传的"龙图""先天图"是不是这种图形，已无法考证。因而难以判断陈抟就是作此图的第一人。薛翁、蜀之隐者是否作此图同样无考。检索现存文献资料，发现最早的一张太极图在南宋张行成的《翼玄》中。

张行成，字文饶，一字子饶，因学归邵雍，人称"观物先生"。生卒年不详，约生活于公元12世纪，绍兴进士，乾道二年（1166年）向皇上进呈易学七书，其中《翼玄》即载有此图，称为"易先天图"（见图3-10）。

图 3-10　易先天图

[①] 近年来，韩国有学者认为新罗时代所建的感恩寺（公元628年建）遗址石刻有太极图，比周敦颐的太极图早约四百年。然察看此图，与真正的阴阳鱼太极图并不相同，与周氏太极图更是风马牛不相及。

第三章 太极图

《翼玄》又作《翼元》，现存版本为两种，一是清乾隆李调元辑刊的《函海》本，一是1935年开始编辑出版的《丛书集成初编》，是据《函海》本排印本。

张行成在《翼玄》中提到的"易先天图"大抵有三个：一个是先天方图，一个是先天圆图，一个是方圆合一图。

易方圆合一图。卷一："易方圆二图，天地相为体用也。""盖易者，天用地之数，方圆二图合于一者，以圆包方，地在天内，浑天象也。"卷七："易图方圆合一者，地在天中，浑天象也。"此图即邵雍先天六十四卦方位图，图亦载于朱熹《周易本义》卷首（见图1-33）。

先天方图。卷一："先天方图，乾位西北，坤位东南，天门地户也……"卷九："先天方图从地而变，则一卦偏交八卦，是为六十四卦。"此图即邵雍先天八卦、六十四卦方位图中的方图，表示被天包着的地。

先天圆图。卷一："易之圆图，自一阴一阳以□□□二则由外而之内。"张行成对这张图似乎情有独钟，单称它"先天图"。如卷十："先天图合为一天也。""先天图右行者，逆生气以变时也；左行者，顺布气以生物也。天地之道，逆境所以自生，顺境所以生人，亦忠恕之理也。""先天象圆，合乎一者天也。"

先天圆图中间加上"阴阳鱼"图形是完全合情合理的。"阴阳鱼"形正是对六十四卦方位圆图的形象解释。《翼玄》中已用了先天图"右行""左行"的字眼，除以上引文外，卷十还说："易先天爻象图，自乾坤始者，阴阳之象，上下皆右行；自复遇始（当为"姤"之误）者，阴阳之象，上下皆左行，列于二也。""阴阳鱼"的左行、右行不正是卦爻的左行、右行吗？"列于二"如不是指阴阳——黑白二色的排列，那又是指什么呢？

张行成在另一专著《易通变》中，载有十四图，其中第一幅图即"有极图"，"有极图"即"先天图"。此图实为方圆合图（圆图变形为八边形）。其中对圆图的解释可以看出"阴阳鱼"图的蕴义。"太极包含万象，以为有而未见，以为无而固存……天地之象已具乎浑沦之中，太极之全体也。"（卷一）"圆图右行者，六变未有一之卦也；左行者，五变已有一之卦也。"（卷一）"先天图自一阴一阳六变各至于三十二，是为地之一柔一刚，复姤代乾坤以为父母，刚柔承阴阳以成变化，而天下之能事毕矣。"（卷一）以阴阳爻

171

的变化解释六十四卦圆图的排列,而"阴阳鱼"图形恰好准确而形象地反映了这种卦爻的变化。

在"阴阳鱼"图形中,右上方"白鱼"左行由大到小,依次为乾☰、兑☱、离☲、震☳(包括由这四卦作为下卦的三十二卦,4×8=32),表示阳爻逐渐减少;左下方"黑鱼"右行由大到小,依次为坤☷、艮☶、坎☵、巽☴(包括由这四卦作为下卦的三十二卦,4×8=32),表示阴爻逐渐减少。而阳爻减少的同时,阴爻在增多;阴爻减少的同时,阳爻在增多。所以用"黑白鱼"互纠表示。两个"鱼眼"则表示阳中有阴、阴中有阳,其中"白鱼"中的"黑眼"表示离卦,"黑鱼"中的"白眼"表示坎卦。

在《翼玄》先天图中,以黑白小方格表示的六十四卦爻位变化图,乾坤分别为六个白格、六个黑格(为大父母),复、姤分别为一白五黑、一黑五白(为小父母),阴阳变化自复、姤开始,由复左行,由姤右行。如果按黑白格的多少组合起来(不考虑位置的高低),那么恰恰就是一幅"阴阳鱼"图。张行成在找到六十四卦爻变规律的基础上,作出阴阳鱼互纠图,应当是顺理成章的事。

张行成在另一著作《皇极经世观物外篇衍义》卷四中,对"太极"做了论述:"太极兼包动静……故太极判为阴阳,二气相依以立而未尝相无。"虽然未列图形亦未明言阴阳二气如何相包,但指出阴阳的"兼包"、"相依",实反映了阴阳太极图合抱互纠的思想。

今人郭彧先生在《周易研究》1995年第4期发表《〈易先天图——浑天象〉非张行成之图》,其理由有四点:①张行成的"太极观是具体的六爻卦,是形而下的""与后来朱熹、蔡元定以《先天图》环中之'中间虚者'为太极的宇宙论是不同的"。②邵雍并不以浑天术言天。③《翼玄》是注释《太玄》的,"用以明三元符号系统《太玄》的书中,又怎能有此二元符号系统的图呢"?④洪迈没有提及,朱熹也没有评论。我认为这几点意见很值得商榷。

第一,无论是"形而上"太极观还是"形而下"太极观,与阴阳鱼太极图都没有直接关系。郭氏说,张行成"既不以先天图中间虚处为太极,就不会有此《易先天图——浑天象》之图"。阴阳鱼太极图中间并不是虚处,而恰恰是实处(由黑白两色交互构成),如按郭氏的说法,恰是"形而

第三章 太极图

下",由"形而下"的太极观演变出"形而下"的图不是更自然、合理吗？（当然并非如此简单,下文将具体分析）倒是"中间为虚处"的所谓"形而上"太极观只能派生出空心圆太极图,而难以派生出"阴阳鱼交互"这种"形而下"太极图。

第二,邵雍是否以浑天象言天在这里并不重要,问题是张行成是怎样理解邵雍先天图的。郭文中"易先天图"与"浑天象"之间用了破折号,而在《翼玄》中,"浑天象也"四字为双行小字附在"易先天图"的下面,显然是注释语,而郭氏却误以此为正文。张行成认为"易"就是浑天象,邵雍先天图就是主浑天说。"盖浑之理无异,唐一行能知之,而盖天家学失其本原,故子云、康节,皆非其说也。"(《翼玄》卷一)认为邵雍不赞成盖天说。他还明确指出:"盖易者,天用地之数……浑天象也；玄者,地承天之数……盖天象也。"

第三,郭氏说《翼玄》中不可能有二元符号的图,而实际上,《翼玄》几乎通篇都是在比较《易》和《玄》,《翼玄》正是通过与《易》的比较而注释《太玄》的,可以说处处都有"易",处处都有二元符号。如卷一开宗明义:"一者,玄也。一生三,其数成六,天之用也。故易一卦六爻。""易,天也,分于地者,君用臣也；玄者,地也,宗于天者,臣尊君也。""玄用九数,故中于八；易用十五数,故中于九。易兼九六,玄独用九也。易之八者天体,玄之九者地用也。"再说"易先天图"正是为了与"太玄图"相比较而列的,并认为"先天图"为浑天象,"太玄图"为盖天象。

第四,郭说掌管国史图书的洪迈如果见到阴阳鱼太极图就不会以黑白半圆表示两仪("六十四卦生自两仪图")。这种推测是没有说服力的。无论洪迈是否看见阴阳鱼图,都没有理由强迫他不许采用黑白半圆太极图而只许采用阴阳鱼太极图,因为他可以不喜欢阴阳鱼图而更偏爱黑白半圆图。事实上,当时大多数人都是偏爱黑白半圆太极图的,因为它简单明了地表示了太极生两仪之理(这一点并不亚于阴阳鱼图)。如朱熹评论:"龟山取一张纸,画个圈子,用墨涂其半,云:这便是《易》。此说极好！《易》只是一阴一阳,做出许多般样。"(《朱子语类》卷六十五)"图左一边属阳,右一边属阴。"(同上)再说朱夫子无论怎样"博学多识",也可能有未见到或虽见到但却不予评论的东西。以此作为论据是站不住脚的。

而事实上，绍熙四年（1193年），朱熹托蔡元定入蜀寻找易图，蔡从蜀之隐者手中求得三图后，可能给朱熹看过，因为庆元二年（1196年），朱熹在给蔡季通的信中说："前日所说磨崖刻河、洛、先天诸图，适见甘君说阁皂山中新营精舍处，有石如削，似可镌刻，亦告以一本付之。'先天'须刻卦印印之，乃佳……三图须作篆，乃有古意，便当遣人送伯谟处也。"（《朱文公文集·续集》卷二《答蔡季通》书六十、六十一）这里说的"先天"图很可能就是这张"先天太极图"（外套六十四卦的阴阳鱼图）。可是到了次年（庆元三年，1197年），刻在阁皂山的图却只有"河图""洛书"两幅。为什么最终没把"先天图"刻上去呢？我看可能有两个原因：一是磨岩镌刻比较困难，因为此图外套六十四卦（这一点可以肯定，至于里面是"阴阳鱼"图还是六十四卦方图已不可考）；要把这些复杂的卦爻刻上去是相当困难的，所以朱熹设想"刻卦印印之"。二是在宋人眼里，此图远没有河、洛二图重要。根据胡渭的推测，此图"出希夷，源自伯阳，不若根柢大传五十有五之数为得其正耳"。这张图不如河、洛来得正宗。胡渭这句话是解释蔡季通"秘而不传"的原因的，而实际上是蔡季通、朱熹都觉得没那么重要，加上镌刻又困难，所以就弃而不刻了。对此，束景南先生认为，所以只刻二图，是因为八分的"河图"与九宫的"洛书"本已包含了这张图，三图本为一图。（《中华太极图与太极文化》）这种说法可疑，因为以阴阳鱼为底的河图、洛书是否存在本身就不能确定，怎么能说"三图本为一图"呢？

真正重视这张图并从中悟出"妙"道的除张行成本人外，就算是赵㧑谦了，他说："尝熟玩之，有太极函阴阳，阴阳函八卦自然之妙。"这个"妙"字是赵氏反复把玩（"熟玩"）之后才悟出来的，前人并没有这样去把玩，没有领悟个中妙处，当然也就不予重视了。因而不能以洪迈、朱熹没有评论过阴阳鱼图就否定张行成传过或作过此图。

张行成之后，虽然没有人直接提过他作有这么一幅图，不过，袁桷在讲太极图流变时，曾提到过他，"薛（季宣）授袁（溉）时尝言：河洛遗学多在蜀汉间，故士大夫闻是说者，争阴购之。后有二张，曰行成精象数，曰缜通于玄。最后朱文公属其友蔡季通……"（胡渭《易图明辨》卷二）。从

第三章　太极图

张行成的生平看，他是临邛（今四川邛崃）人，"乾道间，由成都府路钤辖司干办公事丐祠，杜门十年"（黄宗羲《宋元学案·张祝诸儒学案》）。他杜门著书，共七种，七十九卷。是一位典型的"蜀之隐者"。以邵雍之学为归宿，"取自陈希夷至邵氏所传先天卦数等四十图"（《四库全书总目·子部·术数类》，四十图当作"十四图"，张行成《易通变》："敷演解释，以通诸易之变，始若殊途，终归一致。""先是康节之学有所传十四图者，世莫之传。先生得于蜀中估籍吏人之家，因演解之，以为象数之用。"（《宋元学案》）据此说，张行成以在蜀中之便，完全可能在蔡元定（季通）以前得到这幅图。

除了张行成，宋代还有没有人作过"阴阳鱼太极图"呢？据文献记载，至少还有两个人作过这类图。一个是早于张行成的郑东卿（少枚），一个是晚于张行成的罗愿（端良）。

郑东卿传"古先天图"。他作有《先天图注》，自序说："东卿自学《易》以来，读易家文字百有余家，所可取者，古先天图、扬雄《太玄经》、关子明《洞极经》、魏伯阳《参同契》、邵尧夫《皇极经世书》而已……四家之学，皆兆于先天图。先天图，其《易》之源乎？复无文字解注，而世亦以为无用之物也。今予作方圆相生图，为先天图注脚，比之四家者为最简易。"郑东卿提到的"古先天图"至少早于扬雄，并不是他自作，他只是作了一幅"方圆相生图"为它作注脚。"古先天图"到底啥样，不得而知。从名称上推测当是外套先天六十四卦一类图（当时冠以"先天图"名称者，全是指这类图，只是中间图形有"方形"与"阴阳鱼"形的区别）。

罗愿作"河图"。据明初宋濂介绍："新安罗端良愿作阴阳相含之象，就其中八分之，以为八卦，谓之河图；用井文界分为九宫，谓之洛书。言出于青城山隐者，然不写为象。"（胡渭《易图明辨》卷三）罗愿的这张图也说是从四川青城山隐者那里得来的，为阴阳相含之象，中间"八分之"，只是仍不称"太极图"，而称"河图"，不过图像也没有流传下来。胡渭认为这张"河图"就是后来赵仲全"古太极图"的样子。罗愿与朱熹是同乡（同是新安人，今安徽徽州），又是挚友，因而可能朱熹在托蔡元定入蜀寻找三图之前，就看到了罗愿这张图，只是不重视或不赞成（朱熹认为"河

易图探秘

图"是十数图，而不是这张图），所以不予评论。

宋代张行成、郑东卿、罗愿的这类先天太极图，在很长一段时间内都没有引起足够的重视（郑、罗的图已散佚），这种情况一直延续到明代初年。明代一反过去视此图为"无用之物"的习惯，开始真正关注这类图。

明初，赵㧑谦在《六书本义》中载有"阴阳鱼"图（见图3-9），这张图过去被学者认为是第一张"太极图"，看来这个结论应该改写了。不过当时仍未称"太极图"，而是称"天地自然河图"（胡渭引用时称"天地自然之图"）①。赵㧑谦解释：伏羲时，荥阳一带的黄河中有龙马背负这张图浮出水面，所以被称为"河图"，《周易》说"河出图"，《尚书》说"河图在东序"，就是指这张图，而不是指九数图或十数图。

赵㧑谦图与张行成图有一些不同：①赵图外圈为先天八卦，张图外圈为先天六十四卦。②赵图"鱼头"棱角分明，"鱼眼"为偏长的泪痕状；张图"鱼头"线条柔和，"鱼眼"为圆形。

到了明末，赵仲全作《道学正宗》，书中载有"古太极图"（见图3-11），与赵㧑谦图比较，在"阴阳鱼"上加了四条线，划分为八个区域。（胡渭认为罗愿当年的阴阳相含之象的"河图"就是这种样子）这就将卦爻阴阳位数与"阴阳鱼图"黑白变化度数更严格地对应起来。从这个意义上说，后世千变万化的太极图（以两个半圆合成的太极图最为流行）都是不对的，都不符合卦爻位数与太极图黑白变化度数严格对应的本义。从章潢、赵仲全称此图为"古太极图"后，对这张图的称谓才开始统一，最终定名为"太极图"，一直沿用至今。

明代还有一位著名易学家来知德（1525—1604），他自己创造过一幅类似的太极图（见图3-12），载《易经来注图解》。此图命名为"圆图"或"太极图"，其含义为阴阳互生——阳极生阴，阴极生阳，是在传统太极图的基础上稍加改造，但未能流行。

---

① 明代章潢在《图书编》中收录此图，并改称"古太极图"。

第三章　太极图

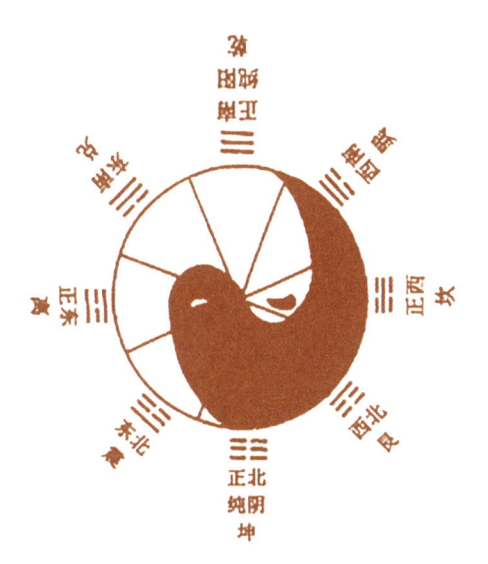

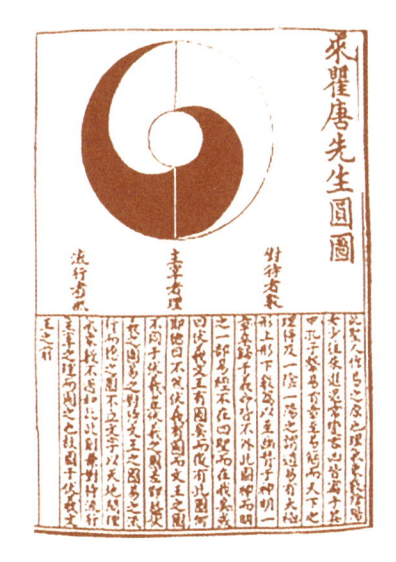

图 3-11　古太极图

图 3-12　来知德太极图——圆图

结论：

（1）"阴阳鱼"太极图的思想渊源可上推到原始时代的阴阳观念，但原始时代的有关图形、符号均不能直接推衍出"阴阳鱼"太极图，因而这类图形并不是太极图的真正源头。

（2）"阴阳鱼"太极图与道教有关，宋元及清代胡渭的有关观点基本可信，这种关系主要体现在内丹、阴阳等思想观念上。但"水火匡廓图"与"三五至精图"同样也不能直接推衍出"阴阳鱼"太极图。

（3）关于陈抟或薛翁、蜀之隐者、青城山隐者创作或始传"阴阳鱼"太极图的观点，在现存文献中并没有此类图式记载，故不能盲目肯定，但也要看到古书文献大量亡佚的事实，因而同样不能轻易否定。

（4）现存文献中最早一张"阴阳鱼"太极图出自南宋张行成的《翼玄》。此图不是清康熙以后人为窜入，这一点从《翼玄》《易通变》的文字内容中可以得到证实。

（5）"阴阳鱼"太极图经明初赵㧑谦改造（简化），定名于明代章潢（"古太极图"），定型于明末赵仲全。之后出现的由两个半圆合成的太极图（包括以左右半圆排列、以上下半圆排列等）都与本义不符。

易图探秘

二、太极图的原始蕴义

（一）五层太极图蕴义

1. 周敦颐太极图

周敦颐作《太极图说》，分"图"和"说"两部分，"说"阐述了"图"的理论蕴义。《太极图说》主要有两种版本，一种是朱熹以前的版本，一种是朱熹改动的版本。

就"图"而言，一是朱震所进的图式（见图3-4），南宋初年杨甲《六经图》（见图3-5）、元代张理《大易象数钩深图》所载图式（见图3-13，取自《正统道藏》本）基本同此，二是朱熹修正的图式[①]（见图3-14），朱熹改动的理由是：

> 太极图旧本，极荷垂示，然其意义终未能晓。如阴静在上，而阳动在下，黑中有白，而白中无黑。及五行相生，先后次序，皆所未明。……而旧传图说，皆有谬误。幸其失于此者，犹或有存于彼。是以向来得以参互考证，改而正之。凡所更改，皆有据依，非出于己意之私也。（《朱文公文集》卷四十二）

朱熹认为旧图"阴静"和"阳动"上下分开，黑中有白而白中无黑（见杨甲图第二层，图3-5），不符合"太极"之意，所以作了改动。将"阴静"从最上一层下移至第二层，将"阳动"从第三层上移至第二层。这样，第一层就是"无极而太极"，符合《说》的第一句，第二层即为黑中有白、白中有黑的"阴静""阳动"图。

[①] 此图载于朱熹《太极图说解》以及明代所编《性理大全》、清代黄宗羲《宋元学案》、张伯行《周濂溪集》等。

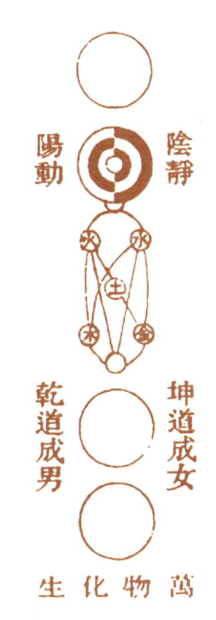

图3-13　张理收载之周氏太极图　　图3-14　朱熹改定之周氏太极图

"说"的部分，朱熹以前的多种版本，首句作"无极而生太极"或"自无极而为太极"，朱熹对首句作了改定。今通行的《太极图说》是朱熹改定本[①]，现录于后：

> 无极而太极。太极动而生阳，动极而静；静而生阴，静极复动。一动一静，互为其根。分阴分阳，两仪立焉。阳变阴合而生水火木金土。五气顺布，四时行焉。五行，一阴也；阴阳，一太极也。太极本无极也。五行之生也，各一其性。无极之真，二五之精，妙合而凝。乾道成男，坤道成女。二气交感，化生万物，万物生生而变化无穷焉。惟人也得其秀而最灵。形既生矣，神发知矣，五性感动而善恶分，万事出矣。圣人定之以中正仁义（圣人之道仁义中正而已矣）而主静（无欲故静），立人极焉。故圣人与天地合其德，日月合其明，四时合其序，鬼神合其吉凶。君子修之吉，小人悖之凶。故曰立天之道曰阳

---

① 《宋史·周敦颐传》、朱震《汉上易传·卦图》载《太极图说》，首句皆为"无极而太极"。

与阴，立地之道曰柔与刚，立人之道曰仁与义。又曰原始反终，故知死生之说。大哉易也，斯其至矣！（《周子全书》卷一）

首句被朱熹改为"无极而太极"。当时，这篇短短的文章已有多个版本，主要差异就在于首句不同。朱熹看到的《宋史》本作"自无极而为太极"（今通行本《宋史》已改），九江本作"无极而生太极"，文字虽稍有差异，但意思相同，都认为"太极"之前有个"无极"，"太极"是从"无极"生出来，朱熹不同意此说，认为"无极"是形容"太极"的，不是"太极"的并列语，而是修饰语，"太极"是最高范畴。于是他从多个版本中选择了"无极而太极"的版本（可能就是朱震所进版本）。他认为"无极"即无形，"太极"即有理，这句话意为：无形而有理，也可以理解为无形的理。

就"无极"与"太极"问题，理学大师朱熹和心学大师陆九渊有过一场激烈的论争。早在淳熙二年（1175年），朱陆在那场著名的"鹅湖之会"上就有过论争，不过那时的主要分歧集中在"为学工夫"上，而未能深入到导致双方为学分歧的根本理论上。此后过了十余年，朱陆争论起"太极"与"无极"的问题。先是陆九渊的哥哥陆九韶给朱熹写了一封信（约淳熙十四年，1187年），说《太极图说》第一句不合圣人教导，圣人只说过"太极"，没说过"无极"。次年，陆九渊致书朱熹表示要辩这个问题，朱熹欣然接受，并抢先把积压二十年的《太极解义》与《西铭解义》公之于世。该年（1188年）四月，陆九渊给朱熹写了第一封论辩信，六月，朱熹入对；陆十二月写第二封信，次年（1189年）正月，朱熹复信[1]。

陆九渊的观点是："无极"之说承自老子，老子讲无中生有，而圣人只讲"太极"，"太极"是理，理本来就是无形的，何必还要加个"无极"，这岂不是"头上安头""床上叠床"吗？并由此证明朱震关于太极图为陈抟传下来的流传谱系是有根据的。朱熹回答：不能以孔子之前的圣贤不言"太极"而非议孔子，同理，也不能以周敦颐之前的圣贤不言"无极"而非议周子。老子所谓"无极"是指"无穷"，与周子不同，所以不能说周子的"无极"出于老子。在"太极"前头加个"无极"是怕有人误把"太极"当作一个物，所以要强调它的无形，不是"头上安头"。

---

[1] 陈来：《朱熹哲学研究》，中国社会科学出版社，1993年。

第三章 太极图

通观这篇仅仅260多个字的《太极图说》，不难看出《周易》作为其主体思想，对周敦颐以太极图构建宇宙图景起了决定性作用。《周易》好比一根红线，把儒、道、释串在一起，《太极图说》本身就反映了这个特点。这里既有儒家"中正仁义""立人之道曰仁与义"的思想，又有佛、老二氏"无欲""主静""无极"的思想，周敦颐通过"易学"将三家巧妙融合在一起，开创了宋明理学的先声，奠定宋明理学的理论基础。

这是一幅优美和谐的宇宙模式图：

无极→太极→阴阳→五行→四时→万物→人

在朱震所进的周敦颐太极图中，从上往下首层为"无极"，具有"阴静"的特性；第二层为坎离相抱图，中央小白圈为"太极"，太极居于无极之下，表示"自无极而为太极"，从无极到太极有一个时间过程。"太极"具有"阳动"的特性。

而在朱熹改定的图中，"阳动"与"阴静"处于平行位置，分别位于第二层坎离相抱图的左边和右边。左边"阳动"为二阳一阴（白黑白），表示阳中有阴。"太极"发动首先生阳，但阳不是纯阳，而是含有阴的因素；动也不是纯动，且含有静的因素。动到极点便生静，静便产生阴，即左边的"阳动"转变为右边的"阴静"。同样，阴静也不是纯阴纯静，而是含有阳的因素和动的因素，故右边的"阴静"为二阴一阳（黑白黑）。阴静到极点复又转变为阳动。"一动一静，互为其根"，动静互为条件，互相依存，循环不已。"分阴分阳，两仪立矣。"阴阳两仪随太极的动静而产生，天地两仪也随之产生。"两仪"可指天地，也可指阴阳。

阴阳二气的变化可产生五行之气，"阳变阴合"是指阴阳二气相互作用、相互唱和，这就是朱震所进图中第二层与第三层交接之处的"阳动"小圈，虽只有"阳动"一小圈，实则"阴合"，即阴气与之配合，于是产生"五行"，即第三层五行图（又称"三五至精图"）。按五行家说，天的阳气变动生出水，地的阴气配合生出火，水火又归于土，土又产生金和木。五气顺布流行，并主管四时——木、火主春、夏，居左方；金、水主秋、冬，居右方；土居中央，不主四时又王四时之末（土主每个季月末十八日，共 $4\times18=72$ 日）。五行既生以后，各含阴阳、太极，"五行一阴阳也，阴阳一太极也，太极本无极也"，这是对上文从无极到五行的生成过程的逆向总结，也说明它们的根本性能是一致的。

第四层图，"乾道成男"居左，"坤道成女"居右，这是由"无极之真，二五之精，妙合而凝"所形成的。"二"指阴阳，"五"指五行，加上"无极之真"为八种要素，微妙地凝聚在一起而形成男女，乾阳之道成男，坤阴之道成女。乾主生成，坤主长育。"男""女"分别是天、日、春、夏、火、木、男等阳性事物和地、月、秋、冬、水、金、女等阴性事物的合称。

最下一层"万物化生"，由男女二性相互交感而产生万物。"二气交感，万物化生，万物生生而变化无穷焉。"这里的男女二性已泛化为阴阳二气，二气的交感流变，使得万物的变化无穷无尽。

从"太极"到"万物"的顺序是宇宙形成的过程，又隐含着对人文世界最高价值根源的探讨。周敦颐巧妙地将"太极"和"人极"结合在一起，从"太极"本元回到"人极"现实，从自然宇宙回归人类精神、道德世界，体现了儒家学者的人文关怀。

人禀受阴阳之气而有形体和精神，禀受五行之气而有五常之性。五常之性相互感动，则形成善恶。圣人应当"立人极"。所谓"立人极"就是要"仁义中正""无欲""主静"。"仁义中正"是儒家传统的道德精神，"仁义"沿用孔孟的原始义项，"中正"由《易传》引申而来，"中"又出自《中庸》（"喜怒哀乐之未发，谓之中；发而皆中节，谓之和。"）。周敦颐赋予"中"以人性论的含义（人性的中正完满），[1] 赋予"正"以道德意义（道德上的公正无私）。"仁义中正"来自二五之精，"仁"属于阳，属于木，"义"属于阴，属于金；"中"属于火，"正"属于水。它们又来自"太极"。要实现"中正仁义"的道德标准，要从修身做起，"君子修之吉，小人悖之凶"。修身的基本要求和重要方法就是"无欲"。只有"无欲"才能达到"静"的境界，而"静"正体现了"无极之真"。

圣人立"人极"还要效法天地、日月、四时、鬼神四道（"与天地合其德，与日月合其明，与四时合其序，与鬼神合其吉凶。"），要参合天道、地道、人道，即参合阴阳、刚柔、仁义之道（"立天之道曰阴与阳，立地之道

---

[1] 周敦颐在《通书》中把人性分为刚善、刚恶、柔善、柔恶、中共五等，"中"是最高标准，是纯善无恶、刚柔兼济而无偏颇，是中于节度的完满善性。

曰柔与刚，立人之道曰仁与义。"）。只有明白宇宙万物化生的法则、自然万物周而复始运动变化的规律，才能了解人类生死之谜。"原始反终"既是宇宙客体世界也是人生主体世界演变的大法则、大规律，这正是伟大《周易》的智慧之巅！

周敦颐太极图将"无极""太极""人极"的宇宙自然的演化过程和人文意义世界的道德法则连为一体，将宇宙生成论、本体论与价值形上学连为一体，揭示了由天道推衍人道又回归天道、由宇宙自然世界观照人伦人文世界又反观宇宙自然世界的生动、和谐统一、简单的大规律。

2. 道教五层顺逆炼丹图

现存道教五层顺逆炼丹图名称不一，但图形大体相同，都是从下往上的顺序。特集录如下：

（1）陈抟"无极图"（见图3-15）。图载于黄宗炎《图书辨惑》（四库全书本），疑此图不是陈抟所作，而是后人托名。

（2）萧应叟"太极妙化神灵混洞赤文图"（见图3-16）。图载于上清派茅山宗传人萧应叟（南宋宝应年间）作《元始无量度人上品妙经内义》（《正统道藏》本）。明代第四十三代天师张宇初的《元始无量度人上品妙经通义》采用这幅图。

（3）陈致虚《太极顺逆图》（见图3-17）。图载于元初道教丹道传人陈致虚的名著《金丹大要》（《正统道藏》本）。

（4）卫琪"无极图"（见图3-18）。图载于元代东蜀道士卫琪《玉清无极总真文昌大洞仙经》（《正统道藏》本）。

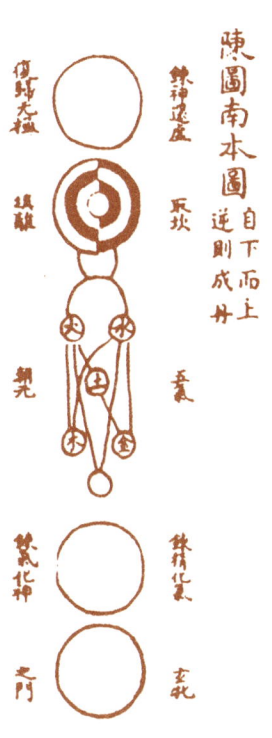

图3-15　陈抟无极图

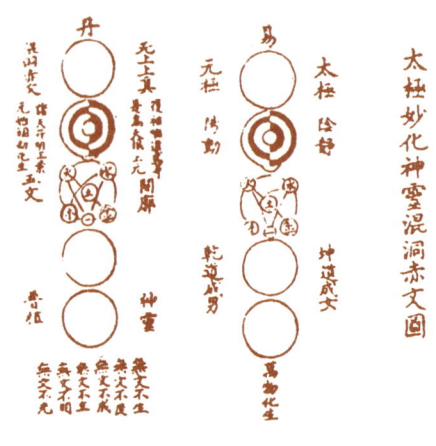

图 3-16　萧应叟太极图

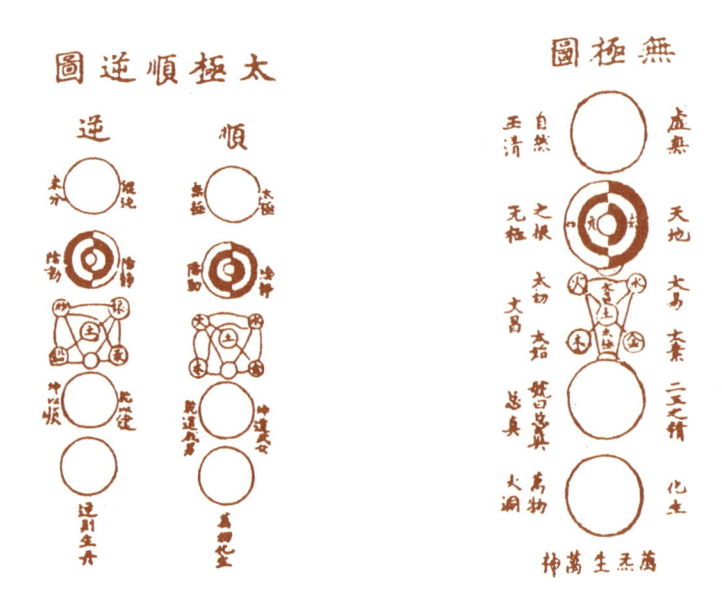

图 3-17　陈致虚太极顺逆图　　图 3-18　卫琪无极图

这些图都有一个特点，就是依照从下往上的次序，与周敦颐图相反，所以称为"逆"（周图称为"顺"），这是符合丹道"颠倒颠"原理的。

从下往上第一层为"玄牝之门"，为虚无之谷、天地之根、众妙之门，是生命的根本。萧应叟解释为"无文不光，无文不明，无文不立，无文不成，无文不度，无文不生"，以此对应周敦颐的"二气交感，化生万物。万物生生，而变化无穷矣"。

第二层为"炼精化气，炼气化神"，是内丹术修炼三个阶段中的头两个阶段。萧应叟解释为"普植神灵"，以对应周敦颐的"无极之真，二五之精，妙合而凝。乾道成男，坤道成女"。

第三层为"五气朝元"，指五脏之气朝归于上丹田（"元"）。五气本源于太极，通过内丹修炼将纵欲耗散之五气收聚回归自身。萧应叟解释为"五文开廓"，以对应周敦颐"阳变阴合而生水火木金土，五气顺布，四时行焉"。

第四层为"取坎填离"，表面意思为取坎卦（☵）阴中之阳爻填入离卦（☲）阳中之阴爻，则坎卦变为坤卦（☷），离卦变为乾卦（☰），坎、离为后天之位，乾、坤为先天之位，通过取坎填离，使后天变为先天，实指内丹修炼中"坎离交媾"的"小周天"功法。萧应叟解释为"上无复祖，唯道为身"，以对应周敦颐的"分阴分阳，两仪立焉"。

最上一层为"炼神还虚，复归无极"。这是内丹修炼中经过"大周天"乾坤交媾后进入最高境界，复归于与宇宙同体的虚无——"无极"。萧应叟解释为"混洞赤文无无上真"，以对应周敦颐的"无极而太极"。

比较上述几家解释，当是托名陈抟的无极图最为简练、最为恰切，形象而准确地表述了内丹术修炼的过程与境界；萧应叟和陈致虚的解释等而下之；卫琪则以众多名词术语堆砌于图中，有杂凑之嫌，未能简明地表达内丹要旨。

（二）阴阳鱼太极图蕴义

要揭示阴阳鱼太极图的原始蕴义，不得不从邵雍（康节先生）讲起。

在第一章中，我们介绍了邵雍的先天八卦、六十四卦方位图、次序图。方位图蕴含阴阳消长变化的基本理念，次序图蕴含了宇宙发生和万物分类的基本理念，都是用来解释卦象的生成次序并用来说明一年的节气变化，进而又用来说明万物的兴衰、社会治乱、世界终始的。

就先天六十四卦方位图外圈的圆图而言（见图1-42），左半圈从乾卦（☰）至夬（☱）……大壮（☳）……泰（☷）……兑（☱）……临

（䷗）……离（䷝）……震（䷲）……复（䷗），为三十二卦，阳爻共一百一十二，阴爻共八十，阳爻占优势，故为阳，阳爻由乾至复由多至少，表明阳消阴长。右半圈从姤卦（䷫）至大过（䷟）……巽（䷸）……坎（䷜）……遁（䷠）……艮（䷳）……否（䷋）……观（䷓）……剥（䷖）……坤（䷁），为三十二卦，阴爻共一百一十二，阳爻共八十，阴爻占优势，故为阴，阴爻由姤至坤由少至多，表明阴长阳消。（如左半圈从复至乾运转则为阳长阴消）如用二进制替换卦爻则左半圈乾卦（䷀）为111111=63，复卦（䷗）为100000=32，从乾到复依次为63，62，61……32；右半圈姤卦（䷫）为011111=31，坤卦（䷁）为000000=0，从姤到坤依次为31，30，29……0。六十四卦卦爻的次序从乾→复→姤→坤，形成一个"S"形，正如邵雍自己说：

> 数往者顺，若顺天而行也，是左旋也，皆已生之卦也，故云数往也；知来者逆，若逆天而行，是右行也，皆未生之卦也，故云知来也。夫易之数，由逆而成矣。（《皇极经世书·观物外篇》）

左旋为"顺"，右行为"逆"，顺和逆构成这个"S"形。朱熹也作了同样的解释："圆图象天，一顺一逆，流行中有对待。"（《宋元学案·百源学案》引）

再看先天八卦方位图（见图1-35），这个图其实就是先天六十四卦方位图的缩小，朱熹解释为"自震至乾为顺，自巽至坤为逆"。这种解释我认为有悖于邵雍本义，按邵雍的说法应当是自乾一至震四为顺（左旋），自巽五至坤八为逆（右行），正符合"S"形。如用二进制检验，左半圈乾（☰）为111=7，兑（☱）为110=6，离（☲）为101=5，震（☳）为100=4；右半圈巽（☴）为011=3，坎（☵）为010=2，艮（☶）为001=1，坤（☷）为000=0。这与邵雍乾一、兑二、离三、震四、巽五、坎六、艮七、坤八的次序完全吻合，又恰巧构成了太极图"S"形走向。

在本章第一节中，我在考证阴阳鱼太极图时，阐述了邵雍后学张行成对先天图的诠释，证明阴阳鱼太极图早期是对先天八卦、六十四卦方位圆图的形象解读，这正是阴阳鱼太极图的最初蕴义。

阴阳鱼太极图黑鱼与白鱼互纠表示阴阳的互根、互动，互为消长。白

第三章 太极图

鱼由左上方起左旋由大到小，说明阳气渐消；黑鱼由右下方起右行由大到小，说明阴气渐消。而黑白鱼首尾相咬、互相纠缠，说明阳气渐消的同时阴气渐长，阴气渐消的同时阳气渐长。阴阳的消长是不可分离的，是循环不已的。由微而著，至极必反，这是天地自然变化的大规律（所以赵㧑谦称此图为"天地自然之图"）。

至于白鱼中的黑眼和黑鱼中的白眼则分别指两阳含一阴的离卦（☲）和两阴含一阳的坎卦（☵）。注意，从坎离卦所居位置上看，与两鱼眼所示位置恰好相反。有人据此认为坎离二卦位置弄颠倒了，其实不然。这正是阴阳鱼图富于变化的特征所在，切不可过于拘泥，也不可将这种示意图还原为现代数学公式。

邵雍先天八卦、六十四卦方位圆图本用来说明一年节气的变化。按邵雍《观物外篇》"冬至之子中阴之极，春分之卯中阳之中，夏至之午中阳之极，秋分之酉中阴之中"，先天六十四卦分为春、夏、秋、冬四时，其中坤、复二卦为冬至（子之半），无妄、明夷二卦为立春（寅之初），同人、临二卦为春分（卯之半），履、泰二卦为立夏（巳之初），乾、姤二卦为夏至（午之半），升、讼二卦为立秋（申之初），师、遁二卦为秋分（酉之半），谦、否二卦为立冬（亥之初）。周而复始，生生不息。如就先天八卦言，则震卦为立春，离卦为春分，兑卦为立夏，乾卦为夏至，巽卦为立秋，坎卦为秋分，艮卦为立冬，坤卦为冬至。

阴阳鱼太极图形象地表达了一年八节及二十四节气的变化规律，从立春开始一阳生，白鱼尾部渐起，至春分、立夏，白鱼越来越大，至夏至为最大，此时为纯阳（乾卦），白鱼也大到极点；然后白鱼渐消，黑鱼渐长，标志立秋开始，至秋分、立冬，黑鱼越来越大，至冬至为最大，此时为纯阴（坤卦），黑鱼也大到极点。

如果从十二消息卦看，也符合阴阳鱼消长图形。依西汉孟喜的卦气说，十二消息卦与十二月对应如下：

复䷗十一月→临䷒十二月→泰䷊正月→大壮䷡二月→夬䷪三月→乾䷀四月→姤䷫五月→遁䷠六月→否䷋七月→观䷓八月→剥䷖九月→坤䷁十月

元代胡一桂似乎已悟出孟喜十二消息卦与太极图的关系，他用黑格表示阴爻、用白格表示阳爻，画出了《文王十二月卦气图》（见图 3-19，图载于《周易启蒙翼传》，四库全书本）。如果把它们连接起来，稍加压缩，就明显构成一幅阴阳鱼太极图。

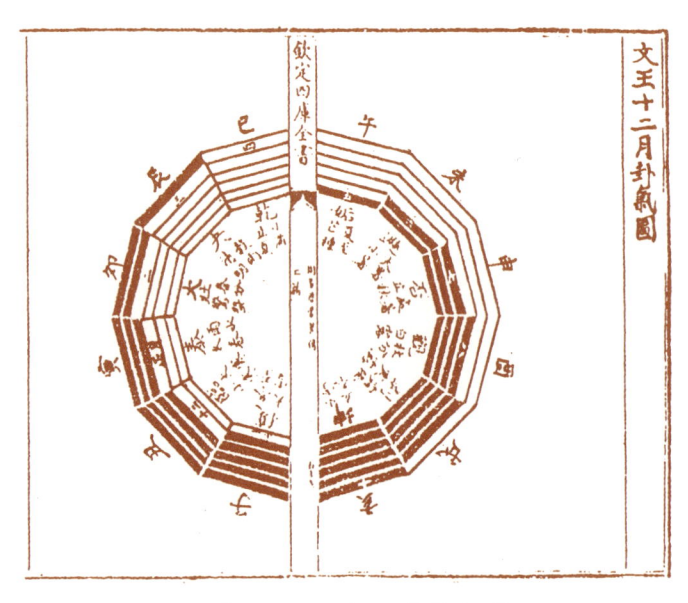

图 3-19　胡一桂卦气图

太极图的两只鱼眼在卦气说中还可解释为日（黑鱼中的白眼）和月（白鱼中的黑眼）。因为在孟喜、京房卦气说与《周易参同契》纳甲说中，离卦纳己，坎卦纳戊；离己为日，坎戊为月（日月为"易"）。《参同契》纳甲坎离二卦居中宫，不表示月亮的盈亏，而只以其余六卦表示月亮盈亏（进而说明内外丹用火程序）。因此太极图中的两鱼眼并不直接表示节气，而只表达阴中有阳、阳中有阴——冬至虽纯阴但蕴含阳气将生，夏至虽纯阳但蕴含阴气将生——这样深刻的道理。

明代易学大师来知德（瞿塘）可以说是解读太极图的权威代表之一，他创造了一系列图式（载于《易经来注图解》，巴蜀书社 1989 年影印本），以解释先天八卦太极图。最基本图式为黑白两仪互相缠绕，中间为一空心圆（见图 3-20）。他作了一首《美圆歌》：

我有一丸，黑白相和。
虽是两分，还是一个。
大之莫载，小之莫破。
无始无终，无右无左。

  该图黑白二格表示阴极生阳、阳极生阴，万物气机生生不息、循环不已。中间空心圆象征太极，阴阳从此生出，自微而显、由显而著，而与自然消息相合。白线居于黑中、黑线居于白中，说明阴中有阳、阳中有阴。黑中分太阴、少阴，白中分太阳、少阳，说明太极生两仪、两仪生四象、四象生八卦之理，由此生出伏羲先天八卦（见图3-21）。此图同样亦可解释文王后天八卦的方位，位置不变，只是代表的卦不同，以白路为坎卦，黑路为离卦，认为后人依据邵雍解释文王八位，通说穿凿，解之反晦。实际上，孔子《易传》"帝出乎震"一节已解释明了（见图3-22）。

图3-20 来知德太极图

图3-21 伏羲八卦方位图 图3-22 文王八卦方位图

  来知德以此图式解释先天六十四卦。白路为一阳复，自复而临、泰、大壮、夬，阳以渐而长，至乾为纯阳；黑路为一阴姤，自姤而遁、否、观、剥，阴以渐而长，至坤为纯阴。说明太极图完全体现伏羲先天六十四卦阴阳消长之理、造化性命变化之道（见图3-23）。这种图式说明一日气象（见图3-24）与一年气象（见图3-25）。一日为十二辰，配以太极图，说明一日之昼夜明暗。一年二十四节气，配上太极图，说明春生、夏长、秋收、冬藏。来氏认为，"万古之人事""万古之风俗""万古之始终"都体现在太极图一年之气象、一日之气象之中。

明代左辅（泾川）作"太极后图"（见图3-26）（图载于《泾川文集·太极后图》），虽自称发挥了周敦颐太极图，实际上是解释先天八卦太极图的。其实也是一幅气象图，此图将四时一分为八，以八卦配属二至、二分、四立等八个节气。中间太极曲线从立夏到立冬，

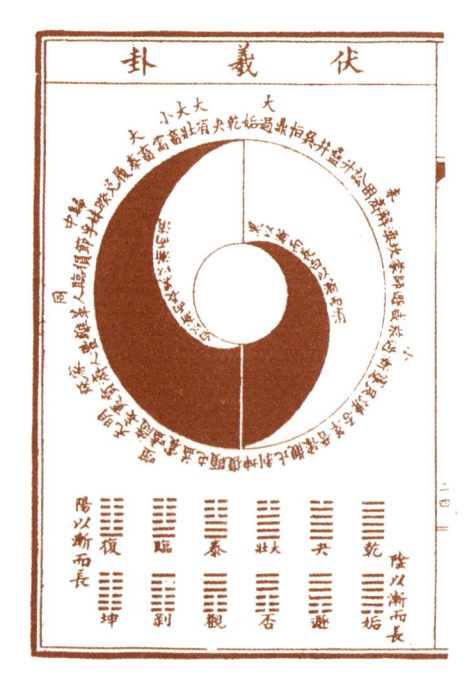

图3-23　伏羲卦图

这条分界线将全图一分为二，但不是子午线而是戌己线，且呈现曲线形式，揭示了立夏与立冬二节的运动变化规律。黑白两条狭窄的曲线表示阴中有阳、阳中有阴。他自己解释："太极动而阳始生于北方……长于东南为立夏……太极静而阴始生于南方……长于西北为立冬。"这是由东南立夏到西北立冬作太极曲线的依据。

清代胡煦（字晓沧）依据来知德图式作"循环太极图"（见图3-27）（图载于《周易函书约存》），以此图说明河图、先天八卦太极图，认为它们都体现阴阳消长、循环不已的原理。河图之象，一奇生于北内，三奇长于东内，然后七奇出于南外，九奇尽于西外；二偶生于南内，四偶长于西内，然后六偶出于北外，八偶尽于东外。先天八卦图乃取法河图而画，除坎、离为交接之际外，震之一阳（一奇）生于坤内（北内），兑之二阳（三奇）盛于东内，乾之三阳（七奇）极盛而外出，艮之一阳（九奇）尽于西外；同时，巽之一阴（二偶）生于乾内（南内），艮之二阴（四偶）长于西内，坤之三阴（六偶）极盛而外出，兑之一阴（八偶）尽于外。先天八卦图上下

第三章　太极图

盛衰、内外始终之方位与河图相似，是另一幅先天太极图。如将此图内外三分，则可以配三画之卦；内外六分，则可以配六画之卦。阳之初生，必在子中，及返而就消，即在子初；阴之初生，必在午中，及返而就消，即在午初。阴阳始生，必在其内；及盛而渐消，乃始外出。与太极图、先天八卦、六十四卦方位次序图完全相合。阴阳相合，阴虽极盛，必不离阳；阳虽极盛，必不离阴。阳始于纯阴极盛之时；阴始于纯阳极盛之时。阴阳皆旋始而旋终，体现阴阳互根互依之理，流行不息、盛极必反之用。

古人对阴阳鱼太极图的解释均立足于阴阳的消长往复，并以此推及一年节气、一日气象等。阴阳鱼太极图只是宇宙世界对立双方运动变化、循环往复的规律图示。

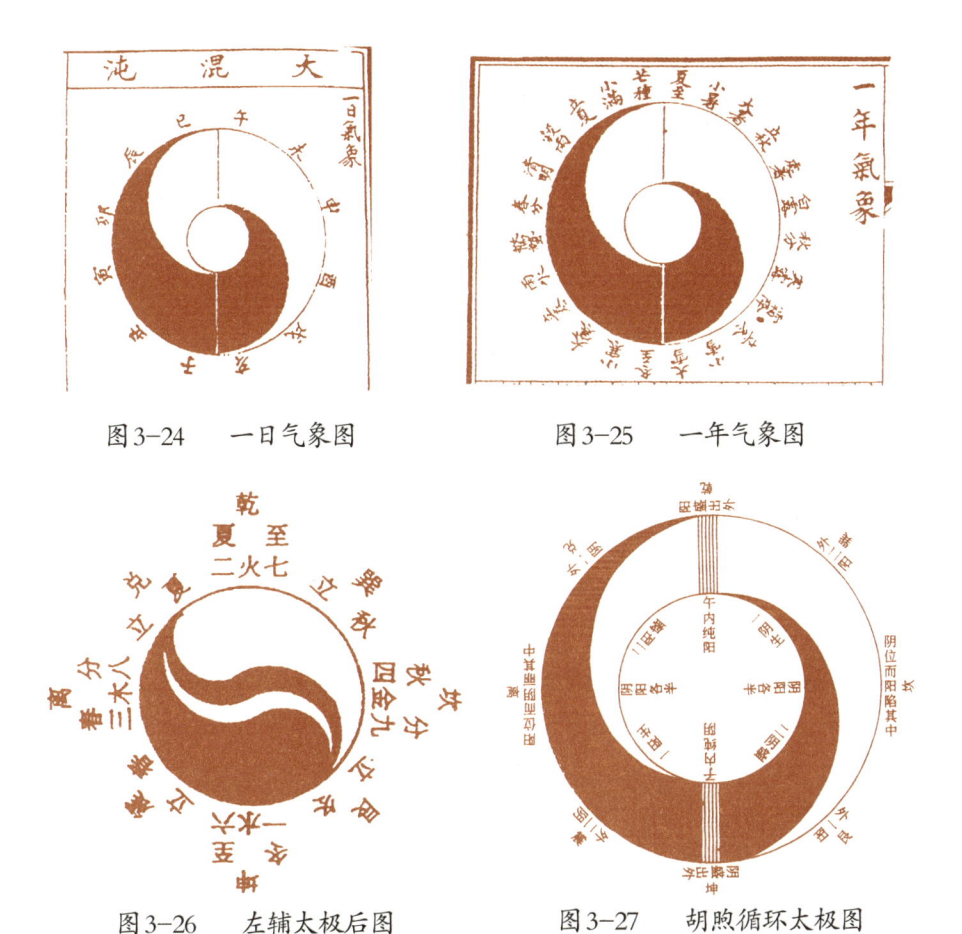

图3-24　一日气象图

图3-25　一年气象图

图3-26　左辅太极后图

图3-27　胡煦循环太极图

191

三、太极图的现代"破译"

现代人只要一提起"太极图"三个字,脑海里一般总是浮现出一幅阴阳鱼图,而那幅最早被称作"太极图"的五层图,除了一些专门研究者之外,恐怕没有几个人知道了。本章所称的"太极图"特指阴阳鱼图。阴阳鱼太极图既然有这么高的知名度(没有任何一幅图能比得过它),当然就有难以计数的人对它发生兴趣,从疑惑、感到神奇,到跃跃欲试,有的人甚至决定将自己毕生精力投入探索太极图中,企望这个千古难解之谜在自己手里得到破译。其中有人也确因"破译"而名噪一时,制造过轰动的新闻效应。然而太极图还是那样静静地旋动着……它的秘密真的被揭开了吗?还是让我们先来看看今人的"破译"答案吧。

(一)太极图是宇宙场与宇宙数的统一

今人王锡玉先生认为,"伏羲太极八卦图"是六千年来"亘始一图"。太极图中心部分阴阳相交归于太极,揭示宇宙场的物理成因;外围部分奇偶数(素)相交归于太极,揭示宇宙数的数理成因。太极图的阴阳鱼代表阴5与阳5,合加为0,外围八卦,阳面四卦:☰代表三奇,演数为1;☱代表二奇一偶,演数为3;☲代表二奇含一偶,演数为9;☳代表一奇二偶,演数为7。这些数的逆时针方向为3的演数:(1×3=3),(3×3=9),(9×3=27),(7×3=21),1—3—9—7—1……形成一个逆时针无限循环;这些数的顺时针方向为7的演数:(1×7=7),(7×7=49),(9×7=63),(3×7=21),1—7—9—3—1……形成一个顺时针无限循环。3的演数加7的演数为0,象征正反奇数的演数之和等于零。"太极图"阴面四卦,7代表三偶,演数为2;☷代表二偶一奇,演数为4;☶代表二偶含一奇,演数为8;☵代表一偶二奇,演数为6。阴面这些数的逆时针方向为2的演数:(2×2=4),(4×2=8),(8×2=16),(6×2=12),2—4—8—6—2……形成一个逆时针无限循环;阴面这些数的顺时针方向为8的演数:(2×8=16),(6×8=48),(8×8=64),(4×8=32),2—6—4—2……形成一个顺时针无限循环。2的演数加8的演数为0,象征正反偶数的演数之和也等于零。八个卦不只构成了阳、阴（奇、偶）的完全对称，也构成了阳、阴（奇、偶）场数的正负转换。一切能场，大至宇观天体，小至微观粒子，都按这张图的方位进行数（素）交变与场素（数）转换，足数（素）则生，增数（素）而长；减数（素）则衰，尽数而亡。宇宙的大小决定于场，宇宙的兴衰决定于数（素）。

王锡玉的上述"灵悟和破译"于1987年被国内几十家报刊报道，被称为破译了太极图的"全部奥秘"，轰动一时。他将自己的书定名为《宇宙元素周易经络图》，并自称创立了"宇宙统一场数（素）生成与转换理论"，这个理论不仅可以修改门捷列夫的"元素周期表"，而且可望解决海洋潮汐、太阳能源、中子星成因、彗星、万有引力、艾滋病、癌症等几乎所有现代科学所难以解决的问题。然而事隔十年，却再也听不到下文了。

王先生的这种"破译"，其错误主要不在于读反了卦位（应从下往上读，但王先生却从上往下读），而在于他完全是在借题发挥，是借太极图发挥他的"玄子理论"。为什么☰为1，☳为3，☵为9……？为什么阴阳鱼代表阴5和阳5？完全是他自己的设定。这种设定能算是"宇宙大统一理论"吗？能解决所有科学难题吗？恐怕是天方夜谭！

（二）太极图是波粒二象性、量子力学并协原理的形象图示

丹麦著名物理学家玻尔（N.H.D.Bohr，1885—1962），因在微观物理世界取得杰出的科学成就，而被丹麦国王授予荣誉族徽。他在为族徽设计图案时，特意选择了"太极图"，并镌刻上一句名言：

Contravia sunt complements（对立即互补）

玻尔用太极图表达了他的量子力学互补原理（见图3-28，采自霍耳顿《互补性的根源》）。玻尔在分析波粒二象性的基础上，形成和发展了他的物理学认识论。

有人据此认为，玻尔是根据太极图发现了"互补性"思想，这是不符合事实的，因为玻尔正式提出互补性思想是在1927年，而他设计族徽图案是在1947年，整整晚了二十年。当时设计族徽时，还是一位中国史专家（S.罗森塔耳的夫人汉娜·柯比林斯基，汉名柯汉娜）向他建议用"阴阳符

号"（即"太极图"）的。[①] 也有人认为，太极图可形象表示出波粒二象性。太极体本身是粒子，因而具有粒子性；其内部处于阴阳振荡过程中，即具有恒定的波源，此波源遵守阴阳转换与守恒定律，故波能源稳定，因而太极体本身有独特的波长与频率，具有波与粒子共存的特征。（韩永贤《太极体量子力学》）也有人认为，太极图的圆形是粒子性，中间S曲线是波动性，太极图是波粒二象性的统一。

作为宇宙构成基本规律的太极图，能形象表述波粒二象性、对应原理、并协原理是可以理解的，但如果将它等同于波函数、定态薛定谔方程、一维无限深方势阱，并以此说明太极图中早就有后者，那是很荒唐的。

图3-28　玻尔太极图族徽

（三）太极图是五维时空的立体的宇宙结构

今人严春友、周复元、赵建功等人持此观点，他们的共同特点是将太极图看成立体的太极球。周复元认为这种太极球揭示了一个五维时空的宇宙结构。这个球体由两个面积相等、色彩相异的环带垂直相交而成。两个色带表示正、反物质。选择适当的角度观察它，就是一幅太极图形象。正反两种物质流相互掩蔽的地方呈现四边形，两个四边形上的八个角构成球体的内接正方体，这正好就是八卦的编码。如果从球心向正方体六个面的中心作垂线，便构成了三维的空间坐标，把球体分为八个象限，反、正物质流（阴与阳）各居一半。时间维则寓于阴阳物质流的中心线上，阴阳物质流的运动方向便是两时间维的矢向，构成五维时空宇宙。在这个五维时空太极球体上，阴阳鱼变成了鞍马形，两个鱼眼变成了鞍马弧面上的四个圆点，对称分布在球体赤道上，即"黑洞"与"白洞"。

赵建功认为宇宙由正世界（正物质）、反世界（反物质）、中间的"宇宙屏障"三部分构成。正、反物质通过"宇宙隧道"相互转化，形成永恒

[①] 戈革：《神童并不一定像老头》，《中华读书报》1998年10月14日第9版。

的循环。正世界的正物质可以通过黑洞——反白洞的宇宙隧道转化为反物质，进入反世界；反世界的反物质可以通过白洞——反黑洞的宇宙隧道转化为正物质，进入正世界。这种由正、反物质及中间屏障构成的宇宙就是一张"太极球图"。

这种"破译"与其说是"破译"，不如说是改造。作为宇宙运行规律、结构模型的示意图，太极图当然基本符合正、反物质及中间屏障的宇宙结构，也基本符合五维时空宇宙结构，但如果将太极图完全等同于后者，则是行不通的，如太极图从乾至震为顺列（逆时针方向）、从巽至坤为逆列（顺时针方向）就与五维时空宇宙模型难以吻合。

赵定理先生认为太极图是宇宙天体球在地平面上的投影，其中两个小点用于定南北方向，S曲线是日、月、五大行星等天体周运动轨道在水平面内投影的图示。

这种说法也是难以使人信服的，这种平面投影只是S曲线或大圆圈的形象图示，并不能等同于外为大圆、内为S曲线的完整的太极图形。

此外还有太极球图是热大爆炸宇宙模型、稳衡态宇宙模型、等级式宇宙模型等说法，均是一种臆测。"发明者"往往把某一点相似说成完全"就是"，犯了以偏概全的逻辑错误。

（四）太极图是具有数学规律的卦位幅长的运动轨迹

东南大学李仕澂先生经研究认为，太极曲线是卦位幅长的运动轨迹，有数学规律可循，他提出了数学作图法（见图3-29），以半径R作圆，作子午线与卯酉线；左半圆阴鱼曲线，取乾（午）为0，坤（子）为π（180°）；右半圆阳鱼曲线，取坤（子）为0，乾（午）为π（180°）；取θ为卦位幅长ρ与子午线之间夹角，则阴阳鱼均适的卦位幅长ρ（即P点运动轨迹）为$\rho = \frac{n}{32} \cdot R$（$0 \leq n \leq 32$）或$\rho = \frac{R}{\pi} \cdot \theta$（$0 \leq \theta \leq \pi$弧迹）。"鱼眼"眼心 f（$\rho$0，$\theta$0）：

$$\rho_0 = \frac{1}{2} \times \frac{18}{32} \times R = \frac{9}{32} R$$

$$\theta_0 = 18 \times \frac{\pi}{32} = \frac{9}{16} \pi$$

鱼眼半径 $r = \rho_0 \sin\alpha = \frac{9}{32}R \cdot \sin\frac{\pi}{16}$（$\alpha$ 为坎、离别卦与卯酉线之间的夹角），鱼眼曲线方程为：$\rho_1^2 - \rho_1\rho_0\cos(\theta-\theta_0) + \rho_0^2 - r^2 = 0$

或 $\rho_1^2 - \frac{9}{16}R\rho_1\cos(\theta - \frac{9}{16}\pi) + (\frac{9}{32}R)^2\cos^2\frac{\pi}{16} = 0 (\frac{\pi}{2} \leq \theta \leq \frac{5}{8}\pi)$

李仕澂根据"伏羲六十四卦方位"各卦的十进制编码值，并将它配以长度单位，确定该卦位的幅长，作出六十四卦幅长图。从图中可看出：左边从乾经兑到复，其幅长从0、1……31一步步长大；右边从坤到剥到姤亦然。把左右两半幅长端点联结起来，按左阳、右阴习俗得曲线分圆的右半部分，涂黑代表阴，则得黑白回互的太极图。可见太极图是先天卦位幅长的运动示意图[1]。

这种观点有一定的道理，因为从阴阳鱼太极图的来源看，太极图是先天卦位图的另一图示，而这种精确的作图法应该说揭示了先天卦位幅长的数学规律，但是否就完全揭示了"太极图"的数学规律，"太极图"到底是不是一个可以严格定量、定型的数学图形？今人还有不同看法。至少在古人那里，"太极图"还不可能达到如此精密严格的程度，还不可能有这种符合现代数学方程的作图法。"太极图"作为一种阴阳互补互动、消长进退大规律的图解，看来只是一种概率的、动态的、示意的图形。

（五）太极图是气功功能态下的脑电图

苏州大学束景南先生提出，用现代最先进的仪器对气功功能态下大脑电波进行测试，所显示的脑电图为一张"太极图"的图像。这一研究已经得到了广泛的实验证实，并且同中国古代太极文化（道教、内丹学）的认识完全一致。以现代科学技术手段进行多次实验都证明：人在静息态时脑电 α 频段功率主要集中在枕区，气功功能态中转为额区出现能量集中的 α 波峰，额—枕脑电分布明显逆转（额枕关系逆转）；在气功功能态下，额叶 α 尖峰频率值有左移的趋势（向低频转移）。大脑太极图的图形就是在这样的气功功能态下出现的。

---

[1] 李仕澂：《太极图真义》，张其成主编《易经应用大百科》，东南大学出版社，1994年。

第三章 太极图

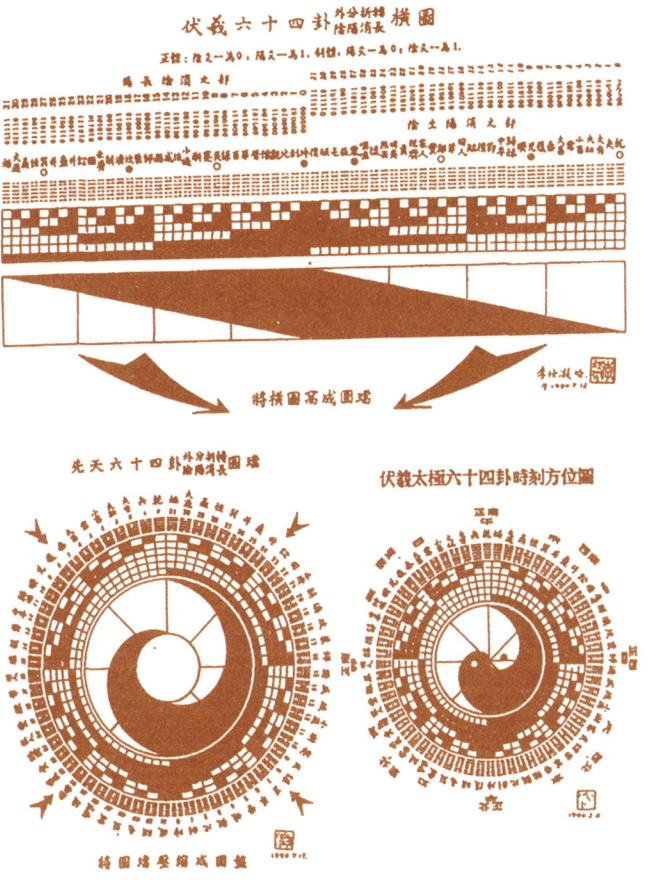

图 3-29 先天八卦太极图的形成

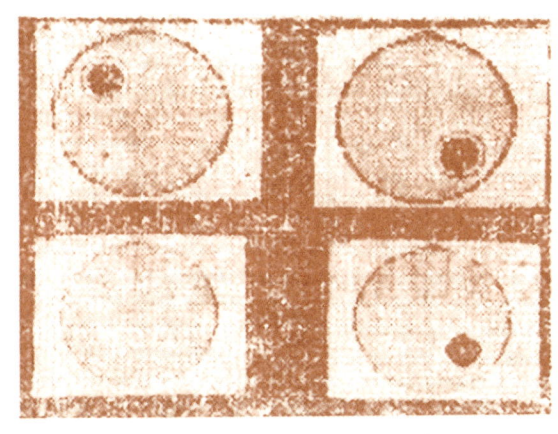

图 3-30 大脑太极图

易图探秘

其实这种观点，夏双全、梅磊等早就提出过。据称夏双全是一位气功师，他在接受原国防科工委航天医学工程研究所用 ET 计算机扫描技术进行测试时，进入气功态后，调控大脑呈现一幅绚丽多彩的脑涨落太极图（见图 3-30，采自夏双全《中华气功学》）。该所的梅磊从气功态脑电涨落信息中提取出了一种超慢几率波（S 流），把它展开后得到一张很像太极图的图形。

束景南先生认为，太极图是内丹修炼达到一定层次后通过内视或内景感受记录下的"丹象"，这种"丹象"（太极图）可以在腹部丹田也可以在手部劳宫穴、印堂天目穴等处出现。他还从太极图与道教内丹术同时出现、太极图被丹家视为"脑电图"、太极图的原始功能是描述内丹修炼等三方面论证太极图起源于道教丹学。他在否定了其他"破译"路子后，自称是从太极图起源方面、从微观生命科学方面真正"破译"了太极图。一时间，在海内外引起一场不大不小的"轰动"。

这种断言恐怕也是难以使人信服的。其一，从现代科学测试结果看，气功态中出现的脑涨落图底色呈蔚蓝色，分布十六个点位，前额处有红色为主体的明点，后脑枕处有一团以白色为内核、浅蓝色为外圈的潜伏点，脑右侧有浅黄、蓝色为主体的明点，前脑额处有一团以浅蓝色外圈包着的一点白色的潜伏点；大脑额区出现能量集中的 α 优势峰，额区—枕区呈现 S 形关系逆转。这种脑涨落图很难说就是太极图，充其量只能说在气功态下脑涨落呈现波形曲线形态而不是直线形态。如果将 S 波形运动结构都看成"太极图"，那么宇宙之间恐怕找不到几种不是"太极图"的东西了。实际上，宇宙的基本运动形式是曲线（或圆形）——非线性运动形式和直线——线性运动形式，而前者更普遍，所以说太极图揭示了宇宙基本规律，但不能说凡符合太极 S 运动规律的就是"太极图"。[①] 退一步说，即使这种脑涨落图符合标准的"太极图"，那也绝不能说"太极图"就是脑涨落图。

其二，从道教传统"丹象"看，一般记载都呈"婴儿"形，称为"圣胎"，又称"金丹"。"圣胎"可以入丹田，也可以由天门出入，谓出"阳神"，是极高功夫。很少有记载"金丹"是"太极图"图形的，当然不能一

[①] 前文已将"太极图"规定为外套八卦或六十四卦、内为阴阳鱼互纠的图形，如不做这一规定，那么诸如卐形、双龙、双凤、双鱼等图形岂不都是"太极图"了。

概排除有这种情况，尤其应当承认现代人练功时会出现"太极图"，但是谁能保证这不是练功人已经知道"太极图"图形而在练功时有意无意去"意守""太极图"而造成的现象呢？

其三，从太极图起源看，束先生认为起源于内丹修炼生命科学，只是一张脑电图，古人得到后才去解释宇宙间各种各样的现象。我认为恰恰相反，太极图与卦爻符号一样，起源于对宇宙万物的观察与模拟，仰观天象、俯察地理、近取诸身、远取诸物，内丹修炼的内视与内景感受当然也包括在内，而绝不是从某一现象中直接得来的。否则，试想那种仅从某一现象观察得来的图像怎么可能具有普遍性的意义呢？怎么可能揭示"宇宙物质运动中普遍存在的结构和原理"？遗憾的是，束先生已经意识到这一点，并且批评了那些"把太极图看成只是对某一种物质运动规律的描述，好像没有普遍性"的人，而他自己又不自觉地犯了同样的错误。

除上述"破译"外，近来还有人作出了以下"破译"：太极图是左右旋的生命结构图、是 DNA 双螺旋结构图、是月相变化图、是太阳晷景图、是太阳系螺旋星云起源和进化图、是气象变化图、是元素周期变化图、是男女性交合行为图……

看来这种"破译"还会继续下去，各种高论还会层出不穷，不知道这是"太极图"研究的幸运还是悲哀。宇宙之间有 S 结构、有圆运动的物质和现象，且比比皆是，"太极图"的作者正是观察、领悟了这种物质运动现象，才作出这么一张示意图，说上述运动现象符合太极图蕴义则可，说太极图就是其中的某一现象、某一物质则是以偏概全、万万不可的。打个比方，可以断言 1+1=2，但绝不能反过来断言 2 就只是 1+1，用逻辑术语说，上述种种"破译"只是"充分条件"，而不是"必要条件"，更不是"充分必要条件"。

四、太极图是宇宙生命规律的唯象模型

在分析了太极图的来源及原始蕴义之后，我们对当代各种有关太极图的所谓"破译"结论进行了评析，说明太极图并不是某一事物、某一现象的图示，而是对宇宙生命总体规律的形象描述。

易图探秘

五层太极图与阴阳鱼太极图之间存在同质、互补的关系，五层太极图重在描述宇宙发生、发展、变化、复始的过程，阴阳鱼太极图重在描述宇宙生命的结构与运动规律，可以说，阴阳鱼太极图是宇宙生命规律的唯象模型，因而它可以涵括五层太极图的基本蕴义。今仅在这个意义上对阴阳鱼太极图作一探讨。

（一）宇宙生命的 O 结构与循环律

太极图外圈的大圆昭示宇宙生命的圆结构。在中国古代观念中有"天圆地方"说，"易"是阐述天道的，天道又是涵括地道、人道的，所以在易学看来，天地都是圆的。宇宙生命的圆结构是一种动态结构，是天地、日月、四时、昼夜以及气血津液、脏腑经络等循环运动的结构。

太极图O结构是对《周易》圆道（圜道）理论的形象阐释，是对宇宙生命循环律的形象表述。循环反复是"易道"，是"天地之心"（《周易》象传语）。这种观念已渗透到中国文化的心理思维层面，成为中华文化的品质之一。

宇宙本是圆形与直线的统一。直线运动表现为上升或下降的运动，而圆形运动既有上升又有下降，从宇宙运行大规律看，圆运动比直线运动更为普遍、更为根本。从宏观看，太阳、地球、月亮是圆球体，按圆轨迹运行，整个天体也是按圆轨迹运行；从微观看，物质由分子、原子构成，原子分为原子核、电子，它们都呈圆球状，电子围绕原子核做圆周运动。大自然的勃勃生机靠物质能量的循环变化，生命的存在靠气的循环、血液的循环。

中医学和气功学在圆形理论指导下，建立了脏象五行循环与气血经络循环的人体运动结构模型。[1] 肝、心、脾、肺、肾五脏，胆、小肠、胃、大肠、膀胱五腑，目、舌、口、鼻、耳五窍等，按木、火、土、金、水五行发生相生相克的生理循环联系与乘侮胜复的病理调节变化，人体各部位之间、人体与外环境之间形成多层次的循环网络。气血沿经脉作循环往复

---

[1] 张其成：《医易象数模型与人体生命模型》，《中国中医基础医学杂志》1996年第4期。

运动，经脉也是一个多层交织的循环网络，任脉与督脉、带脉、十二经脉等都是循环往复的。

气功的大小周天运气炼丹法是一种圆运动修炼法，气功是对人体的自我反馈调控。人是一个自控系统，心神是控制中枢，是"君主之官"，对人体各部分具有反馈调节功能。气功说到底就是"炼神"（在炼精化气、炼气化神、炼神还虚三阶段中，最高层次是"炼神还虚"；在气功三调——调身、调息、调神中，最关键的是调神），炼神就是优化、强化心神的调控功能。心神调控人体各部分直达形体四肢，人体各部分以至形体四肢的感觉反馈给心神，构成一个回路，气在这个互为因果的回路中循环往复；心神的功能得到了增强，身体各部位也随之健康。这就是气功的基本原理。

圆运动的特点是首尾相接、循环往复，运动方向随时可以改变，原因和结果可以互相转化。不像直线运动方向永不改变，因果永不调转。圆运动任何两点都互为因果，始点就是终点，终点就是始点。对圆运动、对循环律，过去很长一段时间曾有过不公平的评价，看来除了态度不端正之外，根本原因就在于对以太极图为标志的圆道思维方式没有真正理解。

（二）宇宙生命的 S 结构与对待互补律

太极图阴阳鱼中间的连线呈现"S"结构，"S"既是卦爻阴阳分立之后的中介联系，是《老子》生万物的"三"，又是对待互补、对立统一律的唯象表述。

太极图的 O 结构与 S 结构是密切关联的，有时两者趋于等同，有时两者各有侧重。为了叙述方便，姑且将 S 结构与对待互补律结合在一起，至于 S 结构圆道表述部分，此不重复。

S 结构同 O 结构一样也是宇宙物质运动的一种普遍表现形态。宇宙生命运动凡出现正反向对旋、波浪式回旋、螺旋等循环形式，都可看成 S 结构（从此也说明太极图曲线是唯象、动态、概率的）。S 结构除了显示对待互补、对立统一的宇宙生命运动规律外，还显示否定之否定、阴阳盛衰转化、螺旋式上升等运动规律。

整个宇宙表现为 S 结构——回旋运动状态。宇宙由无数星系组成。它们大多与银河系一样呈螺旋、回旋状态，称为螺旋星云（galaxies）。现代天

易图探秘

文学根据对部分星星发出的光进行光谱分析表明，有的出现谱线红移现象，表明在远离地球处，宇宙在膨胀；有的出现紫移现象，表明在接近地球处，宇宙在收缩。朱灿生先生从20世纪月亮运行的百年数据中发现了S旋状的运动规律，月亮运行的百年数据规律描绘在极坐标中，得到两条回环互抱的旋臂曲线。[①]

从太极图的最初蕴义看，太极图所表示的气象、历法变化也是一种S结构，是对四时代谢、昼夜消长、节候交替的形象描述。一年四时的二十四节气晷影变化，从冬至开始的六个月中，晷影从最长逐渐缩短；从夏至开始的六个月中，晷影从最短逐渐增长。恰好可以用十二消息卦表示，前者从复卦（冬至）一阳生经临二阳、泰三阳、大壮四阳、夬五阳到乾六阳为夏至；后者从姤卦（夏至）一阴生经遁二阴、否三阴、观四阴、剥五阴至坤六阴为冬至。如此循环往复，正是太极S运动形态。

大气对流运动也与太极图旋转结构吻合。大气有垂直上升与垂直下降气流存在，太阳辐射使地面增温，大气层温度愈近地面愈高，热空气要上升形成高气压，冷空气要下降形成低气压，两者产生垂直运动，同时产生左右平流运动，如此上下左右循环运动，形成S形回旋形态。

太极S运动也是人体生命活动的基本运动形式。蛋白质是生命的物质基础，蛋白质肽链的基本构造是双螺旋状态，作为遗传实体的基因DNA是双螺旋结构。DNA两条核苷酸长链之间存在严格的碱基互补配对关系，即A与T配对、G与C配对。亲代的DNA分子复制成子代的DNA分子就是根据这种配对关系组成新的双螺旋结构。构成动物生命基础的氨基酸是左旋体，生物死后埋入地下，有机体在自然条件下被水解为氨基酸，其左旋逐渐向右旋转化，最后达到平衡。构成植物生命基础的糖也是左旋的，而植物中所有一切淀粉，又都是由一个个右旋糖组成。现代医学、生物化学表明，左旋结构一般起兴奋作用，右旋结构一般起抑制作用。如于1971年，医学发现左旋咪唑有增强免疫的作用与加强免疫监护的功能，而右旋咪唑则无活性现象。这种左右旋生命结构，体现了对立互补的原理，是生命得以存在、遗传的基本法则。

[①] 朱灿生《太极（阴阳）——科学的灯塔》，《南京大学学报》（自然科学版）1985年第3期。

第三章 太极图

中医以阴阳五行对待流行、气血津液的升降消长来说明人体生命运动。明代医学家张景岳以太极图来说明中医生理、病理及辨证施治，他在代表作《类经图翼》中将"太极图论"列为全书之冠，太极之学实为"理气阴阳之学"，是中医的"第一要义"。他诠释太极图含三为一："夫一者，太极也；二者，阴阳也；三者，阴阳之交也。阴阳交而万物生矣。"这个"三"实际上就是 S 结构。阴平阳秘、阴阳相交，S 结构中和平衡，人体就处于正常健康状态。反之，S 结构就出现不稳、失调状态，即是病态。人体是一个由 S 运动结构所表述的自稳调节系统。一旦失衡，就要调节阴阳，这种调节可以用气功，可以用自然疗法，也可以用药物治疗，而不管什么方法，其目的都是使失衡的阴阳状态重新恢复正常。

总之，太极图揭示了宇宙生命循环往复、对待互补、对立转换的基本规律。太极图结构是直观唯象的，它可以在整个宇宙自然及生命领域得到广泛的证实，甚至可以在科学实验中得到检验，因为它毕竟是"规律"。但这并不等于说太极图就是某种精确的，可以量化、可以实验的物质现象和运动轨迹。太极图是示意的，不可量化，亦不必量化。

如继续按照上述"破译"的路子，其结果只能是极大地限定太极图作为规律的普遍性，抹杀太极图的本义，好比硬给一个古人穿上西装革履，让他说外语、吃西餐，既不伦不类，又强人所难。

太极图是大道，是规律，是用来描述和解释各种物质运动大规律的理想图示。很多现代科学发现与太极运动结构极为相似，如板块构造金属成矿的回旋模型、计算机模拟星系碰撞图像、物质与反物质碰撞的辐射线等等，这一方面说明太极图表述的规律具有普适性、合理性，另一方面也可以看出太极图模型对现代科学具有启发甚至前瞻功用，它至少给现代科学研究提供了一个特殊的参照系，如何利用太极图及卦爻、河洛模型来诱导、启发现代科学研究，是一项具有重大意义的工作，这项工作的目的是促进科学的发展，而绝不是去求证古代太极图、卦爻、河洛中有什么科学原理。

第四章
太极统一模型图

第四章　太极统一模型图

太极图与河图洛书、阴阳卦爻各系统之间既是各自独立的，又是互相联系的，具有同构同质、互动互补的明显特征，共同构成太极统一模型，代表中华文化特有的思维方式，决定中华科技、文化的面貌与走向。

一、三级易学符号系统

阴阳卦爻、河图洛书、太极图是代表中华文化理念特征的三级符号系统，其中太极图是图像符号，河图洛书是数字符号，阴阳卦爻是线条符号。就它们的起源而言，卦爻起源最早，约起源于夏代或更早；河图洛书作为数字图式的确立，至迟在西汉，作为名称的确立则在北宋；太极图起源最晚，就现存文献资料而言，严格意义上的太极图出现在南宋。

按时间的顺序，将易学符号三级子系统分述如下。

（一）卦爻——第一级易学符号系统

六十四卦产生的时间早于卦爻辞，据《周礼》以及诸家注，早在夏代，《连山易》、商代《归藏易》就已经有了六十四卦符号，与《周易》不同的只是六十四卦的排列次序存在差异。

《周易·系辞传》说卦爻产生于伏羲时代，是伏羲发明的。这种说法带有神话色彩，当然不可全信，从史料上考察卦爻符号，至少在上古时代（至迟在西周初年）就已产生。

今人一般认为卦爻符号源于龟蓍，用于占筮，我认为龟蓍、占筮是表面的、非本质的，龟筮源于对宇宙生命神秘现象的迷惑与探索，隐含着对宇宙生命的认识。因而从本质上说，卦爻符号导源于对宇宙生命秘密的探索，又反过来应用于这种探索之中。卦爻符号被古人认为是神灵的启示物，通过卦爻占算可接通"天人之际"。卦爻是巫术文化的反映，也是人文文化的起源。经《易传》的解读，卦爻由巫术符号变为哲学、理性符号。后世易学沿着这个路数，对卦爻符号继续做理性的解读，并促成了中国哲学以探讨天人关系为特征的传统。

卦爻符号蕴含阴阳观念，虽然《易经》卦爻辞中没有提到"阴阳"概念，但从卦的基本组成符号"━"和"╌╌"来看，就是"阳"和"阴"的符号图示。八卦由四组相对的三爻卦组成，六十四卦由三十二组相对的六爻卦组成，六十四卦首两卦"乾"和"坤"也是阴阳相对的，可见卦爻符号本身已具备阴阳对待——对立的基本思想。六十四卦的构成、排列次序，六爻的上下往来、刚柔变化，还体现了阴阳互为本根、互为依托、相互消长转化、互补互动的思想。

六十四卦的逻辑思维、哲学蕴义是通过卦爻辞、《易传》、"易学"逐步解读出来的，解读的过程其实是一种赋予新知的创造过程，解读的方法是多样的，其中有一派是以新的符号图式解读卦爻元符号，由此形成了河图洛书、太极图这类解读符号系统。

从汉代开始，易学家利用卦爻创建了各种卦图，如卦序图、卦位图、卦气图、卦序图、卦变图，它们从不同的角度解读了卦爻的含义，其中最有代表性的是邵雍的先天（伏羲）八卦、六十四卦图和后天（文王）八卦、六十四卦图。它们集中体现了易学"天文合一""时空合一""位序同构""阴阳对立统一""物极必反""循环往复"等精义。

（二）河图洛书——第二级易学符号系统

宋代将早已有之的十数图、九数图确立为河图、洛书，其目的是为了解读《周易》。

刘牧以十数图为洛书，认为《周易》天地之数是《尚书·洪范》五行之数自身演变的结果；以九数图为河图，认为九数河图是八卦之象的来源，并以河洛数图建构易学有关世界形成和结构的图式。

与刘牧同时的阮逸反对刘牧河九洛十说，托名北魏关朗（子明）作《易传》，提出河十洛九说。南宋朱熹、蔡元定大力主张此说，从此十数图为河图、九数图为洛书就成为后世通行的、权威的定论。

河洛由数组成，以数解《易》起始于刘、邵，发展于朱、蔡。

河洛与八卦相配用以说明八卦源于河洛，这是古人的共识。朱、蔡有先天卦配河图、洛书图，清李光地有后天卦配河图、洛书图，明来知德有河洛卦位合图，清江永有圣人则河图画卦图、则洛书列卦图……都是在解释《周易·系辞传》"河出图，洛出书，圣人则之"。

进而以河图洛书为宇宙万物之理，河洛蕴含八干、四维、十二支、二十四向、五行、八卦、五音（本数和变数）、十二律……

因河洛的确立是在两宋，在当时的理学思想背景下，河洛系统自然与理学密不可分，以河洛数阐释理学成为当时象数学派的学术倾向。

（三）太极图——第三级易学符号系统

太极图图像符号可以说也是宋代形成或者说是从宋代开始流行的。

最早被称作"太极图"的北宋周敦颐"太极图"，是一张由五层图构成的图式，周敦颐用这个图式解说"太极—两仪—五行—万物"的宇宙（天道）生成过程，并赋予它以人伦（人道）和价值理念，以此建立儒家"太极"—"人极"的天道观、人道观与修养观，从而奠定宋明理学的理论基础。

由邵雍先天学而派生出来的"太极图"（即阴阳鱼太极图），最早称为"先天自然之图""先天自然河图"或"先天图"，是邵雍先天八卦、先天六十四卦方位图的另一形象图示。现存文献中最早一张太极图是邵雍后学、南宋张行成所作，此图是对先天六十四卦蕴含义理的解读。

先天太极图到明代广为流传，已逐渐取代五层太极图而成为易学的代表图示，这是因为这种简洁生动的图案最能形象表示太极阴阳互根互生、互补互动、互为消长变化的深刻内涵。

（四）三级符号系统的关系

阴阳八卦、河图洛书、太极图三级符号系统共同构成统一的"易学符号统一系统"。在这个统一系统中，各子系统之间具有同质同构、互补互动的关系。下文以太极图为基准，比较阴阳八卦系统、河洛系统与它的关系。

1. 阴阳八卦与太极图

阴阳八卦与太极图的关系至为密切。当今学术界在关于八卦与太极图谁先谁后的问题上主要有两种观点。

（1）太极图早于八卦，是阴阳八卦的先导

赵忠文[1]认为，太极图呈现的双眼漩涡纹的"S"形线，最早见于新石

---

[1] 赵忠文：《先秦思想史要论》，辽宁教育出版社，1993年。

易图探秘

器时代陶器上的漩涡纹图案，而八卦产生于神农时代。太极图先成于八卦，是八卦产生的端倪。

持这种观点的人，有一个前提，就是认为太极图就是原始时代的双凤、双龙、双鱼或漩涡纹饰。既然如此，那么太极图自然就早于阴阳八卦、六十四卦符号了。

我认为这个观点是值得商榷的，在本书第三章，我已对阴阳鱼太极图的来源作了考辨。太极图从思想内涵上固然可上溯到原始时代双龙、双凤等纹饰的阴阳交互观念，从图形上也不能说毫无关系，但这些纹饰毕竟没有直接推衍出太极图形。说太极图先成于八卦、六十四卦，是缺乏足够证据的。

束景南先生也认为"太极图"早于"易学"，并否定太极图起源于"易学"，[①]认为在探讨太极图起源方面普遍存在着一种"易学化"破译法，人们几乎都把"太极图"与《易经》联系起来，认为太极图起源于"易学"，是对易道、易理、易数的精微描述，把太极图说成从太极阴阳八卦中推衍出来的。"易学"被现代科学化，"太极图"也就被"新纬学"化。束先生的结论是，"太极图"出现在前，用易学思想来解说，"太极图"在后。

其实束先生也主张张行成"易先天图"是"今所见最早太极图"，并否认双龙、双凤等纹饰就是太极图的观点，按理说由此自然可得出太极图是对易道、易理、易数的描述和结论，然而却得出了上述相反的结论，颇令人费解。究其因，原来是他要证明"太极图是高气功态下的脑电图"这一新见。既然太极图与气功有关，自然就不能与"易学"混为一谈，于是束先生从朱熹《周易参同契考异》入手，对朱熹从人体生命科学（气功）角度破译"太极图"大为称赞，并做了详尽考释。

对束先生的考释功夫我是钦佩的，但对他的基本观点我是不赞成的，对此我在第三章中已作了辩驳。这里我只想强调一点，那就是，太极图与道教丹术、与"易学"关系至深，太极图是道教丹学、儒家理学对易学思想的描述与解读。"易学"与道教丹学不仅不矛盾，而且有密不可分的亲缘关系。

事实上，道教内丹派原本就是借助《周易》卦爻的。被称为"万古丹

[①] 束景南：《中华太极图与太极文化》，苏州大学出版社，1994年。

经王"的最早一部丹道典籍是东汉魏伯阳的《周易参同契》[①]，该书参合大易、黄老、炉火，借卦爻符号以论作丹之理，因此道教内丹学又被称为"道家易学"。

（2）阴阳八卦早于太极图，是太极图的先导

这是当代一些学者的观点，我也赞成这种观点。只是在太极图（阴阳鱼太极图）出现于何时的问题上，与部分学者的观点不同。在第三章中，我论证了第一张阴阳鱼太极图为南宋初年张行成所作（就现存文献资料而言）。

从张行成的"易先天图"（即"太极图"）看，很明显是对邵雍先天六十四卦方位图的形象解读，或者说太极图就是先天易图的另一图示。

邵雍先天（伏羲）八卦方位图与先天（伏羲）六十四卦方位图，首次刊载于朱熹的《周易本义》（见图1-35、图1-42），张行成是邵雍的后学，他所作的《易先天图》内圈画黑白"鱼"图正是为了解释外圈的先天易卦，所以他自己将此图命名为"易先天图"。

至于张行成与道教有无关系，道教的渊源是不是太极图，虽然还不能十分肯定地断言张行成的太极图就是从"蜀之隐者"，即青城山道士手里得到的，但太极图与道教钟吕金丹派、陈抟内丹派之间的密切关系却是怎么也抹杀不了的。这也证明了太极图与"易学"有密切关系，证明太极图、道教与"易学"本来就是一种你中有我、我中有你的关系。

"易"是通贯儒、道的，不能将"易学"与"道教"割裂开来、对立起来。不能认为太极图与道教有关，就与"易学"无关了。

撇开道教丹法不讲，单看一看阴阳鱼太极图的原本功用，就可清楚地看出太极图与卦爻的渊源关系。让我们还是回到张行成的这张《易先天图》上。

《易先天图》的外圈为邵雍六十四卦黑白方块排列，从乾左旋，经夬、大有……到复，这三十二卦最里圈都是白方块，其他五圈黑白交错，从乾到复是阳气逐渐减少、阴气逐渐增多的过程，即太极图"白鱼"由"鱼头"到"鱼尾"的运演过程；从坤卦右旋，经剥、比……到姤，这三十二卦的

[①] 对《周易参同契》的作者问题，学术界有争议，有徐从事、淳于叔通、魏伯阳等不同看法。此处依据通行说法。

最里圈都是黑方块（原图有误），其他五圈黑白交错，从坤到姤是阴气逐渐减少、阳气逐渐增多的过程，即太极图"黑鱼"由"鱼头"到"鱼尾"的运演过程。同时，由乾到复与由坤到姤的过程又是双向的，即阴气增长必伴随阳气减少，阳气增长必伴随阴气减少，反之亦然，这就是黑白二"鱼"互为纠缠、互为消长的原因。

从明代的太极图看，无论是赵㧑谦的"天地自然河图"、赵仲全的"古太极图"，还是来知德所采的"先天画卦图"，都是在"太极图"的外圈配上先天八卦，左半圈配以乾一、兑二、离三、震四，依次为三纯阳、阳二分阴一分、二阳含一阴、阳一分阴二分，是阳气渐消、阴气渐生的过程；右半圈配以坤八、艮七、坎六、巽五，依次为三纯阴、阴二分阳一分、二阴含一阳、阴一分阳二分，是阴气渐消、阳气渐生的过程。恰好与太极图黑白二鱼的循行相同，其中二阳含一阴的离卦就是白鱼中的黑点，二阴含一阳的坎卦就是黑鱼中的白点。

从太极图与先天八卦、六十四卦的源流上说，应该说先天八卦、六十四卦是"源"，阴阳鱼太极图是"流"；从内涵上说，应该说两者可以互为补充、互为解读。

2. 河图洛书与太极图

在宋人眼里，"河图""洛书"与"太极图"（当时叫"先天图"）并称为"易三图"。

据传，宋初华山道士陈抟创立三种图式，以图式代替文字解说《周易》和炼丹术。[①]但在哪三种图式问题上，却有争议。一说是先天太极图、龙图、无极图；一说是先天太极图、河图、洛书。又因陈抟并没有传下具体图式，所以在这些图式到底是何形状问题上，争议更大。

宋末元初袁桷在为《谢仲直易三图》作《序》中说，朱熹曾嘱咐他的朋友蔡元定（字季通）到四川去寻找陈抟的三种图式，蔡氏得到后秘而不传，后来被谢仲直得到。至于这三张图是什么样子，袁桷并没有说明。

[①] 这是宋明学者共同的看法。邵伯温《经世辨惑》、王称《东都事略·儒学传》、朱震《汉上易传·表》、朱熹《语类》、袁桷《谢仲直易三图序》、张理《易象图说》、赵㧑谦《六书本义》等均持此观点。

第四章　太极统一模型图

到了明初，赵㧑谦才首次把三图之一的"天地自然河图"公布在他的《六书本义》中（见图 3-9）。此图被后人称为"古太极图"。赵㧑谦对此图的来源做了说明："此图世传蔡元定得于蜀之隐者，秘而不传，虽朱子亦莫之见。今得之陈伯敷氏。"

至于其他两类图式中的"龙图"，一般认为就是河图、洛书。《宋文鉴》收录陈抟《龙图序》一文，《宋史·艺文志》记载陈抟《龙图易》一卷。《宋文鉴》的编者吕伯恭认为《龙图易》就是陈抟所作，明初宋濂亦持此观点，但朱熹认为《龙图易》是"假书"。

《宋文鉴》收录的陈抟《龙图序》，只提到"龙图"一词，并没有收载"龙图"的图形。元代张理始将"龙图三变"图式收载在他的《易象图说》中。这就是由十数、九数构成的"河图洛书"。至于这种河图、洛书是否即是陈抟的"龙图"，已不可考。

第三种图为"无极图"。宋元一些道教学者以及清初黄宗炎等将周敦颐太极图称为"无极图"。黄宗炎在《图书辨惑》中说："太极图者始于河上公，传自陈图南，名为无极图，乃方士修炼之术，与老庄之长生久视又其旁门歧路也。"这张无极图被陈抟刻在华山石壁上，后传给穆修，穆修又传给周敦颐，所以，黄宗炎认为周敦颐的太极图就是"无极图"。

就以上三种图式而言，各家基本认为先天太极图、龙图——河图洛书，为陈抟所传，对"无极图"的认识分歧较大。从黄宗炎的论述看，无极图就是五层太极图（不是阴阳鱼太极图），这种论述缺乏必要的论据。将周敦颐五层太极图改成"无极图"是南宋末年的事，当时道教学者萧廷芝在《金丹大成》中，将太极图改称"无极图"，但实质内容并未改变。元代卫琪仿照周敦颐太极图作"无极图"，其实并没有改变这种五层结构的图式，只是将周氏的注释改为丹道的解释罢了。

下面我们再来看一看先天太极图（阴阳鱼太极图）与河图、洛书的关系。

在宋代，这三张图被看成具有同等意义的重要图式。张行成《易通变》载"河图洛书与先天合一图"，只是这三图与通行意义，即上述"易三图"不是同一图式。

朱熹的老乡兼好友罗愿认为阴阳相含的太极图与"八分之"的河图

213

（即"河图太极图"）、"界分九宫"的洛书（即"洛书太极图"）是一致的。宋濂说："新安罗端良（即罗愿）作阴阳相含之象，就其中八分之，以为八卦，谓之河图；用井文界分九宫，谓之洛书。言出于青城山隐者，然不写为象。"[1]罗愿没有说明图的具体形状，后人猜测他的"八分之"的河图就是明代赵仲全的"古太极图"（见图3-11）或来知德的"先天画卦图"（见图4-1），他的"界分九宫"的洛书近似于来知德的"太极河图"（见图4-2），今人束景南拟画了一张"洛书太极图"（见图4-3）。

图4-1　先天画卦图

阴阳鱼太极图在早期甚至就被称为"河图"。河图的奇数白点与偶数黑点分别在两区，构成相含合抱形状，如同黑白鱼的螺旋形，奇数白点位居白鱼，偶数黑点位居黑鱼，恰好就是一张太极图（见图4-2）。这恐怕就是赵㧑谦将这张阴阳鱼太极图称作"天地自然河图"的根本原因。

洛书虽然不称为"太极图"，但其义理同阴阳鱼太极图不二。洛书奇数一、三、九、七为阳鱼从起始到鼎盛到渐衰的过程。偶数二、四、八、六为阴鱼从起始到鼎盛到渐衰的过程。

可见河图、洛书与太极图都表述了阴阳的互为依存、互为消长、互为转化的周期变易规律，只不过河洛是以数字形式、太极图是以图像形式罢了。

---

[1] 转引自胡渭《易图明辨》卷三《论希夷先天图》。

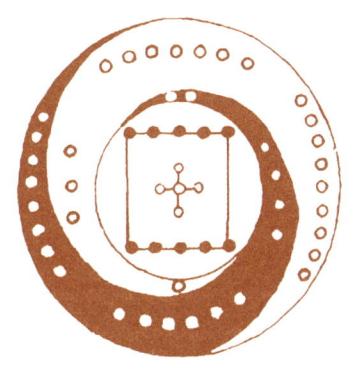

图 4-2　太极河图　　　　图 4-3　洛书太极图

二、太极统一模型图

上述三级符号系统，传统一般归入"易学象数学"范畴，本书称为"太极符号系统"。这是因为"太极"一词既反映了中国哲学文化的本质特征，又可看作"太极图"的简称。而"太极图"作为汇总前两级符号系统的图形，简洁生动地表达了各级符号系统的思维理念，也是易学象数学的核心所在。

在三级易学符号系统中，就形式而言，卦爻偏重于线段符号，河洛偏重于数理，太极图偏重于图像，从表面上看，它们是异构的、互不相干的，但实际上它们是同质、同构的。

中国哲学文化有一个重要命题，就是"天人合一"。对此学者有不同的理解，有人理解为"天人一体"，有人理解为"天人同德"，有人理解为"天人相通"。我认为如果就内涵而言，"天人合一"是指"天人同质"；如果就形式而言，"天人合一"是指"天人同构"。所谓"同质"就是指天地宇宙与人体生命具有共同的品质、共同的规律；所谓"同构"就是指天地宇宙与人体生命具有共同的结构、共同的位序。"同质"与"同构"又是合而为一、不可分割的。——"天人合一"的命题闪烁着中国人智慧的火花，对此进行科学探讨必将对中华文明的复兴、中华文化的现代整合起到促进作用。

"天人同质""天人同构"思想集中体现在卦爻、河洛、太极图模型中。换句话说，这三种同质、同构的模型反映了"天"与"人"的同质、同构关系，证明并诠释了"天人合一"观念。（"天人合一"命题的明确提出者虽然是汉代的董仲舒，但"天人合一"的观念至迟在西周时期即已萌芽。）

既然卦爻、河洛、太极图是同质、同构的，那么就可以将它们纳入一个统一的模型中，为此，笔者设计了一个"太极统一模型"（见图4-4）。

如果将太极模型配上五行、天干、地支，那就是一幅宇宙生命动态结构与运行规律图式。五行、干支方位、运行关系如图4-5所示。

图 4-4　太极统一模型图　　　　图 4-5　五行干支模型图

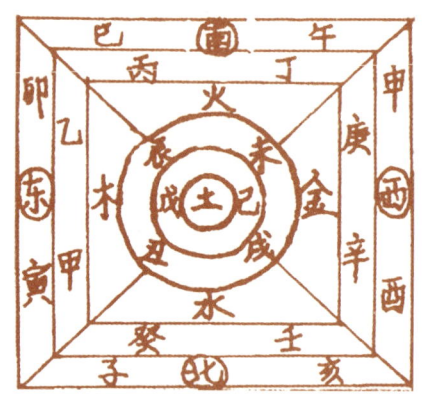

五行、干支可看成对太极统一模型的诠释或补充。在太极统一模型中，左边为离卦（先天）、震卦（后天）、三（洛书数）、三八（河图数），居东方，配应甲乙、寅卯，属木；右边为坎卦（先天）、兑卦（后天）、七（洛书数）、四九（河图数），居西方，配应庚辛、申酉，属金；上边为乾卦（先天）、离卦（后天）、九（洛书数）、二七（河图数），居南方，配应丙丁、巳午，属火；下边为坤卦（先天）、坎卦（后天）、一（洛书数）、一六（河图数），居北方，配应壬癸、子亥，属水；中央为太极，为五（洛书数）、五十（河图数），配应戊己、辰戌丑未，属土；东南方为兑卦（先天）、巽卦（后天）、四（洛书数），属木；西南方为巽卦（先天）、坤卦（后天）、二（洛书数），属土；东北方为震卦（先天）、艮卦（后天）、八（洛书数），属土；西北方为艮卦（先天）、乾卦（后天）、六（洛书数），属金。

第四章 太极统一模型图

上述八卦的五行属性是针对后天八卦而言的，先天八卦左边离卦属火，右边坎卦属水，上边乾卦属金，下边坤卦属土，左上兑卦属金，右上巽卦属木，左下震卦属木，右下艮卦属土。

先天八卦的顺序是乾一、兑二、离三、震四、巽五、坎六、艮七、坤八。从乾一到震四，阳气递减、阴气递增，正如太极图中的"白鱼"所示；从巽五到坤八，阴气递增、阳气递减（从坤八到巽五，阴气递减、阳气递增），正如太极图中的"黑鱼"所示。

河图数中阳数（奇数）由下一→左三→上七→右九→下一，阴数（偶数）由上二→右四→下六→左八→上二。阳数起于下、生于内、长于左、居于内，盛于上、出于外，极盛并终于右、尽于外，由下而上、由内转外；阴数起于上、生于内、长于右、居于内，盛于下、出于外，极盛并终于左、尽于外，由上而下、由内转外。阴阳数互进、互动，如同太极图阴阳鱼互纠、互旋。

洛书数中阳数由下一→左三→上九→右七→下一，阴数由右上二→左上四→左下八→右下六→右上二。阳数左旋，阴数右旋；阳数起于下，运行于四正位；阴数起于右上，运行于四隅位。阴阳数互相对转，如同太极图阴阳二气相互消长。

由此可见，上述三级符号系统都可落实在任一级系统中，任一级系统都能表述其他系统的含义。卦爻排列显示太极图阴阳二气、河洛阴阳二数的互长互消、互旋互动；河洛数的排列显示八卦阴阳二爻、太极图阴阳二气的消长、旋动；太极图阴阳鱼图形显示卦爻、河洛数的位序、消长变化。

太极各级符号系统主要揭示了阴阳二气互根互纠、互长互消、互动互进的基本规律。虽然先天、后天八卦是北宋邵雍的发明，但它与《周易》六十四卦基本思想不仅不违背，而且是对《周易》卦爻的最科学的解读。因而可以说"太极统一模型"也是《周易》六十四卦的模型。

如果说卦爻、河洛、太极图系统都是立足于象数中的"二"的话，那么加入五行、干支以后，就使得太极象数系统有了"二"与"三"的统一。五行的基数是"三"（两对阴阳加上中土），天干、地支分阴分阳之后各为"五"与"六"，"五"的基数是"三"（与五行同），"六"的基数既是"二"又是"三"（2×3=6）。五行的加入不仅使得卦爻、河洛、太极图多了一种

217

属性，而且最关键的是增强了阴阳"二"的中间形态及彼此关系（"三"），这就使得整个太极系统充满了活力。"二"与"三"的结合、阴阳与五行的统一，完成了一个自足、稳定系统的最终建立。

五行的加入，还使原易学符号系统（卦爻、河洛、太极图）的内涵大大增加。八卦及六十四卦每一卦、每一爻配上五行（干支），使原有的阴阳变易的基本蕴义扩大到既表示阴阳推摩变化又表示阴阳之间的各种属性和关系；河图洛书配上五行（干支），河图就是五行生成图，洛书就是五行流行图；太极图配上五行，阴阳鱼的"S"交线就有了合理的解释。

三、宇宙人文的同构图景

我在"太极图""河图洛书""卦图"各章中已经分述了各自的蕴义，提出了它们分别是宇宙生命规律的唯象模型、数理模型、符号模型的命题。那么就"太极统一模型"而言，当然就是宇宙生命结构运动规律的综合理论模型，也就是宇宙人文的同构图景。

（一）宇宙生命的物质结构与运动规律

太极图阴阳"鱼"显示的"阴阳"二气是构成宇宙生命的最基本的物质形态，是宇宙生命的源泉。河洛的阴阳二数、六十四卦的阴阳二爻都是阴阳二"气"的不同表达形式。

中国人对宇宙生命"气"的认识，是一种宏观、连续的思维方式，不同于西方对宇宙自然生命分子、原子的微观、间断的思维方式。在西方，宇宙自然还原为分子、原子、中子、质子……夸克，生命被还原为一堆生物分子结构。西方遵循古希腊哲学"原子论"传统，沿着由大而小的"分析"思路，这种分析的结果固然在对宇宙生命微观的认识上达到很高的水平，但也造成了部分与部分、部分与整体的割裂，以及对整体、动态认识的不足。在西方，神与人、物与物、物与心、部分与部分是"二元分离""二元对立"的。因而在这种哲学传统背景下、在近代机械唯物论指导下发展而来的现代西方科学，它在给人类文明、社会进步做出重大贡献的同时，也带来了种种弊端，尤其是从整体、宏观认识宇宙生命方面已出现了新的危机。

在这一点上，中国的易学哲学、象数科学有着较大的优势。由易学开创的"元气论"传统，使中国人在认识宇宙生命时，具有了一种综合的、动态的眼光。天与人、人与物、物与物、物与心是"二元合一""三体（天地人）圆融"的。部分与部分之间没有间隙，没有割裂，因而在宏观整体上，中国哲学科学是有优势的。元气论科学可能弥补西方"原子论"科学所造成的缺陷。

太极模型将宇宙生命作了阴阳二分、太极三分、五行五分等划分，虽然这种分类还显粗糙甚至机械，但它的深层含义并不仅仅是对宇宙万物的划分，而是揭示了宇宙万物的关系与属性。阴阳二分表示宇宙万物之间存在对立统一的关系，具有对立、对待两类属性；太极三分表示对立、对待的物质或对立或对待的两面具有交合转换、中介关联的特性；五行五分则是二分与三分的统一，表示宇宙万物对立统一、对待互补、稳态有序、正反转换、生克制化的普遍关系与基本原理。

太极图的S结构、○结构，卦爻的二元三重结构、二元六重结构，河洛的九数结构、十数结构，都是宇宙生命的动态、概率的结构形式，是宇宙生命的全息缩影。

太极统一模型是个动态模型，代表了宇宙生命的动态结构，揭示了宇宙生命的运动规律。我在各章已对此做了说明，现概述一下。

1. 对待互补律

太极图阴阳二"鱼"与河洛奇偶二数、易卦阴阳二爻既对立、对待，又互补、互动，表明宇宙万物是一个对立与统一、对待与互补的有机整体。对立、对待促进了事物的矛盾斗争，互补、互动促进了事物的运动转化，两者相辅相成、缺一不可。

"阴阳"是对待互补、对立统一规律的基本概念。"阴阳"既是宇宙万物的分类，又是同一事物的属性。阴阳相互依存，各以对方为生存条件，太极图阴"鱼"与阳"鱼"互相纠缠在一起，不可或缺。

阴阳两"鱼"互纠的图形还表明阴阳互为消长、互为盛衰的内涵。阴阳双方的平衡是相对的，绝对平衡只有纯阳乾卦的白"鱼"最大处与纯阴坤卦的黑"鱼"最大处，这两个最大处只不过是一线之隔，也就是说，阴阳的绝对平衡只不过一瞬间。黑白"鱼"的其他相对之处（以双"鱼"交汇的圆心为中点），都是相对平衡的，这种平衡既是相对的，又是动态的。就黑白"鱼"运动的每一点而言，如白"鱼"盛，则黑"鱼"必衰；白"鱼"消，则黑"鱼"必长。反之亦然。

在易卦符号系统中，六十四卦"非覆即变"的次序，表明了"天地盈虚，与时消息"的大规律，阴阳爻在六十四卦序列中互为消长、互为转化。先天八卦、六十四卦图式正是对待互补的符号化阐释。

河图洛书以阴阳数的互为消长反映这一普遍规律，如在河图中，从一与六、二与七、三与八、四与九、五与十的配合与运行中，可以看出阴阳的互为对待与统一，它们的差数都为"五"，"五"正是阴阳二数中的基数，是阴阳统一的基础。

2. 同一全息律

太极模型表明宇宙生命的动态结构和运动变化显现同一、整合的规律。

太极模型既是宇宙的模型，又是人体生命的模型，"宇宙大人身和人身小宇宙"，宇宙和人身的动态结构具有同一性、相关性。这是"天人合一"观念的具体反映。汉代董仲舒提出"人副天数"正是强调了人与天的同一性、相关性、对应性。

宇宙万物的全息性也就是同一性、整合性的体现。太极统一模型就是一个全息元，是天地人的全息缩影，也是中国社会文化的全息缩影。

六十四卦好比一个自足的全息结构模型。设六十四卦为最高层次（第一级）全息元，八卦则为次高层次（第二级）全息元，乾坤二卦为再次层次（第三级）全息元，每一卦为更低层次（第四级）全息元，每一爻为最低层次（第五级）全息元，全息元的级数越高（n越小），全息元与整体的全息相关度就越大；全息元的级数越低（n越大），全息元与整体的全息相关度就越小。

太极统一模型也反映了这个特点。在这个模型中，宇宙万物的运动被归结在阴阳二"鱼"的全息图像中。而阴阳二气的"氤氲"与"化生"正是万事万物运动变化的根本动因与基本模式。与西方强调对立双方的矛盾与斗争不同，这个模型更偏重于阴阳二气的和合与协调，因而这又是一个和谐的美的全息图景。

3. 开放有序律

《周易》六十四卦是一个远离平衡态的开放系统，它描述宇宙生命发生发展的过程与方向，这个总方向即是在无序与有序相结合的状态中走向有序。

《序卦传》阐述了六十四卦次序的意义："有天地然后万物生焉，盈天地之间唯万物，故受之以屯。屯者盈也，屯者物之始生也。物生必蒙，故受之以蒙。……有过物者必济，故受之以既济。物不可穷也，故受之以未济终焉。"文中"故受之以……"表明事物有序发展的必然性。

按照耗散结构理论，就一爻而言，如果阴阳当位、得中、比应，就为吉，负熵就大，熵就小；反之熵就大，负熵就小。就一卦而言，如果内外卦交感，则吉，熵就小，负熵就大；反之则熵大，负熵小。熵越大则无序度就越大，负熵越大则有序度就越大。《周易》六十四卦是朝着天地→万物→男女→夫妇→父子→君臣→礼仪的系列演进的，是一种高度有序的状态。

不过这种高度有序的状态是由于不断引入负熵进而抵消自身的熵而产生，从而使六十四卦系统从混沌无序向有序态发展的。用《周易》的话说就是"穷则变，变则通，通则久"。"穷"预示卦爻位次颠倒而阻塞的无序状，因为老阴、老阳远离阴阳平衡态，所以"穷"是向新的有序状态转变的临界点，由"穷"而达到有序的"通"，是通过"变"完成的。

易卦的内部结构虽然同时存在平衡与不平衡的状态，但不平衡是绝对的，平衡是相对的。"易"的每一次变化都是一分为二，不会一分为三、为四，显得有秩序，是稳定的、平衡的；但除乾坤两卦外，其他卦的卦变数是不等的，有一阳五阴、一阴五阳、二阳四阴、二阴四阳几种（除三阴三阳外），表示或阳盛阴衰或阴盛阳衰，是不稳定的、不平衡的。相比较而言，不稳定、不平衡的变化占多数，说明易卦总体上是一个开放系统，是自组织结构，要依靠外力不断变化，因而充满活力。易卦每一层次的发展变化都是从无序趋于有序。易的"生生不息"、运动变化不是僵死、固化的，而是没有止境的（"未济"卦即预示下一周期的开始），总是趋向于更高级、更复杂、更新颖的层面。

太极统一模型看起来是封闭的、平衡的,其实与六十四卦模型一样是开放的、非平衡的。象数的有序性同样来源于"变"。就太极图说,除了正午、正子为乾坤阴阳平衡之外,其余所有方位、所有卦爻的阴阳都是不平衡的,在远离平衡的条件下,构成了开放系统,揭示太极图不停地转动、不停地变化、不停地从无序趋于有序。河图洛书数理模型同此。

宇宙生命就是一个远离平衡态的开放系统。这一点已为当代不少科学家所承认。然而追溯到19世纪却有完全不同的认识。热力学第二定律认为,过程只能自发地向熵极大,即无序程度极大的方向演化。以此推论,宇宙一切有序的、有规律的运动都要转化为无规则的热运动,热量又势必会自发地由高温物体流向低温物体,最后归于"热寂",世界就变成了一个热量均匀、没有任何差异的、死寂的物体。对此,恩格斯在《自然辩证法》中做了尖锐的批评,指出"热寂说"的根源是没有认识到"能量可以转换"的规律,没有认识到"热""会通过某种途径转变为另一种运动形式"。

英国著名生物学家达尔文(C.R.Darwin,1809—1882)在《进化论》中指出:"生物的进化总是从简单到复杂,从低级到高级,从有序程度低的生命组织到有序程度高的生命组织。"奥地利著名物理学家薛定谔(E.Schrödinger,1887—1961)在《生命是什么》中指出,生命是靠从周围环境中不断吸收"负熵"而存在的。比利时著名物理学家普里高津(I.Prigogine,1917—2003)提出"耗散结构论",他认为,在一个开放系统中,熵的变化分为系统内部的熵产生与系统外部进来的熵流两部分。如果外界向系统提供足够数量的负熵流,那么系统内总的熵变化就可为零,因而这个系统就会维持原来的有序状态而存活下去;如果继续增加负熵流,系统就会更加有序,新的生命有序结构就可能产生。

"耗散结构理论"科学地揭示了宇宙生命开放有序的运动规律,这一点与易学象数原理较为吻合。

4. 循环周期律

太极统一模型生动地表述了宇宙生命运动变化呈现循环、周期规律。这个模型的母核是太极图,太极图的最大特征是圆形。我认为圆形——圆

第四章　太极统一模型图

道是中国文化的基本特征之一,[①]而太极图正是反映这个基本特征的最佳图示。

太极图阴阳"鱼"的交互变化最终服从于外圈的圆,也就是说,阴阳消长盛衰是周而复始、循环不已的。

《周易》六十四卦从某种意义上说就是描述宇宙生命的循环周期律。[②]

从六十四卦序列看,前一卦发展到顶点就转入下一卦,前一卦的上爻往往就是下一卦的初爻,这就是"覆"的关系,如屯卦䷂转入蒙卦䷃。此外,如果前卦反覆后仍是原卦,就变换爻性,前一卦的上爻转到下一卦的初爻,就变为相对的爻(阳爻变阴爻,阴爻变阳爻,其余五爻也是如此),如乾䷀转入坤䷁。这种卦序特点就是"非覆即变","覆"就是反复循环,"反复其道,七日来复"(复卦卦辞)。说明一卦六爻为一个往返周期,到下一卦的初爻("七")开始新一轮周期。"复,其见天地之心乎?"(复卦象辞)往复正是天地的心法。"变"也是循环返复的反映,一个卦不能反覆到另一个卦,就转入另一个相对的卦,这是另一种循环方式。"覆"和"变"这两种方式构成了"卦"层面的循环。

如果说卦与卦之间的循环是微观层面的循环,那么六十四卦构成的整体循环就可看成宏观层面的循环。六十四卦起于乾、坤两卦,止于既济、未济。"既济"意为六十四卦大周期的结束,"未济"意为又开始进入下一轮循环周期。从六十四卦排列看,反映了"否"极"泰"来、"剥"尽"复"来、转"损"为"益"、"革"故"鼎"新的循环变易思想。盛则转衰,亏则转盈,物极必反,正如《易纬》所说:"盈则消损,虚则增益,为天地循环之理。"

先天卦圆图与后天卦圆图正体现了宇宙自然与此同时人类社会——天道与人道变化运动的周而复始的普适规律。

从宇宙变易规律看,日月交蚀、太阳升降、月亮盈亏、四季变更、潮水涨落、草木荣枯……都呈现循环运动规律。这种圆形运动比线形运动更普遍、更切合本质。

[①] 张其成:《开放的圆——中国生命哲学的重要命题》,《亚洲医药》1996年特刊、《中国中医基础医学》1997年第3期。

[②] 张其成:《周易循环律的特征及普适意义》,《孔子研究》1996年第3期。

反映在生命运动上更是如此。中国医学认为人的气血流注是有节律周期的。气、血、津液是人体生命的基本物质，气血运动的基本形式是升降出入和圆形运动。

（二）中华人文精神的全息缩影

太极模型的三级系统，从形成到定型跨越了从上古三代到两宋三千多年的历史，这部形成史正是中华文化理念、中华民族人文精神生成、发展、确立的历史。

因而可以说，太极模型是中华文化思维方式、人文精神的全息缩影。

太极模型体现了太极思维方式，太极思维方式对中华文化本质的确立、对中华民族心理结构与民族性格的形成、对中华传统科技各学科体系的基本构架，都起到了决定性的作用。

太极思维方式是中华思维方式的元点和代表，决定了中华民族特有的行为方式、价值观念、审美意识及风俗习惯。它不仅渗透到最深层次的民族心理素质层面，而且渗透到浅表性的实用操作层面，不仅影响了中国的哲学、形上学，而且对自然科学等学科也有重要影响。

我曾将这种思维称为"象数思维"[1]，这是从它的取象运数的思维方法与卦爻、河洛、太极图的象数模型（卦爻、太极图偏于"象"、河图洛书偏于"数"）而言的，从思维内涵角度又可称为"太极思维"。

太极思维不完全等同于直觉、形象、逻辑思维，它是融合了这三种思维的一种特殊的、综合的思维类别。它的特点是：以太极统一模型作为思维出发点和先验模式，以取象、运数为思维方法，以具有转换性的"象数""义理"两种信息系统为思维的形式和内涵，以功能性、非外延性的"类"概念对宇宙人文及其发展趋势作动态的、整体的把握和综合的、多值的判断。

从本质上说，太极思维是一种模型思维。这个模型的元型是卦爻，河洛（含五行）与太极图是对卦爻元模型的阐释和发挥，太极图作为对上述各级模型的总汇，最能体现太极思维的特征。

---

[1] 张其成：《易学象数思维与中华文化走向》，《哲学研究》1996 年第 3 期。

模型思维的方法是指以某一模型为思维元点,去模拟、认识客体世界的方法。

《周易》强调"观象取类""类族辨物""各从其类",按不同的特性将万事万物分成不同的"类"。"类"实际上就是模型分类、类推的基础,人要想认识宇宙万物是困难的,而要单个地、分离地去认识、指谓对象,则更是难上加难。《周易》采用分类的方法,"方以类聚,物以群分"(《周易·系辞传》),"同声相应,同气相求"(《周易·同人卦·象传》),无穷无尽的宇宙万物被分成有限的若干"类","类"成了沟通相关事物的纽带,只要性质、性能、功用、形象、结构相同或相近、相似的事物,都可归为同"类",同"类"的事物可以沟通、逾越。在上述诸条件中,性质与功能的因素是最重要的。

模型的方法重在从动态上、整体上把握世界,"类"的外延边界是弹性的,这与西方外延型逻辑的"概念"有所不同,"类"是从某物向他物发散延伸的空间关系("位")、从某物前后变化的时间关系("时")、从某物与他物的总体联系,加上主体的直觉、经验、体悟而形成的非外延型逻辑"概念"。《周易》和先秦各家一样,都重视"类"的问题。

太极思维模型的"类"主要有阴阳两仪分类、八卦分类、六十四卦分类、五行分类、河图五方分类、洛书九宫分类等。说到底,就是由"二"到"三"的分类。"二"包括阴阳、八卦、六十四卦,"三"包括五行、河洛。"三"的意义不仅仅是从"二"中再分化出"一",不仅仅是分出一个中间状态,更重要的是找到了"二"——对立面的关系,找到了对立面的协调性、中和性。实际上阴阳、八卦、六十四卦亦含有"三"的蕴义。这一点从太极图可得到最好的证明。太极图"含三为一",中间的"S"曲线不仅是临界线,还代表阴阳之间的协调关系和中和状态。

从这个意义上说,"二"代表了西方天人分离、主客分立的思维偏向,"三"代表了中国天人合一、主客不分的思维偏向。太极思维是一种"三"的思维。

我曾提出"易贯儒道"的观点,认为"易道"是贯通儒家、道家的精神支柱,是中华文化理念的主干。[①] 换言之,"易道"就是"太极之道",

---

① 《易道:中华文化主干》,中国书店出版社,1999年版。

"易学"就是"太极之学"。

"中华文化的主干"究竟是什么？目前有三派观点，一是"儒家主干"说，二是"道家主干"说，三是"儒道互补"说，我是赞成"儒道互补"说的，准确地说，是儒释道三家互补。但互补的交点在哪里？我认为就是"大易之道"，因此我提出"易道主干"说。通贯儒家、道家乃至中国化佛家的"大易之道"正是中国文化的主干，是中华民族的精神支柱！在中华文化的历史长河中，《易》是中华文化的源头活水。《易经》用源头的那一泓清泉，聚成奔涌不息的生命之水，汇成了悠悠五千年的中华文明。"大易之道"构成中华文明的主线和中华文化的支点。

中华传统文化的基本结构是"一源三流"，如同中华大地的地理结构一样。中华大地的源头在青藏高原，从这里流出三条河流：黄河、长江、澜沧江。中华文化的源头是"易"，三流是儒、道、禅。

"一源三流"可分解为八个字：易为主干，三教互补。我做了一副对联："易贯儒道禅，道统天地人。"其中"儒道禅"的"道"是道家、道教；而"道统天地人"的"道"则是"大易之道"。这个"大易之道"不仅深深影响了儒家、道家和中国化佛家，而且影响了中医理论体系的形成。如果加上中医，这副对联就是"易贯儒道禅医，道统天地人心"。所以说，中华文化表面上分出这么多家，实际上是互补的，有一条主线贯穿其中。

图 4-6　太极图

第四章 太极统一模型图

这张太极图其实就很好地解释了中华文化的结构，太极图是"大易之道"最完美、最典型、最形象的表达方式。正如前文对太极图来龙去脉的考证，发现这张小鱼头的太极图才是唯一正确的太极图。因为最早的太极图就是对伏羲八卦次序图的形象描述，它是可以量化的，它的八条半径就对应从乾到坤八个卦，两个鱼眼就是坎离二卦。

"儒佛道医"四家都可以在这张图里找到各自的位置。

儒家在哪里？白的。道家呢？黑的。因为儒家崇尚阳，道家崇尚阴，这两家不是截然分开、绝对对立的，而是互相包容、有所交叉的，是阴中有阳、阳中有阴。儒家的基本精神是乾卦阳刚的精神，即自强不息、刚健有为、勇往直前、百折不挠、昂扬向上、变异创新、与时俱进、拼搏进取、勤劳勇敢。道家的基本精神是坤卦阴柔的精神，即厚德载物、柔弱虚静、包容宽厚、自然无为、居下不争、谦虚谨慎、以柔克刚。佛家在太极图外面一圈，因为佛家讲究"空性"，有"四大皆空""五蕴皆空""万法皆空"等说法。

儒、释、道三家又都在两只鱼眼或者S曲线上。两只鱼眼和S曲线表达了"中"的意思。黑鱼眼是阳中含阴，白鱼眼是阴中含阳，S线处在中间。简单总结一下，三家都讲"中"：儒家讲中庸，道家讲中道，佛家讲中观。三家都讲"和"：儒家讲仁和，道家讲柔和，佛家讲圆和。儒、释、道三家"你中有我、我中有你"，圆融和谐，共同构成了中华传统文化大易之道"阴阳中和"的基本精神。

医家在太极图的什么地方？在中间S曲线上。"易"与"医"的关系——易道统贯医道，医道弘扬易道。从文化背景看，隋唐以后的中医是儒释道三家智慧在生命科学上的最佳体现。当代社会，中医是最能反映中国文化价值观和思维方式，也是唯一还活着的一种科技与人文相结合的文化形态。可以说，与"儒道佛"相比，中医是最接近"大易之道"的文化形态。因为中医最讲阴阳的调中致和，简单地说就是"调中"，也可以说是"致和"，其实就是"调和"，这就是阴阳平衡。

"儒道佛医"四家完美地相融于太极图中，由"大易之道"统而贯之。

"易道"——"太极之道"的"道"就是理念精神，就是思维方式和价值取向，就是宇宙生命大规律，这个"道"正是中华传统文化、传统哲学、传统科学的母核。

从"道"的层面分析、概括一下中华文化的理念特征，不难看出太极模型图正是这种特征的形象诠释。

1. 天人同构、保合太和的价值理念

《周易·乾卦》《象传》提出"太和"思想，认为"乾道变化，各正性命，保合太和，乃利贞。首出庶物，万国咸宁"。"太和"观念既是对卦爻所蕴含的价值理想的解读，也是对从太极到太和、从卦爻到太极图思维特征的概括。

"太和"是中华民族最高的价值观念。

《易经》卦爻辞在确立吉凶时一般是看该爻是不是得"中"得"正"，如果得"中"一般为吉。可以说整部《周易》始终都贯穿了尚"和"崇"中"的思想。《周易》认为"生"是"天地之大德"，"生"又是"阴阳合德"的结果，是阴阳两种对立属性相摩相荡并达到"和"的时位才形成的。"合"与"和"就是要排斥两端，就是居"中"、得"中"、守"中"。《易传》在解读卦爻时用了"得中""应中""当中""行中""中行""中正""正中"等概念，认为这些基本上都是吉象，这是就"位"（空间）而言，如果加上"时"（时间），如果是"时中"，那么就一定大吉大利。

《周易》卦爻象辞还表现了"和"的理念。六十四卦处处体现对称和谐规律。阴爻和阳爻构成卦象的对称，分为相反的两元素之间相对——反对，相同的两元素之间相对——正对。六十四卦每一卦自身又构成一个由下而上的对称和谐结构，各卦之间横向、纵向，均可构成对称和谐结构。

在太极统一模型中，阴阳"鱼"的交互对称、奇偶数的配位对称、卦爻象的流行对称，集中体现了"太和"的价值理念。这种对称结构，不仅是"美"，而且是"真"、是"善"，是真、善、美三位一体的理想境界。"太和"观念是上古"天人合一""物我合一"观念的发展，也是先秦儒、道及其他诸子百家价值理想的汇总。

太极统一模型图较理想地反映了"天人同构""天人合一""阴阳太和"的价值观念，体现了中华人文的最高价值理想。

2. 整体和谐、循环往复的思维观念

"太和"不仅是中华民族最高的价值理想，也是中华文化最具特色的思维观念，换言之，中华思维从本质上说是一种整体性、和谐性思维。

太极统一模型图形象地体现了这一特征。太极图阴阳"鱼"的交互和谐性从属于大圆的整体性。

卦爻是一个整体，八卦、六十四卦为二级全息系统。八卦是阴阳二爻三维组合体，六十四卦是阴阳二爻六维组合体。后者六个爻位上二爻为天道、下二爻为地道、中二爻为人道，天地人三才融为一体。卦爻符号模型是事物呈现的运动模式，筮法数字模型是事物潜在的运动模式，对天地的推衍、时间的发展、宇宙阴阳规律的变化做整体模拟，对万事万物的生成、分类、变化、运动做系统描述。六十四卦模式以"六爻""六位"关系为基础，以时、位、中、比、应、乘等为原则和标准，给人们提供一个从时间、空间、条件、关系全方位分析问题、认识事物的思维方法。

太极统一模型体现了"圆道"（圜道）原理，它的母核就是一个"圆"。在卦爻符号元系统里，第一级符号阳爻和阴爻（$2^1=2$）是相互循环转化的，阳爻"九"转化为阴爻"六"，反之亦然。第二级符号四象（$2^2=4$）——太阳、少阴、少阳、太阴也是互相转化的。第三级符号八卦（$2^3=8$）和最高级符号六十四卦（$2^6=64$）中每一卦都在做循环运动，任何一卦都可变成另一卦：在前后两卦的组合中，前后卦可以通过"覆"和"变"两种方式互相转化；任何一卦可通过爻变的方式变成其余六十三卦，从而形成六十四卦整体大循环。从《周易》六十四卦卦序看，首为乾、坤二卦，末为既济、未济二卦，即蕴含宇宙变易一个周期。从乾坤、阴阳开始，到既济、未济结束（"既济"意为"已经渡过"，"未济"意为"没有渡过"）。"既济"是上一个周期的结束，"未济"是下一个周期的开始。如此周而复始，循环不已。

先、后天挂图，河图洛书，太极图是卦爻整体和谐、循环往复观念的图解。河洛以数的形式论述了奇偶阴阳二气的变易规律，其中河图五方生成数之差均为"五"，洛书纵横斜三数之和均为"十五"，表现了对称和合的思维观念；奇偶数的流行——河图一、三、五、七、九与二、四、六、八、十的交互流行，洛书一、三、九、七与二、四、八、六的反向流行，反映一种循环往复、对立和合的思维观念。

太极图则以十分简捷的阴阳交互图式反映了这一思维特征。阴阳二气（黑白"鱼"）十分和谐地组合在一个大圆之中，阴阳的交互、反向流行，构成了阴盛阳衰、阳盛阴衰的循环运动模式。

3. 动态功能、意象直觉的认知方法

太极统一模型是动态、功能模型，无论是取象方法还是运数方法，都是以动态、功能的一致性为条件的。只要功能相同、属性相同，即使是结构不同、形态不同也可归为同类。

《周易》的"卦象"是一种意象，含有主观的想象与主观意念，是知觉形象与主观意识的结合，既有形象的实体义（实象），又有抽象的内涵义（虚象）。卦象有两种作用，一是模仿，一是象征。对万事万物的模仿只是一种手段，目的是用卦象符号来象征抽象的哲理、法则。

意象思维是古代中国认识宇宙的基本方法。战国、秦、汉时期，天文、历法、气象往往与人事吉凶、政治形势相比附，汉代则与卦象联系在一起，其后经久不衰，成为在民间流行甚广的"术数之学"。至于先天八卦图、后天八卦图、河图洛书、太极图等则不仅代表了中国宇宙论、本体论、结构论的模式，而且体现了中国传统认知宇宙生命的方法论体系。

太极统一模型图告诉人们认知宇宙生命可以采用模型的方法、直觉思辨的方法、功能类推的方法。对宇宙万物的认识不是关注于具体事物的实体结构，不是关注于对事物作层层分析、静态描述，而是立足于一个动态的、功能性模型，从功能入手，对万事万物作动态的分类及照推，轻视结构形态，重视功能关系。在对事物与易符、易图作比附、类推思维时，需要采用直觉的方法，需要悟性和灵感，从而造成了中华民族高度的思辨能力、领悟能力以及想象力和创造力，但同时由于不重结构分析、不重量化实证，而又往往失于模糊、粗略。

由易符和易图构成的太极统一模型，既是"易道"的载体，又是中华文化精神的图示。

后记

时间过得真快啊，一晃二十八年过去了。记得二十八年前，我痴迷于《周易》的卦爻符号，痴迷于河图洛书和太极图，整天朝暮思之，寤寐求之，找来了各式各样的卦图、河洛图、太极图，找来了各种各样的易图进行"破译"，接着找来了《周易》经传的各家解释，找来了义理、象数的各家观点，终于汇编成了《易学大辞典》，1992年由华夏出版社出版，这是我国第一部"易学"工具书，洋洋170多万字，其中收载了大量的易学图式。

《易学大辞典》出版后，人们对易图的"破译"仍此起彼伏，一会儿就传来一种新的"破译"，而每一个人都声称"真正破译了千古之谜"。

到我写成《易符与易图》并于1999年由中国书店出版时，各种"破译"还在不断出现。

2001年在出第二版时，我将第一版中讲"易符"——卦爻符号的内容放到了《易道主干》中，增加了"卦图"的内容，收录了各种方位图、次序图等，这些图式不是对卦爻符号本身的解释，而是对八卦、六十四卦的排列和组合，是对卦爻的运用。这样，第二版就改名为《易图探秘》。

2010年由广西科学技术出版社出版了第三版，内容基本没有改动，但对图式进行了重新处理，以保留原貌和清晰为原则，对不少图式进行了替换。

本次是第四版，由华夏出版社出版，这次出版在第四章的"中华人文精神的全息缩影"部分，增加了一部分内容，主要是用一张"太极图"来说明中华传统文化的结构"易道主干，一源三流"，就像这张太极图一样，"儒道佛医"四家完美地相融于太极图中，由"大易之道"统而贯之。此外，以准确和清晰为原则，对有些图式进行了修改替换。

张其成

2022年11月